Cómo dejar de pelearse con su hijo adolescente

Don Fleming

Cómo dejar de pelearse con su hijo adolescente

Guía práctica para resolver los problemas cotidianos

ediciones PAIDOS

Barcelona-Buenos Aires-México

Título original: *How to stop the battle with your teenager*
Publicado en inglés por Prentice Hall Press, Nueva York

Traducción de Laura Elisabeth Turner

Cubierta de Víctor Viano

1.ª edición, 1992

© 1989 by Don Fleming
© de todas las ediciones en castellano,
   Ediciones Paidós Ibérica, S.A.,
   Mariano Cubí, 92 - 08021 Barcelona
   y Editorial Paidós, SAICF,
   Defensa, 599 - Buenos Aires

ISBN: 84-7509-741-3
Depósito legal: B - 1.698/1992

Impreso en Nova-Gràfik, S.A.,
Puigcerdà, 127 - 08019 Barcelona

Impreso en España - Printed in Spain

Indice

A Pamela, mi mejor amiga, mi mayor apoyo y mi esposa desde hace veinte años, con todo mi amor.

Agradecimientos

Al aproximarme a la terminación de este libro, me preparo para retirarme del Centro Julia Ann Singer de Terapia Familiar, de Los Angeles, donde he trabajado durante veinte años, unos años plenos de estímulos y desafíos, como director de los cursos de especialización. Quiero expresar mi gratitud a la directora del centro, la doctora Susan Brown, colega y amiga mía durante todos estos años. Trabajar junto a ella ha sido una maravillosa experiencia profesional.

También deseo agradecer otra vez a mi respetado colega y amigo el doctor Frank Williams el aliento y la orientación que me ha brindado durante la elaboración de esta obra.

Agradezco especialmente a mi esposa Pamela todos estos años de apoyo, amor y amistad.

Laurel Schmidt, mi destacada colega, ha revisado este manuscrito y me ha dado ánimos mientras lo elaboraba. Espero que en el futuro podamos escribir juntos muchos libros más.

Quiero expresar mi reconocimiento a P. J. Dempsey, mi asesor editorial en Prentice Hall Press, quien me facilitó el trabajo durante el proceso de elaboración de este libro, y a Sherry Robb, mi agente en Los Angeles, que además es amiga mía, y que insiste en que continúe escribiendo para que algún día podamos los dos ganar algo de dinero.

Introducción

Los adolescentes representan una industria de dos mil millones de dólares. Jordache sabe exactamente cómo llegar a ellos, al igual que la MTV. Los ejecutivos de la televisión y de la música predicen sus caprichos y los registran en gráficas, mientras en Madison Avenue se llenan los comederos con el pienso que han de consumir masivamente.

Y, mientras los expertos se enriquecen, los padres de estos chicos y chicas —convencidos de que unos extraños se han instalado en sus hogares de forma permanente— se disponen a "tirar la toalla" y a admitir su derrota.

La adolescencia es desconcertante, pero disponemos de ciertos recursos. *Cómo dejar de pelearse con su hijo adolescente* es un antídoto contra la desesperación de los padres. Este libro desmitifica los ritos de transición que caracterizan los años de la adolescencia. Destruye la idea de que la adolescencia es una cruel invención concebida para hacer que los padres sigan consumiendo aspirinas y establezcan nuevos récords de tensión arterial. *Existe* un remedio para aquellos padres que piensan que la única solución plausible es una legislación del Congreso que declare ilegales las edades entre los trece y los dieciocho años. Los conocimientos reunidos en este libro, recopilados durante veinticinco años de experiencia, pueden transformar los métodos de lucha en métodos de comunicación.

Quizá, después de leer el título de este libro, usted lo abrió pensando encontrar en él una lista detallada de armas letales

11

y no letales que pudiera adquirir en forma anónima o construir en su garaje a partir de piezas sobrantes de automóvil.

Tal vez usted esperaba encontrar nombres y direcciones de buenos internados para adolescentes, todos ellos fuera de la ciudad, y en los cuales se prohíban las visitas de los padres. O quizá pensó usted que había renacido súbitamente el interés por las técnicas educativas medievales.

Una rápida mirada al índice revela que ninguno de esos temas se desarrolla en este libro. Pero es posible que usted sea uno de los millones de padres y madres que opinan que sólo con medidas tan drásticas se podría poner fin a la batalla con su hijo adolescente.

Usted intentó discutir, llorar, rogar y gritar. Esto fue en los buenos tiempos. Más adelante recurrió a encerrarse en su habitación, a mostrarse ofendido y a no hablarle a su hijo. Y, después de todo esto, él apenas parece afectado. Hasta se podría pensar que él o ella están siguiendo un curso acelerado, "Cómo enloquecer a sus padres", ¡y obtienen las mejores notas!

EL PORQUE DE ESTE LIBRO

Quizás usted recurrió a este libro movido por la desesperación, pensando: ¿Qué puedo perder? Tal vez alguien tenga mejores ideas que yo. Esto demuestra que usted es un padre amante y solícito. Pero necesita ayuda. Y uno de los problemas graves de los padres de hijos adolescentes es que existen muy pocos libros destinados a ayudarles en la locura cotidiana que representa la educación de un adolescente normal.

Sí, *normal* es la palabra adecuada para describir a este ser mitad adulto y mitad niño que apenas hace un año era su pequeño. Este ser, al que de pronto le han brotado comedones y acné, y que odia su cuerpo. O que se siente fascinado por su apariencia y no puede dejar de mirarse al espejo. ¡A veces, incluso, ese niño en cuya compañía disfrutaba usted tanto, manifiesta deseos de tener otros padres, o de no tenerlos! Ese chico puede desmontar el motor de un auto, pero es incapaz de realizar los quehaceres domésticos más sencillos, y ha entrenado su cerebro para que funcione sólo cuando ello conviene a sus propias necesidades.

Y *normal* es también la palabra adecuada para su hija, esa chica que se presenta voluntaria para cualquier actividad escolar, que dirige con habilidad y entusiasmo las campañas políticas de todos sus amigos, y que es considerada por todos madura y responsable. Esa chica que, en casa, se siente agobiada cuando se le pide simplemente que lave los platos o recoja la ropa de la tintorería, y lo demuestra entrando en un estado catatónico autoinducido. Esto dura exactamente hasta que alguien la llama por teléfono y le solicita ayuda para organizar un comité de bienvenida, o para un plan de salvación de las ballenas, ante lo cual se recupera milagrosamente y se marcha volando. Y entonces usted piensa, tal vez, que sólo un trasplante de cerebro modificaría la conducta de su hija.

Esta conducta "normal" puede resultarles anormalmente difícil a ustedes, los padres. Y, en el preciso momento en que ustedes necesitan más ayuda, los expertos han dejado de escribir libros. Existen numerosas obras que tratan de la educación de los hijos durante la preadolescencia. Pero hay pocos libros prácticos sobre los chicos y chicas mayores de doce años.

Muchos libros sobre los años de la adolescencia, escritos por profesionales de la salud mental, brindan una información excelente y a menudo profunda sobre el desarrollo de los jóvenes entre los doce y los dieciocho años. Otros libros han sido escritos por padres, y explican la conducta de estos muchachos; sugieren diversas maneras de tratar con ellos y analizan situaciones especiales, como por ejemplo el abuso de drogas. Yo aconsejo la lectura de estas obras, y menciono algunas de ellas en la lista de Lecturas Recomendadas, al final de este libro.

No obstante, a pesar de que estos libros ofrecen una excelente información teórica, no son útiles para resolver los problemas cotidianos. Después de leerlos, usted pensará quizá, ¿de qué me sirve todo esto cuando mi hijo me lanza esas miradas asesinas? La información teórica es importante, pero no le ayuda mucho a reponerse después de un enfrentamiento con su hijo.

Muchos de los artículos sobre adolescentes que se publican en las revistas provienen de la bibliografía sobre muchachos y muchachas con problemas muy serios. Estos artículos tampoco resultan útiles para ayudarlo a resolver los problemas cotidianos, como por ejemplo las discusiones con su hijo sobre si éste debe o no decorar su habitación con ropa sucia.

Usted está leyendo este libro porque el anterior, *How to stop the battle with your child,* le resultó útil, y ahora desea prepararse para la inminente adolescencia de su hijo, o bien porque dicho libro no le sirvió para nada y quiere darme otra oportunidad.

De los libros que circulan actualmente, éste es el único que propone unos métodos detallados paso a paso para poner fin a las luchas con su hijo adolescente. Va dirigido a la familia media, ya incluya ésta a los dos progenitores o a uno solo, ya sea resultado de un solo matrimonio o de varios. Es para los padres que han leído muchos libros y aún necesitan ayuda, y para los padres que están empeñados en batallas interminables sobre cuestiones secundarias pero importantes como los permisos de salida, las llamadas telefónicas, etcétera.

Este libro también será de utilidad para aquellos padres afortunados que mantienen una relación armónica con un hijo adolescente que se porta bien. Le será útil en los momentos en que usted se pregunta cómo afrontar determinadas actitudes y conductas que le desagradan, tales como la resistencia a hacer los deberes, el malhumor, o el tono sarcástico y crítico cuando habla con usted.

Para ayudarlo a reconocer las actitudes y conductas que no son eficaces a la hora de imponer disciplina, analizaré en el primer capítulo la diferencia entre lo que denomino su proyecto y el de su hijo. El capítulo 1, "La disciplina de su hijo adolescente", presenta métodos simples, claros y eficaces. En este libro expongo una visión optimista pero seria

14

de los conflictos que surgen entre su hijo y usted, confiando en que usted puede realmente mejorar la calidad de su relación.

Otros métodos educativos

Ya he dicho antes que existen sólo unos pocos libros que tratan específicamente de la tarea de imponer una disciplina a los adolescentes. Estos libros, en general se sitúan dentro de las categorías disciplinaria-conductista o permisiva-emocional. Consideremos a continuación cinco enfoques diferentes de la educación de los adolescentes, para comparar sus ventajas y desventajas.

El método del desarrollo

Este método consiste en el conocimiento profundo de las etapas que forman el desarrollo normal del adolescente, de sus actitudes sociales, sexuales y emocionales. Brinda a los padres y a los terapeutas una gran comprensión de lo que es la adolescencia. Pero este conocimiento no sirve a los padres para nada práctico. Es como decirle al lector que tiene una enfermedad, pero no cómo curarla. La mayor parte de estos libros provocan en los padres el deseo de que sus hijos los lean, o el de buscar al autor y decirle, "¿Para qué me sirve todo esto?".

El método democrático

Este método intenta considerar al adolescente como un ser racional con el que, en todo momento, se puede tratar de forma razonable. Recomienda diversas técnicas para hablar con los jóvenes y ayudarlos a descubrir formas de solucionar sus propios problemas. Unos pocos adolescentes responden bien a este método de manera continuada, y, ocasionalmente, puede resultar útil para cualquier muchacho. Pero si este método

15

bastara para disciplinar de manera continuada a todos los muchachos y muchachas, yo no habría tenido que escribir este libro, y la mayoría de los profesionales que trabajan con adolescentes estarían desocupados. Aunque el método democrático tiene sus ventajas, no trata de la necesidad de imponer unos límites a los jóvenes. En consecuencia, su valor depende de la madurez del adolescente y de la habilidad de los padres.

La disciplina rígida

La corriente de pensamiento disciplinario-conductista, también denominada "escuela del amor estricto", propugna un sistema activo de intervenciones por parte de los padres, recomendando una firme confrontación e imposición de reglas. Este método fue desarrollado, básicamente, para los padres que han de afrontar situaciones críticas, de índole legal o médica, con sus hijos adolescentes. Se aconseja a los padres que afirmen su autoridad y que exijan el estricto cumplimiento de sus órdenes. Este puede ser un buen método "de choque" ante una situación crítica; no obstante, los padres que lo utilizan con sus hijos sanos crean una estructura educativa innecesariamente autoritaria que no favorece el respeto y la comprensión mutuos.

Este método no permite una adecuada comunicación y expresión de los sentimientos, ni por parte de los padres ni de los hijos. Se considera que la raíz del problema está en el joven, y los padres no aprenden a evaluar cómo influye su propia conducta en la relación. Esta es la principal desventaja de los libros que se centran exclusivamente en los métodos disciplinarios estrictos.

El método emocional

Este planteamiento constituye una extensión natural de la época permisiva en la que muchos de nosotros hemos crecido.

El método permisivo atribuye la máxima importancia a la expresión de los sentimientos del adolescente y de los padres, a expensas muchas veces de la disciplina. Se supone que la conducta racional surgirá naturalmente de esta expresión conjunta de los sentimientos.

La sensibilidad, la capacidad de escuchar y de hablar de los sentimientos son cualidades valiosas para los padres. Pero estas cualidades no resultan útiles si los padres no saben establecer unos límites y afrontar las situaciones difíciles de todos los días.

El método conductista

Este método consiste en establecer recompensas o castigos sistemáticos como forma de mejorar la conducta. Todos los planteamientos conductistas pueden servir para modificar determinadas conductas de los adolescentes. La desventaja de un método exclusivamente conductista es que jamás enseña a los padres a observar su propia conducta. Tampoco ayuda a los padres a comprender los sentimientos y las reacciones del joven y, en consecuencia, no les ayuda a actuar con afecto y comprensión.

El método de las situaciones especiales

Existe en el mercado otro tipo de libros, que tratan de las situaciones especiales que pueden vivir los adolescentes. La atención se centra en cuestiones tan críticas como la conducta a seguir en caso de que el muchacho sea alcohólico o incurra en actividades delictivas, o la manera de tratar a un hijastro.

Otros libros intentan exponer las dificultades personales, la confusión y las angustias que se dan en los años de la adolescencia. Estos libros son muy válidos por la profundidad con que tratan estos temas concretos, pero no proponen medidas

sistemáticas para afrontar las cuestiones y problemas cotidianos.

La tarea de los padres

El estado actual de la sociedad convierte la crianza de los
hijos en un desafío. El cambio de las estructuras familiares, la
presencia de las drogas, la evolución de las costumbres sexuales, y todos los aspectos indeseables de la sociedad contem-
poránea dificultan considerablemente la tarea de la paternidad.
Aun en el caso de que los padres hayan logrado buenos
resultados antes de la adolescencia de sus hijos, es posible que
hallen dificultades en el momento en que éstos llegan a la
pubertad. Muchas veces los padres ven, de pronto, que los
métodos educativos que aplicaron en el pasado no sirven ya
para nada.

Si usted no ha podido controlar de manera eficaz la conducta
de su hijo antes de la adolescencia, tratar con el adolescente
le resultará aún más difícil. Esto significa que usted debe
aprender nuevos métodos de comunicación y de negociación, y
cambiar eficazmente su propia conducta en el caso de que su
hijo no responda a sus peticiones.

Deberá usted comprender la importancia de su propia
conducta y la forma en que ésta afecta a su hijo adolescente.
*Modificar su propia conducta puede ser tan importante como
modificar la de su hijo.* Tendrá que aprender a imponerle una
disciplina y a comunicarse con él de forma clara y concreta.

En el trato con los adolescentes, es muy importante alentar
su deseo de cooperar con usted. Esto no significa únicamente
comprender los sentimientos de su hijo, sino además utilizar
las consecuencias apropiadas en caso de que la conducta del
joven sea inaceptable.

Aunque puede ser muy difícil imponer una disciplina a los
adolescentes, pienso que, básicamente, los jóvenes desean
tener una buena relación con sus padres y pueden desarrollar
las opiniones y actitudes apropiadas. También he observado en

18

mi práctica clínica que se puede enseñar a los padres a observar de qué manera se involucran en peleas, y a resolver estas situaciones negativas.

Cómo utilizar este libro

Como he afirmado en mi obra anterior, el método que propongo, desarrollado paso a paso, no es una prescripción ni una receta para relacionarse con su hijo e imponerle una disciplina. Este libro pretende dar a los padres unas formas concretas de atender a los problemas específicos que surgen en la relación con sus hijos adolescentes.

La sucesión de pasos, las consecuencias y los diálogos son adaptables a sus propias necesidades. Es probable que algunas de las sugerencias no se adecuen a su situación, o no le parezcan correctas. Pero espero que al menos le brinden una orientación sobre cómo reducir las peleas, y le ofrezcan nuevas formas de pensar en la relación que usted desea.

Si observa que algunas ideas son reiterativas, esto es deliberado. Pienso que debe practicar estos nuevos métodos una y otra vez, en diferentes situaciones, hasta que se familiarice con ellos.

Cómo dejar de pelearse con su hijo adolescente brinda estrategias prácticas que resultan eficaces. Utilizando este método, usted podrá dominar situaciones difíciles, imponer límites y hacerles ver a sus hijos que pueden someterse a una disciplina sin dejar por ello de sentir que se los quiere mucho.

1
La disciplina de su hijo adolescente

"¡Quedas castigado para siempre!"

LOS METODOS INEFICACES

A medida que los hijos crecen, se hace más difícil imponerles una disciplina, hasta el punto de que, cuando llegan los años de la adolescencia, muchos padres se encuentran inmersos en una guerra. Los adolescentes pueden sacar a la luz toda la ineficacia de los padres. No hago esta afirmación para hacerle sentir a usted incapaz, sino para mostrarle que comprendo el grado de frustración que puede llegar a sentir al intentar imponer una disciplina a sus hijos.

Cuando los padres están exasperados, recurren a decir cosas tales como, "¿Qué te ha pasado? Antes eras tan cariñoso... El hecho de que tengas catorce años no significa que puedas faltarme al respeto de ese modo". O, "Mientras vivas en esta casa, harás lo que yo te mande. Cuando cumplas los dieciocho, podrás irte, ¡y hasta te ayudaré a hacer la maleta!".

El chico o la chica se mete en su habitación dando un portazo, y no sale en varios días. El padre, o la madre, le dice a todo el que quiera escucharlo, "¿Qué he hecho para merecer esto?".

Episodios similares se suceden año tras año, con escasas posibilidades de éxito. Los padres siguen actuando de esta forma, aunque saben que no es eficaz, porque no saben qué otra cosa hacer.

Paso a exponer a continuación, algunas de las técnicas

ineficaces más conocidas y habituales que se utilizan con los adolescentes.

Jamás han funcionado ni funcionarán, pero pueden hacerle sentir mejor durante unos minutos.

¡Quedas castigado para siempre!

Recurre usted a veces a esta maniobra cuando no puede más. Le sirve para gozar de un momento de poder absoluto. Suele pronunciar estas palabras en voz muy alta, señalando con el dedo la habitación del transgresor. Después, usted se siente como un idiota, porque sabe, al igual que su hijo, que no puede castigarle para toda la vida.

¡Muy bien, haz lo que te dé la gana!

Esto suele decirse en tono de exasperación o de indiferencia, emitiendo el mensaje, "No me importa lo que hagas" o, "He hecho todo lo que he podido; ahora veamos cómo te las arreglas sin mí".

Por lo general, su decisión se mantiene hasta que el muchacho o la muchacha intenta abandonar el hogar sin informárselo. Usted exclama, "¿A dónde vas?", y él replica (con una mirada triunfal), "¿No dijiste que hiciera lo que me diera la gana?" De nuevo, usted siente que no puede ganarle.

Es importante destacar que los jóvenes suelen tomar al pie de la letra las observaciones de sus padres, al margen de las intenciones de éstos, quienes se sorprenden después de las reacciones de sus hijos.

¿Cómo puedes tratarme así después de todo lo que he hecho por ti?

Son las madres las que siguen utilizando esta técnica de comunicación. Pronuncian estas palabras en voz baja, con una mirada triste y distante, fingiendo un extremo desinterés por el adolescente, mientras acechan como halcones a la espera de cualquier indicio de culpa.

Es una lástima, pero a esta edad los chicos y chicas no se sienten culpables. Simplemente les fastidian este tipo de reproches. El fallo de este método consiste en que se intenta imponer una disciplina en forma poco clara, esperando que actúe el sentimiento de culpa del adolescente. Si la culpa funcionase así, el mundo sería muy diferente de lo que es, y los años de la adolescencia carecerían de su infame reputación.

¡Te enviaré a un internado!

Esta actitud también se conoce como "¡Socorro! No puedo aguantar esto un minuto más!". Por desgracia para usted, en lugar de sentirse amenazado, es probable que su hijo diga, "Pues hazlo. Tal vez sea mejor que vivir aquí con vosotros". Si usted responde "Pues te enviaré, ya que piensas que somos tan insoportables", sólo provocará la indiferencia del muchacho.

Cuando los padres profieren amenazas u observaciones nacidas de la desesperación, dicen cosas que en realidad no sienten, sólo para conseguir alguna reacción del joven. Estas observaciones rara vez tienen el efecto deseado, y a veces hacen que el padre o la madre se sientan más infantiles que sus hijos.

¡No eres tan mayor que no pueda darte una paliza!

Aunque los padres suelen plantear esto cuando están completamente desesperados, en general no intentan cumplir su amenaza. Hasta el padre más enfurecido se desanimará ante la perspectiva de intentar colocar a ese oponente de buena estatura en una posición de castigo corporal. Si se formula la amenaza, es muy posible que el adolescente responda: "Anda, pégame. A ver cómo lo haces, ¡No puedes hacerme daño!".

Entonces, el padre inicia un absurdo diálogo sobre la necesidad del respeto, y el muchacho se aleja refunfuñando. Todo esto puede dar lugar a un intenso y desagradable resentimiento entre usted y su hijo, quien probablemente no le hable durante una semana. (En algunos casos, este silencio es más agradable que la situación anterior.)

Esta sección no está destinada a hacerle sentir estúpido o incapaz para la tarea de ser padre (aunque es probable que usted diga, "¡Ya me siento así desde hace tiempo!"). Mi intención es mostrar aquellas pautas de conducta en las que suelen quedar atrapados los padres. Hasta que usted sea consciente de lo que está haciendo, no encontrará la manera de cambiar la conducta de su hijo adolescente. Para poder determinar cómo se comunica usted realmente, debe saber qué es lo que está verbalizando, y cómo suena.

Además, debe usted evaluar sus formas de comunicación no verbal (las miradas iracundas, la indiferencia o la mirada asesina, también denominada "mal de ojo"). Seguramente, usted puede enumerar cinco mil cosas que su hijo hace y que a usted le desagradan. No obstante, si se le pregunta qué es lo que hace usted para contribuir a esa discordia, seguramente dirá: "Bueno, no había pensado en eso".

Para empezar a comprender la forma en que usted disciplina a su hijo adolescente, es importante considerar los motivos por los cuales le impone una disciplina. Sorprendentemente, la respuesta no será la misma en el caso de todos los padres, y el motivo por el cual usted impone una disciplina influirá en la forma en que lo haga.

24

Por qué los padres imponen una disciplina a sus hijos

Después de haber considerado algunos métodos educativos ineficaces, usted se preguntará, tal vez, *qué* es eficaz. Para saber qué será eficaz en su caso, debemos considerar antes por qué impone a su hijo una disciplina, y cómo escoge un determinado tipo de disciplina.

Uno de los motivos por los que los padres quieren disciplinar a sus hijos es la preocupación por su desarrollo y por cómo serán cuando sean adultos. Cuando un adolescente no sabe controlarse y no responde a la disciplina, los padres suelen imaginar que el futuro de su hijo corre serios peligros.

En segundo lugar, es posible que usted imponga una disciplina basándose en el ejemplo que recibió de sus propios padres. Puede que sea el único método que conoce. O quizás esté reaccionando en forma desmedida contra el método que recuerda que utilizaban sus padres, y elige tácticas diametralmente opuestas a las de ellos. Si sus padres se enojaban o gritaban ante cualquier problema, tal vez usted descubra que hace exactamente lo mismo, casi sin pensarlo. O quizá se niega a levantar la voz, aunque la situación lo justifique.

Muchos padres imponen la disciplina a partir del enojo y la rabia. Sólo se ponen firmes con sus hijos cuando están disgustados o tensos. Esta es una forma de disciplina particularmente ineficaz, pues el adolescente percibe más el enojo y la frustración de sus padres que su propia responsabilidad respecto a su conducta.

Los proyectos

Para imponer con éxito disciplina, usted debe desarrollar una mayor comprensión de sí mismo y de su hijo adolescente, comenzando por examinar las diferencias entre su proyecto y el de su hijo. Lo que yo denomino el proyecto de una persona incluye sus valores, expectativas y objetivos, y define lo que esa persona espera obtener de una situación determinada. Los conflictos surgen cuando su hijo y usted consideran una misma situación en base a diferentes necesidades, objetivos y emociones. Las constantes peleas entre usted y un muchacho aparentemente difícil pueden surgir simplemente de una falta de comprensión de los proyectos.

En general, el proyecto de los padres consiste en acabar de criar al niño al que han dedicado años de paciencia, generosidad y amor. Probablemente, creían que su labor como padres era buena, hasta que su hijo llegó a la pubertad. En ese momento, el niño que compartía sus intereses y aceptaba sus ideas y sugerencias comienza a decirles que son unos carrozas, que viven en el siglo pasado y que su presencia le resulta apenas tolerable. Los padres piensan que esto es una muestra de ingratitud y una actitud negativa. En realidad, todo ello forma parte del proyecto del adolescente. La tarea del adolescente es la adquisición de las capacidades propias para la edad adulta. El proyecto del joven consiste en crecer y aprender todo lo referente a la vida. Para desgracia de los padres, los hijos no hacen este aprendizaje siguiendo a los padres e imitando todas sus acciones, sino probando, rechazando, explorando y muchas veces fracasando y volviendo a empezar. Es un proceso que requiere tiempo, valor y paciencia, tanto por parte de los padres como de los jóvenes. Pero es la única forma en que cualquiera de nosotros puede llegar a funcionar como un adulto.

Si su hijo adolescente pudiera referirle a usted su proyecto, sería algo así: "Mamá, papá, tenéis que comprender que estoy atravesando una etapa de mi desarrollo. A veces, necesito actuar de forma desagradable para separarme de vosotros. Esta etapa pasará, y volveremos a ser amigos cuando yo tenga dieciocho años".

Si su hijo les dijera esto, seguramente les provocaría un infarto. Pero lo cierto es que la adolescencia es una fase del desarrollo, una fase que pasará. El desafío para los padres consiste en aprender a no tomar como cosas personales la mayoría de las actitudes de su hijo adolescente. Ya sé que esto parece difícil o imposible. Es difícil aceptar graciosamente las críticas de un joven de quince años sobre la propia apariencia, forma de vestir y capacidad para conducir un automóvil. Pero, con mi ayuda, usted aprenderá a reaccionar de otra manera, para que le resulte posible evitar las luchas con su hijo.

Examinemos ahora algunos elementos específicos de los proyectos del adulto y del adolescente, para identificar las áreas potenciales de conflicto.

El proyecto del adulto

Su proyecto como padre o madre de un hijo adolescente consiste en inculcarle determinados valores para la edad adulta. Quiere asegurarse de que los valores que usted estima se inscriban en la mente de su hijo. Y teme que, si no lo hace ahora, el joven no se transforme jamás en el maravilloso ser humano en cuya formación usted ha trabajado tanto. Los conflictos surgen, naturalmente, debido a que el proyecto de su hijo consiste en probar y rechazar muchos valores de los adultos.

Otro proyecto de los padres consiste en ejercer el mayor control posible sobre el adolescente. Temen perder el control sobre la conducta, las actitudes y los valores que el joven está desarrollando, aunque esta pérdida de control es una realidad ineludible durante estos años. La situación, ahora, es la siguiente: El muchacho desea más libertad y el padre desea controlarle más, pero siente que no puede. Naturalmente, esto da lugar a crecientes tensiones, haciendo que el padre acabe recurriendo a la frase, "¡No te olvides de que soy tu padre!".

Los padres también intentan enseñar a sus hijos a elegir a sus amistades. Con frecuencia, les dirán a sus hijos adolescentes que no eligen bien a sus amigos, que podrían tener un grupo mejor que el que tienen.

Usted está preocupado por el tipo de amigos que ha elegido su hijo o su hija, y por la forma en que estos amigos podrán influir en su conducta. Su proyecto consiste en rodear a su retoño de personas de toda solvencia moral y poseedoras de unos valores aceptables (los de usted).

El proyecto del joven es muy diferente: su única preocupación es que esos amigos sean enrollados, majos o divertidos. ¿Sus valores? ¡Estos son sus valores!, ni más ni menos.

El proyecto del adolescente

Una de las cuestiones más importantes en el proyecto de un chico de esta edad es descubrir las cosas a su manera. Los años de experiencia de los padres, sus buenos consejos, no sustituirán la necesidad de un adolescente de poner a prueba ideas y sentimientos. A veces, esto le lleva a rechazar las creencias más sagradas de sus padres, como la religión, las opiniones políticas y la importancia de la familia. Al elegir un estilo de vida y unos valores sociales, es más probable que el adolescente tome como modelo a sus compañeros o a los padres de sus amigos. Pocas cosas resultan tan irritantes para un padre como que su hijo le diga, "La mamá y el papá de Lucas son mucho más modernos que tú".

Otro importante proyecto del adolescente consiste en ser aceptado por sus amigos. Por esto su hija le ha dicho alguna vez: "Por Dios, mamá, me avergonzaste cuando te echaste a reír delante de mis amigas. Pareces tonta". O bien, "Papá, no quieras parecer tan joven delante de mis amigos, como si fueras uno de ellos".

Esta conducta responde a la necesidad del adolescente de expresar su individualidad y su independencia. Los chicos y chicas de esta edad sienten una intensa necesidad de no parecer niños pequeños. A veces, desean que sus padres se adapten a la imagen que ellos consideran apropiada, en lugar de aceptar que los padres también son individuos independientes.

Otro proyecto importante de los adolescentes consiste en aprender a dar más o menos importancia a unos valores frente a la importancia que les dan sus padres. Por ejemplo, los chicos

28

y chicas suelen ser reacios a pensar en el futuro, pues ese futuro les asusta. Las conversaciones sobre la universidad, la competencia, la inserción laboral y el dinero pueden ser temibles para ellos. Su hijo puede parecer poco interesado en lo que usted tiene que decirle. En realidad, él sabe que lo que usted puede decirle es interesante, pero no está preparado para enfrentarse a estas cuestiones.

Otra cosa que usted deberá aceptar, algo que forma parte del proyecto de su hijo, es la necesidad de ser más listo que usted, de engañarle. Intente comprender esto. Su hija le dirá un día, "Voy a casa de Jane". Y después, si tiene suerte, usted descubrirá que en realidad la muchacha fue a encontrarse con su novio.

El mensaje que emite un adolescente cuando hace esto es "Deseo hacerme cargo de mi propia vida. Tú no aprobarías las cosas que para mí son importantes, de modo que te las ocultaré. Haré lo que quiera".

La mayoría de los jóvenes no se extralimitan demasiado, pero maniobran mucho. En este libro me referiré a la manera de afrontar esta conducta, pero es importante tener claro que ésta es la conducta normal de un adolescente.

El desafío, las actitudes negativas y el rechazo de los consejos de los padres son elementos necesarios del proceso normal mediante el cual el adolescente sano descubre cómo transformarse en adulto. Su hijo debe escucharlo a usted, pero comparando lo que usted dice con lo que él aprende acerca de sí mismo y del mundo. Como padre, como madre, su tarea consiste en comprender a su hijo e intentar dar una orientación razonable a su crecimiento.

Examen de la conducta de los padres

Nunca insistiré bastante en que, si desea establecer una buena relación con su hijo adolescente, debe usted empezar por observarse a sí mismo. Observar su propia conducta significa *conocer sus propias reacciones hacia su hijo, conocerlas inclu-*

so mejor de lo que conoce las reacciones de él hacia usted. Significa ser muy consciente de sus propios estados de ánimo y de la forma en que éstos influyen en la conducta del muchacho. Significa dedicar más tiempo a pensar en lo que usted espera de su hijo. Si no adquiere plena conciencia de su propia actitud como madre, o como padre, no llegará a saber por qué no funciona la relación con su hijo.

Los padres no suelen darse cuenta de la enorme influencia que tiene su conducta en sus hijos adolescentes. Hay momentos en los que usted piensa, tal vez, que no podría influir en ellos ni con la ayuda de un ariete. Pero, a pesar de su aparente indiferencia, los jóvenes perciben las conductas y actitudes de sus padres y reaccionan ante las mismas.

Como padres, ustedes deben aprender que sus hijos perciben intensamente sus frustraciones y actitudes. A menudo, la reacción del muchacho o de la muchacha refleja exactamente lo que ustedes expresan. Por ejemplo, un padre manifiesta en tono crítico, "¡Vaya pelo llevas! ¡Parece que te haya pillado un huracán!". El joven responde, en tono desagradable, "Oye, ¿te he pedido tu opinión?". El padre dice, "¿Cómo te atreves a hablarme en ese tono?", sin pensar nunca en el papel de su propia actitud o tono de voz en este enfrentamiento.

Para aprender a observar mejor su propia conducta, considere esta cuestión desde una perspectiva adulta. Supongamos que usted no ha hecho alguna cosa que su esposa le ha pedido que hiciera. Ella lo increpa, "Óyeme, ¿cuántas veces tengo que pedirte que recojas tus camisas? ¡Me tienes harta!". Es muy probable que su respuesta, verbalizada o no, sea del estilo de: "¿Por qué no me dejas en paz? ¡Deja de darme órdenes!".

La persona que inicia un enfrentamiento como éste (en este caso, su esposa) suele no ser consciente del efecto de sus palabras y de cómo una actitud semejante crea resistencia en la otra persona. Si usted se dirige a su hijo en esa forma, puede provocar reacciones diversas. Es probable que un adolescente tímido y un adolescente que se siente fuerte reaccionen de forma diferente ante su conducta negativa. Quizá su hijo no le comunique, o ni siquiera comprenda, sus propios sentimientos,

30

pero su reacción no será muy diferente de la que sería la de usted. Las preguntas que usted debe hacerse son las siguientes: ¿Con qué frecuencia elogio en lugar de criticar? ¿Doy por supuestas las cosas buenas que hace mi hijo, o mi hija, sin hacer ningún comentario sobre ellas? ¿Cuántas veces tengo que pedirle algo para que lo haga? Si usted le pide las cosas más de dos veces y acepta pasivamente que él no le haga caso, está enseñándole que él tiene derecho a retrasar la respuesta a sus peticiones hasta el momento en que lo crea conveniente. En tal caso, usted debe saber que es tan responsable del problema como él.

Como es lógico, los padres no pueden ser en todo momento conscientes de su conducta, sobre todo cuando están en plena pelea con sus hijos. Pero si desean resolver los conflictos que tienen con ellos, deben ser más conscientes de la importancia de su propia conducta.

A continuación describo varios tipos de padres y los métodos educativos que aplican, para que pueda usted situarse. Hago hincapié en los métodos negativos con el fin de ayudarlo a ser más reflexivo, y no para señalarle sus deficiencias como padre o madre.

Los padres hipercríticos

Este método educativo se basa en la suposición de que se les puede enseñar a los hijos adolescentes lo que es la vida diciéndoles que todo lo que hacen está mal. Con esto sólo se les enseña a odiar el sonido de la voz de sus padres y las opiniones que éstos expresan.

Generalmente, se les dice a los chicos cosas como: "Nunca conseguirás nada si haces las cosas de ese modo. Eres un irresponsable. ¿Cuándo aprenderás a pensar? No aprenderás nada si haces las cosas de esta manera".

Esta actitud por parte de los padres suele dar lugar a las miradas asesinas más expresivas que hayan lanzado nunca los adolescentes. Yo no dudaría en afirmar que algunos chicos y chicas se toman el trabajo de perfeccionar esas miradas ante el espejo, únicamente para vengarse de sus padres.

Muchos padres que utilizan este método no pretenden ser tan duros como las palabras que pronuncian; lo que buscan en realidad es dar salida a su sentimiento de frustración. Los padres que actúan así han aprendido este método en su propia adolescencia, o bien, simplemente, no se oyen a sí mismos con claridad. El triste resultado es que pierden toda oportunidad de ejercer una influencia positiva en sus hijos adolescentes, y crean intensos sentimientos negativos.

Estos sentimientos negativos no están sólo dirigidos a los padres. Los adolescentes tienden a escuchar y a creer todas las críticas que se les hacen. Los mensajes críticos se convierten en parte de su estructura psíquica. El muchacho a quien se dice continuamente que es estúpido tendrá gran dificultad para creer en su capacidad de competir y de tener éxito. La joven a quien se hace sentir indefensa y vulnerable, puede tener dificultades para aprender a confiar en sí misma. El mayor daño que produce esta actitud excesivamente crítica es el perjuicio en la autoestima del adolescente.

Los padres discutidores

Esta actitud educativa lo coloca a usted al mismo nivel que el adolescente, y revela una pérdida tanto del control verbal como de su propio sentido de autoridad. Suele ser la actitud de los padres menos observadores. Estos padres no creen estar discutiendo. Piensan que están instruyendo a sus hijos sobre la vida y los valores, y creen que los chicos deberían entender esto y aceptarlo sin replicar.

Por muy extensas, frecuentes o ineficaces que sean estas discusiones, los padres no abandonan esta práctica inútil. El resultado suele ser una úlcera o una serie de jaquecas para ellos, y un alboroto considerable en el hogar.

Los camaradas

Este es el método educativo que muchos chicos preferirían si se realizara una encuesta. Los padres que son camaradas de sus hijos son excesivamente tolerantes y muestran poca o ninguna autoridad, pero son excelentes para divertirse y conversar con ellos. Aceptan casi siempre la conducta de sus hijos adolescentes sin emitir juicios, y les brindan amables consejos. Esta actitud es muy común entre los progenitores divorciados, sobre todo entre los padres que desean ofrecer a sus hijos "un fantástico fin de semana con papá".

Algunas veces, su hijo trabará amistad con un padre del tipo "camarada". Usted oirá decir, por ejemplo, lo enrollada que es la señora Ackerman. Ella es muy apreciada por los jóvenes, debido a que guarda los secretos y jamás les comunica a los demás padres las faltas de sus hijos. Los adolescentes se relacionan muy bien con los adultos de este tipo, porque esta relación les hace sentir mayores; se sienten compañeros, hermanos o hermanas de un adulto.

Los muchachos que se educan con padres de este tipo aprenden la mayor parte de las cosas de la forma más dura. La excesiva tolerancia de los padres hace que los jóvenes ignoren todo sentido de los límites. Aprenden poco sobre la importancia de los límites y del control de la propia conducta.

Los padres ausentes

Suelen pertenecer a este grupo los padres que son profesionales o que tienen una vida social muy activa. Por elección o por necesidad, están sumamente ocupados y disponen de muy poco tiempo para criar y disciplinar a un adolescente. Estas personas, al parecer, esperan que sus hijos sean lo bastante maduros como para ser responsables de sí mismos.

Algunos padres están en esta situación por necesidad. Las madres o padres solos, de recursos limitados, suelen trabajar muchas horas, o bien tienen dos o tres empleos. Estas personas no tienen otra opción que la de alentar a sus hijos a ser independientes y responsables.

Los padres ausentes por elección suelen tener otras personas que se ocupan de sus hijos. Corren el riesgo de que sus chicos crezcan sin saber cuánto les pueden ayudar los adultos en su vida. El adolescente que se educa de esta manera cree que puede afrontar cualquier situación por sí mismo; o cree, por el contrario, que nunca sabrá ser independiente.

Muchos adolescentes criados en esta forma tienden a rechazar las normas y las estructuras, y el proceso de hacerse mayores les parece difícil. Si usted es un padre o una madre ausente, probablemente descubra que, en las raras ocasiones en que intenta imponer una disciplina a su hijo, a él le es difícil escucharlo, debido a que no está acostumbrado a su presencia.

Los padres autoritarios

Son también conocidos como padres excesivamente controladores. Este es el método educativo más antiguo de todos. Básicamente, el mensaje del progenitor es: "Aquí mando yo, así que cuidadito".

Los padres que han tenido problemas muy serios con sus hijos adolescentes sienten la necesidad de utilizar este método. No obstante, aun en aquellos casos en que resulta necesario o es efectivo, los padres deben ser conscientes de que este método no promueve una actitud positiva hacia ellos.

Este método educativo es limitado, pues no reconoce la validez de la lucha del adolescente por lograr su autonomía, ni reconoce ningún otro sentimiento que él pueda tener. Muchos padres utilizan este método para mantener un alto grado de control sobre sus hijos, pero malogran su relación con ellos, pues los muchachos se sienten siempre un poco amedrentados y jamás realmente comprendidos.

Un control excesivo también puede provocar un retraso en el desarrollo social y emocional del adolescente.

Los hiperreactivos

Los padres que reaccionan ante los problemas en forma desmedida están siempre a punto de perder los estribos. Sus hijos los vuelven locos, y la vida les parece una larga pesadilla, de modo que con frecuencia recurren a las rabietas verbales. Lo que estos padres realmente necesitan es ir a su habitación, castigados, hasta recuperar el control de sus emociones. Hablando en serio, si usted ha llegado a este punto, no hace falta que le diga que debe controlarse. Su forma de conducta resulta dolorosa, tanto para usted como para el joven.

Los padres hiperreactivos son los que más ayuda necesitan, pues su hijo ha aprendido a ignorar todo lo que se le dice, y simplemente considera a sus padres personas iracundas y frustradas. En consecuencia, cualquier influencia positiva que éstos pretendan ejercer queda minimizada.

Si usted se ha reconocido a sí mismo en uno o más de estos tipos de padres, no se desespere. Ello no significa que usted sea un mal padre o una mala madre. Sólo demuestra que es usted humano, y probablemente significa que necesita observar mejor su propia conducta.

Deseo manifestar aquí que siento un gran respeto hacia los padres que luchan por entenderse con sus hijos adolescentes. Los comentarios jocosos que hay en este libro no pretenden trivializar su tarea, sino simplemente alentarlo para que pueda enfrentarse al desafío que representa la crianza de su hijo. Y, sobre todo, pretenden ayudarlo a reflexionar sobre su propia conducta en una forma no defensiva. En la siguiente sección, presentaré ideas y prácticas que pueden ser útiles para modificar los métodos educativos ineficaces.

Educar a los hijos es difícil. Y educar a hijos adolescentes puede ser una empresa de titanes. Cada año, cada mes, cada día, despiertan nuevos deseos en el adolescente; cada día trae nuevos temores a los padres. Hasta un chico o una chica que raras veces se comporta en forma desafiante, que da pocas preocupaciones, deseará alguna vez poner a prueba los límites que se le han marcado, haciendo que sus exasperados padres se pregunten, "¿Qué podemos hacer?".

A veces, los padres se sienten impotentes ante la obstinación de los hijos, pero pueden recuperar el poder a través de una toma de conciencia y de un cambio de método. En esta sección se analizarán las habilidades y procedimientos necesarios para recuperar el control de la situación e imponer la disciplina.

Para llegar a ser eficaz en el trato con su hijo adolescente, usted deberá desarrollar la capacidad de comunicarse en forma clara, y la voluntad de comprender los sentimientos del joven. Deberá aprender maneras de negociar con él, en base a lo que usted espera de él y a lo que él espera de sí mismo. Finalmente, deberá aprender a utilizar los incentivos y las consecuencias.

Quizá piense usted que esto significa sentarse junto a su hijo cuando él regresa del colegio, descolgar el teléfono e iniciar un intenso diálogo. En realidad, es mucho más sencillo. Lo primero que ha de hacer para poner fin a la batalla con su chico es, simplemente, adquirir una mayor conciencia de sí mismo. Comience a observar su propia actitud, estados de ánimo, reacciones y modelos de conducta.

Esto no es un truco para poner de manifiesto sus fallos. Es una manera de centrar su atención en la persona que realmente tiene el poder de producir cambios positivos: ¡usted! Observando su propia conducta, pronto reconocerá las cosas que hace que resultan útiles para resolver los problemas, y verá también de qué manera se está complicando la vida. Ser consciente de su propia conducta puede ser el método más eficaz para modificar la relación con su hijo.

Primer paso

Averigüe qué tipo de madre o padre es usted, pensando cómo se relaciona con su hijo adolescente. Debe aceptar que, si se relaciona con él en alguna de las formas ineficaces descritas en la sección anterior, la responsabilidad del conflicto es tanto suya como del muchacho.

Después de mantener un enfrentamiento con su hijo, usted deberá pensar en lo que sentía en esos momentos. ¿Actuaba movido por la rabia o la cólera? ¿Estaba demasiado cansado para mantener la calma, o para comprobar si el chico ha hecho caso de lo que usted le decía? No se reproche el haber perdido la calma. En este momento, lo que importa es que llegue a comprender lo ocurrido.

Segundo paso

El segundo paso para modificar la situación entre su hijo y usted consiste en aceptar que su propia conducta juega un papel importante en la conducta del joven. Recuerde su modo de reaccionar cuando alguien se dirige a usted en tono negativo o sarcástico, e intente ser más consciente de su propia actitud y tono de voz. Cuando usted está visiblemente disgustado con su hijo, él responde a sus miradas y a su tono de voz más que a sus palabras y al tema que están discutiendo.

Si su objetivo consiste en que su hijo lo escuche, esto debe suceder en lo posible cuando usted controle la situación. Si quiere obtener de él una reacción razonable, usted debe aprender a controlarse, por una parte, y debe además tener una idea clara de lo que espera de él.

Probablemente, descubrirá usted que suele sentirse frustrado cuando intenta entenderse con su hijo. Esto se debe a que el control que usted tiene sobre las actitudes y la conducta de su hijo es menor que en el pasado. Si usted sigue utilizando el método que le daba resultado cuando el chico tenía diez años, está condenado al fracaso.

Después de mantener una disputa con su hijo adolescente, en lugar de analizar la conducta del joven, pregúntese de qué forma ha llevado *usted* la situación. ¿Estaba realmente concentrado en autocontrolarse, o pensaba en la reacción de su hijo? Esto lo ayudará a observar cómo contribuye su propia conducta al enfrentamiento.

Tercer paso

La mayor parte de las situaciones disciplinarias comienzan o acaban siendo negativas. Imponer una disciplina a su hijo o hija adolescente es difícil, y puede dar lugar a intensos sentimientos negativos por parte de ambos. Como padre, como madre, usted no desea que estos sentimientos perduren. Usted no desea generar enojo, sino lograr un entendimiento con su hijo.

Existe una forma de disminuir los sentimientos negativos y de promover el entendimiento. Se denomina *transformar una situación negativa en positiva*. Es una de las ideas más importantes de este libro.

Que su hijo se comporte en forma negativa mientras intenta convertirse en adulto no significa que sea un mal chico. Usted lo sabe, en general, pero le cuesta recordarlo cuando está en medio de un conflicto. No obstante, puede conseguirlo buscando indicios positivos en la situación negativa. Esto forma parte del proceso de transformar una situación negativa en positiva.

Para hacerlo, usted debe aprender a fijarse en el más mínimo cambio positivo que se produzca en la conducta del muchacho, en lugar de esperar una actitud totalmente nueva. Por ejemplo, usted le pide a su hijo que limpie su habitación. Anteriormente, su requerimiento obtenía como respuesta una negativa o una discusión. Esta vez, el joven suspira y luego realiza la tarea con moderada eficiencia. Tarda más de lo que usted considera necesario, y después no tiene tiempo para acabar los deberes.

Usted podría decirle algo así como, "Mira, apenas has limpiado tu habitación, y has tardado tanto que ahora no tienes tiempo para hacer los deberes. ¿Cuándo aprenderás a hacer bien las cosas?". Entonces, el chico responde a su actitud diciendo, "Siempre me dices que no hago nada bien". No ha escuchado en absoluto lo que usted le decía, pero ha percibido claramente un mensaje negativo, a pesar de haberse esforzado por hacer lo que usted le pidió.

Pruebe hacerlo de otra manera. Dígale, "Me gusta que hayas limpiado tu habitación. Si no te importa, limpia un poco más esta parte, y creo que lo demás está bien". No le hable de los deberes. Acepte el esfuerzo que ha hecho. Aprenda a transformar la situación negativa en positiva haciendo un comentario sobre el esfuerzo mismo, y no sobre el efecto de ese esfuerzo en la actitud del muchacho. Esto le da a entender que usted reconoce y aprecia su esfuerzo, y que este esfuerzo es, inicialmente, más importante que la actitud mental que hay detrás.

Así es como debe usted comenzar cuando ha estado atrapado en un conflicto con su hijo. Una vez que obtenga mejores resultados, podrá empezar a concentrarse en la forma en que su hijo reacciona, lo cual sí tiene que ver con la actitud del joven. En muchas secciones de este libro, le mostraré cómo hacerlo mediante procedimientos detallados paso a paso.

Un ejemplo de cómo concentrarse en la actitud de su hijo podría ser el siguiente: Después de varias semanas, podría usted decirle, "Realmente estás limpiando mejor tu habitación, y esto me satisface. Pero, ¿podrías evitar poner esa mala cara cada vez que te pido que lo hagas? Tu habitación está mucho mejor, pero además me harías un favor si pusieses otra cara".

De esta manera, el adolescente recibe un reforzamiento

positivo a sus esfuerzos y sugerencias no críticas para mejorar sus actitudes.

Cuarto paso

El paso final para cambiar de método educativo es procurar ser firme. Los profesionales de todas las áreas —maestros, terapeutas y otros— aconsejan a los padres que sean firmes en lo tocante a la disciplina. Los padres replican, "¡Pruebe *usted* a vivir con este mozalbete durante una semana, y después pídame que sea firme!". Ser firme parece muy difícil. Si significa exigirle al muchacho una misma conducta cada vez que surge un conflicto, y después verificar su obediencia, parece imposible. Nadie es tan fuerte como para hacer eso. Probemos una definición más humana. *Ser firme significa imponer una disciplina a su hijo adolescente sólo cuando usted piensa verificar su obediencia.*

Los padres deben dejar de hacer cosas como ésta: la madre grita desde el baño, "¡Deja el teléfono!", y luego se pasa un cuarto de hora sin salir de la ducha. O bien los padres dicen por encima del hombro, mientras salen de casa para ir a una fiesta, "¡Limpia tu habitación y saca la basura!". Ambas peticiones se han hecho sin intención alguna de verificar su cumplimiento, y tanto los padres como los jóvenes las olvidan pronto.

Es probable que usted le pida cosas a su chico y después no compruebe si él las ha hecho o no, porque está usted cansado o muy ocupado, o simplemente porque no observa su propia conducta. Quizá piense, "Muy bien, entonces no puedo esperar que las cosas mejoren porque siempre estoy cansado y ocupado". He aquí, pues, otra sugerencia que lo ayudará a ser más firme: pídale menos cosas a su hijo, pero, cada vez que le pida algo, compruebe si él lo obedece o no. En otras palabras, en lugar de intentar disciplinarlo en todo momento, intente disciplinarlo durante la mitad del tiempo pero siguiendo estas reglas: no le pida cosas cuando usted esté tan ocupado, cansado o de mal humor que no pueda controlarlo. Observe su propia conducta cuando le hace estas peticiones.

El secreto está en hacer cumplir sus indicaciones con la regularidad suficiente como para darle a entender al muchacho que habla usted en serio. Si usted le hace peticiones irreales que luego le costará hacer cumplir, le da a entender a su hijo que vale la pena intentar oponérsele o ignorarlo, que lo más probable es que usted se rinda y no insista en el asunto. Algunos jóvenes ni siquiera intentan poner a prueba a sus padres; simplemente han aprendido que no tienen por qué prestarles atención.

Recuerde, pues: si verifica la obediencia de su hijo durante la mitad del tiempo y deja de decir cosas durante la mitad restante, le demostrará al chico que es usted firme.

Cuando haya demostrado que es usted firme, probablemente quiera, cuando esté cansado u ocupado, reaccionar de la siguiente manera: Podría decir, "Me gustaría que hicieras tus tareas esta noche, pero si no las haces, lo dejaré pasar. Esto no cambia las normas de mañana. Si no haces tus tareas esta noche, tendré que asegurarme de que las harás mañana. Espero que puedas hacerlas solo, y realmente me complacería que te esforzaras, pero no puedo hacer nada al respecto esta noche".

Este tipo de sinceridad puede sorprender a los adolescentes, y suele inducirles a cooperar.

La comunicación

Al empezar a modificar su método disciplinario mediante la autoobservación, usted notará un cambio positivo en su hijo adolescente. Puede fomentar este clima positivo aprendiendo a comprender los sentimientos del chico y desarrollando una mayor empatía. Para comprender los sentimientos de su hijo, o de su hija, será preciso que usted reflexione sobre su propia adolescencia: sobre lo que tuvo que soportar, lo que hería sus sentimientos, y la confusión que sentía. Esto lo ayudará a entender lo difícil que resulta crecer para un adolescente. Ser sensible significa aceptar la idea de que, en gran medida, la conducta negativa de su chico se debe a su lucha por el crecimiento.

Otro hecho a tener en cuenta es que puede resultarles muy difícil a los muchachos y muchachas expresar sus sentimientos en la forma más apropiada. Para tener una idea de lo que es esta lucha, piense en la dificultad que suelen experimentar los adultos en este mismo terreno. Por ejemplo, un hombre llega a su hogar después del trabajo, cansado, desalentado y necesitado de apoyo emocional. En lugar de hablar directamente de sus sentimientos y necesidades, le gruñe a su esposa, "¿Podés hacer callar a los críos?"

Ella ignora cuáles son los sentimientos de su esposo, pero está claro que ha sido criticada. Su reacción es la siguiente, "¿Por qué dice esta estupidez? Yo también he tenido un día duro. También he trabajado".

Si los adultos expresaran siempre sus sentimientos en forma apropiada, él podría haber dicho, "Uf, es maravilloso estar en casa; he tenido un día muy malo". "O quizá su esposa habría percibido que él se sentía agobiado y le habría propuesto conversar sobre ello.

La cuestión es que si realmente reflexionamos sobre nuestras relaciones con los demás, tomaremos conciencia de cuánto nos cuesta a todos —tanto a los adultos como a los jóvenes— tener claros nuestros sentimientos y ser sensibles a los de los demás. Pero aprender a comprender los sentimientos y ser sensible a ellos es la única forma en que usted logrará que su hijo adolescente lo escuche. En este libro encontrará ejemplos de cómo mostrar a sus hijos que los comprende imponiéndoles simultáneamente la disciplina en forma clara y firme.

La negociación

Probablemente, algunos de ustedes ya están pensando, "¿Negociar? ¡De ningún modo! Si cedo un centímetro hoy, mañana la nena estará en París con todas mis tarjetas de crédito". Cálmese. Negociar no significa desistir de ejercer un control adecuado. Pero puede significar renunciar a algunas de esas largas discusiones y batallas de las que usted ha aprendido a disfrutar.

Los procedimientos sugeridos en las páginas anteriores estaban destinados a ayudarlo a observar su propia conducta, como un nuevo método para comprender cómo imponer una disciplina a su hijo adolescente. También he explicado lo importante que es que usted trate de comprender los sentimientos de su chico. Probablemente, ha logrado ya algunos éxitos, y hasta libra menos batallas. Pero, hasta el momento, todo el trabajo ha sido suyo. A continuación, me referiré a la forma de comprometer a su hijo en las cuestiones disciplinarias, mediante el proceso de la negociación.

La negociación es el proceso de ponerse de acuerdo en algo. Puede significar la resolución de un problema o el reconocimiento de una dificultad. ¡A veces, negociar con su hijo puede hacer que usted se sienta como si intentara lograr un acuerdo entre los Estados Unidos y la Unión Soviética en la época anterior a la *glasnost*! Pero la negociación es una de las cuestiones más críticas en la crianza de un adolescente, debido a que los adolescentes desean ser más adultos. El proceso de la negociación les da a los muchachos la oportunidad de demostrar si son tan adultos como creen.

Las técnicas de negociación promueven un mejor comportamiento y actitudes a través de la comunicación eficaz, la resolución de problemas, la comprensión de los sentimientos del joven y el uso sistemático de las consecuencias, en caso necesario.

La negociación le exigirá todas sus habilidades como observador, pues se le pedirá que escuche y evalúe las peticiones y las ideas de su hijo o de su hija. Su voluntad de considerar la visión que tiene el adolescente de un problema es la base de una negociación fructífera.

Cuando su hijo era pequeño, usted podía negociar con él utilizando los boletines de conducta. El niño se esforzaba por conseguir aquellas estrellitas plateadas o aquellas caritas sonrientes junto a la lista de tareas que usted había confeccionado. Lamento decirle que a su hijo ya no le interesa todo esto. Si ya no sabe qué hacer, recurra otra vez a este método, y por favor comuníqueme si tiene éxito con esta técnica.

Si usted siempre se ha sentido extremadamente frustrado con respecto a su hijo adolescente, quizá sus negociaciones consisten en una sola palabra: *¡No!* Por ejemplo, su hijo le dice, "¿Puedo ir a una fiesta en Santa Bárbara con los amigos?" Usted responde, "No. Es la mayor locura que he oído nunca. Y Jim conduce como un chiflado. Acabaríais todos muertos".

El chico se enfada, "Qué anticuado eres. La mayoría de los otros padres están de acuerdo. ¿Y cómo sabes *tú* cómo conduce Jim?". Usted se defiende, "No me hables de esa manera. Te repito que no vas".

Esta es una típica ausencia de negociación, condenada al fracaso desde el principio. Usted da por sentado que la petición es completamente absurda, y no admite la posibilidad de que su hijo pueda ir a Santa Bárbara sin correr riesgos.

Negociar sobre este asunto sería, por ejemplo, escuchar la petición del chico y proponerle que elabore un plan que le asegure a usted que los jóvenes se comportarán de forma cuidadosa y responsable. Esto podría incluir permitirle a usted hablar con el conductor sobre sus inquietudes, comunicarse por teléfono con su hijo durante el viaje, o hablar con los demás padres. Usted haría esto en el bien entendido de que, si el muchacho actúa de forma responsable, tendrá oportunidad de hacer otros viajes. Si no actúa así, se restringirán sus actividades.

Para comenzar a tener un mejor entendimiento y menos conflictos con su hijo adolescente, usted debe escuchar su opinión y considerarla, *antes* de pedirle que lo escuche a usted. Los adolescentes no deben ser escuchados como niños pequeños, sino como jóvenes que esgrimen una opinión, aunque sólo hayan tenido experiencias vitales limitadas.

A veces, los padres no desean escuchar ni tratan de negociar porque temen que el adolescente intentará convencerlos de algo inaceptable o aprovecharse de ellos si actúan en forma razonable. La negociación no es una oportunidad para que su muchacho abuse de usted o insista largamente en sus necesidades personales. Es una oportunidad para que aprenda que la conducta de los adultos no es arbitraria: si tú eres razonable, yo puedo serlo también. Tú tienes una opinión, y yo tengo otra. Quizá no estemos siempre de acuerdo, pero podemos hablar de la situación e intentar entendernos.

Pero una buena negociación significa también aprender a establecer unos límites a las demandas excesivas de su hijo. La mayor parte de los adolescentes se comportará en forma razonable si sus padres son justos pero firmes en caso necesario. A algunos jóvenes, el simple hecho de que se los escuche los hace sentir mejor. Esta es la ventaja de una buena comunicación.

En este punto, debo advertirle que no todos los adolescentes están preparados para la negociación. Usted debe saber cuál es su caso. Si su hijo expresa ideas irreales o inaceptables como soluciones, o si su actitud y conducta demuestran que él es incapaz de negociar de buena fe, lo más apropiado es recurrir al control parental y a las consecuencias.

Como todas las demás técnicas incluidas en este libro, la negociación se logra por etapas, que dependen de las reacciones que tenga usted ante su hijo.

Primer paso

Elija un momento en el que se sienta tranquilo y no tenga prisa. Sé que estos momentos pueden ser escasos, pero intente al menos disponer de algunos minutos sin interrupciones para establecer las normas de la negociación. En un tono de voz sereno, dígale a su hijo, "Sé que hemos tenido algunos problemas, y me gustaría ver si podemos hallar una manera mejor de solucionar nuestras diferencias. A partir de ahora, cuando discutamos sobre algo que deseo que tú hagas, o algo que tú deseas que yo haga, trataré de escuchar tu opinión. Si tú puedes aportar una solución viable, yo trataré de hacer las cosas a tu manera durante unas semanas. Si tú demuestras que puedes hacer las cosas a tu manera y se trata de una conducta aceptable, seguiremos aplicando tu criterio. Esto no significa que yo estaré siempre de acuerdo contigo, pero tendré en cuenta tu opinión".

Este planteamiento inicial le brinda a su hijo la oportunidad de sentirse más adulto, de sentir que tiene cierto grado de control sobre su vida, y de demostrarle a usted que puede actuar en forma responsable.

Segundo paso

Puede que a su hijo se le ocurra una solución razonable que usted desee probar, pero que después él no siga aplicando. No lo acuse de ser indigno de confianza, ni le diga, "¡Ya lo decía yo!". Si el chico o la chica no cumple su parte del trato, lo que ha de hacer usted es formular una advertencia. Por ejemplo, sería adecuado decir, "Realmente, empezaste bien. Pero ahora estás descuidando tus responsabilidades, de modo que te daré una oportunidad más para intentarlo a tu manera. Esperaré hasta fines de la semana próxima para ver si puedes respetar nuestro acuerdo. Si no lo haces, me veré obligado a tomar otras medidas. Me doy cuenta de que no siempre resulta fácil, pero si deseas que hagamos las cosas a tu manera, deberás esforzarte más".

De esta forma, usted reconoce el esfuerzo que ha hecho el joven y la dificultad de la tarea, y mantiene la conversación en tono positivo. Pero también le advierte de las consecuencias y le da a entender que, en caso necesario, usted volverá a asumir el control de la situación. Esto puede bastar para arreglar las cosas.

Tercer paso

Si, después de su advertencia, el muchacho o la muchacha sigue sin cumplir el acuerdo negociado, usted debe asumir nuevamente la responsabilidad de las decisiones.

Usted le dice, "Sé que te resulta difícil aceptarlo, pero como eres incapaz de respetar nuestro acuerdo, deberás hacer las cosas a mi modo. Si, dentro de un par de semanas, veo que me obedeces y que no existen problemas, podemos volver a negociar y hacer las cosas a tu modo. Y yo realmente preferiría aplicar tu criterio".

Al decir esto, usted le da a entender a su hijo que cree posible lograr una negociación fructífera, y que a usted le complacería realmente aplicar el criterio del joven.

No obstante, si su hijo establece unos acuerdos y después no asume la responsabilidad de cumplirlos, vuelva usted a tomar el control, sencillamente, y prescinda de cualquier negociación. Si al cabo de uno o dos meses, su hijo vuelve a sacar a colación el tema, usted puede decirle que está dispuesto a intentarlo otra vez, pero que, si él es incapaz de actuar en forma responsable, usted no continuará negociando.

Cuarto paso

El cuarto paso, que es parte esencial de la imposición de la disciplina, es elogiar cualquier esfuerzo que haga el joven por atenerse al plan que se ha negociado. La mayoría de los padres elogia poco a sus hijos, menos de lo que sería necesario para mantener un clima positivo. Quizá sus elogios son incoherentes, o sólo los elogian por determinadas cosas, por ejemplo sus buenas notas, pero no por los progresos en su conducta.

Ser mejor observador significa percibir cualquier cambio positivo en la conducta de su hijo, y elogiarlo por sus esfuerzos. Por ejemplo, en lugar de decir, "Prometiste limpiar tu habitación *antes* de la cena, pero no tendrás tiempo de hacer los deberes", usted puede decir, "Veo que estás limpiando tu habitación, y me parece muy bien. Espero que en el futuro puedas planificar tu tiempo en forma tal que también puedas hacer los deberes".

El padre, o la madre, podría también decirle al muchacho, "Quizá yo hablo demasiado de las cosas que no haces, y olvido mencionar aquellas que haces realmente bien. Cada vez que yo note que estás haciendo las cosas bien y en forma responsable, trataré de decírtelo". Si usted le dice esto, probablemente su hijo se quedará mudo de asombro, pero quizá también se sienta contento y querido por usted.

Recuerde que una negociación positiva depende de su capacidad de autoobservación, y de la capacidad de su hijo para aceptar diversos grados de responsabilidad. Si el joven ha demostrado claramente que aún no está preparado para la negociación, o si el proceso de negociación ha fracasado repetidas veces, usted deberá utilizar las consecuencias para poder controlar la situación. En la sección siguiente, describiré cuatro pasos esenciales para determinar y utilizar las consecuencias apropiadas.

Las consecuencias

A muchos de nosotros nos gustaría negociar las dificultades de manera democrática, es decir, comunicarles a los chicos lo que desearíamos que hicieran, y pedirles que tuvieran en cuenta nuestro punto de vista y pensaran de verdad en una solución adecuada. Usted desea que su hijo adolescente se sienta tratado con comprensión, y quiere alentarlo para que tome decisiones personales.

Todos desearíamos hacer lo mismo. Es una gran idea, y realmente funciona con determinado tipo de adolescentes. No obstante, con muchos otros jóvenes no se puede ser tan democrático. Recuerde que, a pesar de los esfuerzos que hacen tanto los padres como los hijos, la negociación no funciona siempre.

La disciplina democrática se basa en la suposición de que los jóvenes pueden comprender las cosas en forma lógica. Pero muchos chicos y chicas que son excelentes personas no son siempre tan razonables como uno desearía. Cuando están muy decididos a hacer una cosa, pueden ser tercos y obstinados. Los adolescentes también pueden *hablar* de manera razonable, pero al mismo tiempo *sentir* de manera irracional: sus mentes comprenden, pero sus emociones no están de acuerdo. Estos son los momentos en que las negociaciones fracasan y es preciso recurrir a las consecuencias.

Utilizar consecuencias apropiadas lo ayudará a sentir que ejerce un control y a enseñarle a su hijo adolescente que aún debe cumplir las normas que usted le impone. Muchos jóvenes necesitan ser privados de algo que es importante para ellos para poder prestar atención a los esfuerzos que realizan sus padres para imponerles una disciplina. A veces, hasta los adultos deben ser privados de cosas que valoran para poder aprender. No lo considero necesariamente algo negativo; forma parte del crecimiento normal.

Si usted ha estado largo tiempo enredado en una lucha con su hijo adolescente, quizá deba comenzar a aplicar las consecuencias antes de volver a la negociación. Si el muchacho se muestra demasiado resistente a sus intentos de disciplinarlo, probablemente él necesite sentir que quien manda es usted y que usted ejerce el control para poder negociar en forma responsable.

A continuación expongo los pasos esenciales para determinar y aplicar las consecuencias apropiadas para modificar la conducta de su hijo.

Primer paso

El primer paso consiste en encontrar unas consecuencias adecuadas. Para ello, usted deberá preguntarse cuáles son las cosas importantes y valiosas para su hijo o hija.

Con los niños pequeños, la aplicación de consecuencias tales como privarlos del cuento antes de acostarse, o del postre, funciona muy bien. Sin duda, sería fantástico que estas tácticas aún funcionaran con su hijo, pero, lamentablemente, tienen poco sentido para los jóvenes de quince años. De todos modos, podría usted intentar utilizarlas algunas veces, para ver si aún dan resultado.

Usted debe ser consciente de que, a medida que los niños crecen, el significado y el impacto de las consecuencias se modifican. Enviar a un joven de trece años a su habitación puede ser una técnica disciplinaria sumamente efectiva. Pero, cuando el joven tiene quince o dieciséis años, desea separarse de usted, y probablemente agradecerá que se le brinde la oportunidad de recluirse, de comer solo y de no estar con los padres. En este caso, la consecuencia no resulta efectiva.

Veamos, pues, qué cosas son importantes para los jóvenes a medida que crecen, como guía para determinar las consecuencias. En general, las cosas que los adolescentes valoran más están relacionadas con su entorno social: las relaciones y las actividades. Los jóvenes desean estar con sus amigos y participar con ellos en diversas actividades. Por tanto, las consecuencias significativas incluirían la prohibición de participar en actividades (reuniones, agrupaciones escolares, espectáculos, acontecimientos deportivos); la restricción del uso del teléfono; la prohibición de ver a los amigos y de salir los fines de semana; y la limitación del uso del televisor, la radio y los ordenadores. Cualquiera de estas consecuencias pueden ser efectivas para la mayoría de los adolescentes.

No obstante, individualizar las consecuencias es una de las grandes dificultades en la tarea de imponer una disciplina a los jóvenes. Para ser creativo en la aplicación de las consecuencias, usted debe pensar en las cosas que son más importantes para su hijo. La eficacia de las consecuencias depende enteramente de la reacción de la persona a la que se quiere disciplinar.

Para un adolescente poco sociable la prohibición de utilizar el ordenador o el equipo estereofónico pueden ser consecuencias significativas, mientras que para un joven gregario carecerían de importancia. La imposibilidad de participar en los acontecimientos deportivos puede ser una consecuencia sumamente eficaz para los chicos y chicas deportistas, de modo que usted deberá prohibirle a su hijo entrenarse o incluso jugar en el próximo partido para que el joven se convenza de que usted habla en serio. Otra cosa que se puede hacer con los adolescentes y no con los niños es utilizar la prohibición de participar en una actividad futura como consecuencia potencial en el caso de que su conducta no mejore.

Al determinar las consecuencias significativas, usted debe pensar en la posibilidad de la escalada. Esto significa que no debe aplicar las consecuencias más drásticas en primer lugar. Comience con algo significativo pero razonable, reservando las opciones más serias para las ocasiones en que no obtenga respuesta a sus peticiones.

No obstante, si un adolescente persiste en comportarse de forma negativa, los padres deben pensar en las consecuencias más serias. Si un muchacho se niega a respetar las normas y se muestra rebelde en todo momento, y si se trata de cuestiones suficientemente importantes, es el momento de privarlo de algo que para él tenga suma importancia.

Segundo paso

Una vez determinadas las consecuencias apropiadas para las ocasiones en que su hijo no hace lo que se le pide, usted debe aprender a comunicarle de manera concreta cuál es la conducta que espera de él. Tiene que explicarle lo que usted desea y cuándo lo desea, y las consecuencias posibles en el caso de que él no responda en forma apropiada. Comunicarse en forma clara le ofrece al chico menos excusas para no responder, y le brinda a usted una idea más aproximada de cuándo son necesarias las consecuencias.

Los padres suelen decir, "Te dije que limpiaras tu habitación", o "¿Cuándo piensas hacer los deberes?". Estas son las típicas peticiones inconcretas que su chico clasifica inmediatamente en la categoría, "Lo haré cuando tenga ganas".

Para hacer que su hijo lo escuche y comprenda qué es lo que

51

usted espera realmente, usted debería comunicarle otra vez sus requerimientos en una forma similar a las que se ofrecen a continuación:

"Quiero que hagas los deberes antes de hacer ninguna otra llamada a tus amigos". O, "Te doy un minuto más para decirle a tu novio que se marche, o tendré que decírselo yo misma. Preferiría no hacerlo". O, "Antes de salir con tus amigos esta noche, tienes que lavar los platos. Sé que no siempre te apetece hacerlo, pero ésta es la norma".

Tercer paso

El tercer paso le ayudará a comprender la gran importancia de la paciencia y de la tenacidad. Ser un buen observador significa ser consciente de la rapidez con que se rinde usted cuando su método no funciona, o de la facilidad con que vuelve a alguno de sus antiguos métodos, como la discusión.

Su reacción podría ser, "No me interesa ningún método educativo nuevo. Este chico no me escucha, simplemente". En realidad, el joven *sí* escucha, y en muchos casos reacciona a lo que se le dice. Pero las reacciones que usted observa, que tal vez consisten en no cambiar nada o incluso en ofrecer una mayor resistencia, ponen de manifiesto una verdad humana universal. *Cambiar es difícil, y la gente se resiste a cambiar.* Aunque preferiríamos que fuese de otro modo, lo cierto es que cambiar no les resulta fácil a los adolescentes ni a los adultos.

Pensar en lo difícil que resulta modificar la conducta en las relaciones humanas adultas puede ayudarlo a desarrollar una mayor empatía hacia la conducta de su hijo adolescente.

Por ejemplo, ¿cuántas veces le ha pedido a su esposo que vuelva a casa a una hora razonable, y que pase un rato con los niños antes de que éstos se acuesten? En lugar de eso, él vuelve tarde, sobreexcita a los niños y los alborota. Y usted acaba deseando que él se vaya de safari a Africa durante unos años.

Usted lo ha regañado, ha rogado, gritado y llorado, pero la conducta de su esposo sigue siendo la misma. Esto no se debe a que él quiera ponerse terco. Tampoco se debe a que no la escuche. Su conducta persiste debido a que su proyecto es diferente del de usted. El proyecto de su esposo es: No dispongo de mucho tiempo para estar con mis hijos, de modo que, cuando llego tarde a casa, quiero jugar con ellos, y se excitan un poco. ¿Qué hay de malo en ello?

El proyecto de usted es: Estoy agotada. Ahora deseo un rato de tranquilidad. Hasta me gustaría pasar unos momentos conversando con mi esposo antes de acostarnos. ¿Por qué me hace esto?

Las cosas no cambian fácilmente porque los proyectos de los adultos son diferentes. Lo mismo ocurre entre los adultos y los chicos. Sabiendo que el cambio resultará difícil, usted debe estar preparado para lo siguiente:

La conducta de su hijo podría empeorar antes de mejorar. Esto sucede sobre todo cuando usted ha intentado anteriormente aplicar métodos nuevos sin obtener éxito, y lleva mucho tiempo atrapado en una lucha con su hijo. El muchacho piensa básicamente que cualquier novedad será injusta, y se resiste al cambio, a través de la discusión o mediante astutos intentos de burlar su autoridad.

Cuando los adolescentes reaccionan en forma negativa a un método educativo nuevo, los padres suelen desistir rápidamente en lugar de insistir con la nueva técnica. Si usted se ha sentido frustrado en muchas otras ocasiones, probablemente su impaciencia le impida insistir con una idea durante el tiempo necesario para obtener el éxito. La paciencia y la perseverancia son elementos clave en esta etapa de la campaña.

Su hijo se resistirá. Esta resistencia puede no adoptar la forma de una desobediencia manifiesta. Puede consistir simplemente en una pasiva falta de cooperación. "Si resisto durante el tiempo suficiente, ellos cambiarán de idea y desistirán, o se olvidarán del asunto." Esto suele ser cierto. Recuerde que, si usted no ha sido claro y firme en el pasado, su hijo adolescente pensará que resistir es una estrategia eficaz. Aunque usted desista de sus propósitos el 25 por ciento de las veces, él, o ella, pensará que le lleva ventaja.

La actitud de su hijo no cambiará rápidamente. Recuerde que algunos muchachos manifestarán una inmediata reacción positiva ante los cambios, pero la mayoría no mostrará su aprobación. Considere nuevamente las dificultades que tienen los adultos para modificar su conducta. Hasta para los adultos más maduros, el cambio y el crecimiento requieren mucha reflexión y mucho esfuerzo consciente. Tratar con honradez a su hijo significa reconocer que él, o ella, tiene el mismo derecho que usted a tener problemas de este tipo.

Cuarto paso

El cuarto paso consiste en evaluar los progresos que usted ha hecho y en elaborar nuevos planes si es necesario. Pienso que usted debe utilizar una consecuencia durante unas dos semanas, aproximadamente, para ver si será o no eficaz, debido a que los jóvenes necesitan un tiempo para adaptarse a lo que se espera de ellos.

La forma de examinar los resultados de una consecuencia es preguntarse al cabo de unas semanas si ha habido algún cambio en la conducta de su hijo o hija. Si usted no observa ningún cambio positivo en la conducta o en la actitud del joven, deberá analizar a fondo la posibilidad de cambiar o endurecer la consecuencia.

El mayor desafío para usted será el de aprender a establecer límites sin demostrar que está enojado. Esto significa que solamente debe hablar con su hijo sobre las consecuencias y los límites cuando se siente dueño de la situación. Por ejemplo, si usted nota que siente rabia o impaciencia y que eleva su tono de voz, debería decirle a su chico, "Hablaremos de esto dentro de unos minutos, porque no quiero hacerlo estando irritado". Si usted trata los temas espinosos en forma controlada y serena, su hijo podrá cambiar sin experimentar demasiados sentimientos negativos hacia usted.

Otro punto importante es aprender a tratar uno o dos asuntos cada vez. No intente hablar al mismo tiempo sobre diez cosas que lo preocupan. Con esto no lograríaa otra cosa que abrumar a su hijo, quien aumentaría su resistencia a escucharlo. Tenga tacto y procure hablar de las cosas una a una.

Procure notar qué es lo que empieza a dar resultado. Aunque sólo se trate de un pequeño movimiento en la dirección correcta, esto puede darle pistas para extender el proceso. Si el procedimiento no da resultado, intente analizar en qué momento dejó usted de observar su propia conducta, o en qué desobedeció su hijo. Retroceda hasta el último paso que resultó eficaz.

Si su hijo aprende a responder bien al nuevo método disciplinario pero tiene de vez en cuando un día difícil, usted puede renunciar a aplicar las consecuencias. Puede decirle, "No importa que hoy no limpies tu habitación. Quizá necesitas un poco de ayuda. Me gustaría ayudarte, ya que últimamente te has portado tan bien".

Estos son ejemplos de estímulos y elogios que pueden ser utilizados junto con las consecuencias para fomentar una relación positiva, mientras usted observa cuidadosamente los adelantos de su hijo.

DIFERENCIAS EN LA IMPOSICION DE LA DISCIPLINA:
PADRES, PARIENTES Y OTRAS PERSONAS SIGNIFICATIVAS

Si el imponerle a su hijo una disciplina puede constituir un desafío, el compartir esta tarea resulta aún más difícil, ya que, aun con las mejores intenciones, los padres y los demás adultos suelen tener actuaciones contradictorias. Por diversos motivos, los esposos, los parientes, los novios, las novias y otras personas no forman un frente común a la hora de tratar con el adolescente. Algunos conflictos surgen de la forma en que se dividen las responsabilidades, de la diferencia de opiniones respecto al papel del padre y de la madre, de la hostilidad encubierta y de la simple falta de atención.

Como he dicho anteriormente, su capacidad de autoobservación es un arma poderosa para mejorar la relación con su hijo o su hija. En este caso, ser un buen observador significa examinar su propia relación con su cónyuge y con otras personas significativamente comprometidas en la educación del joven, para identificar las posibles áreas de conflicto. Analicemos más detalladamente algunas de las razones por las cuales la tarea compartida de imponer una disciplina se torna problemática.

La distribución desigual de la función educativa

Una de las razones más corrientes por las cuales las personas difieren en sus criterios sobre la tarea de disciplinar a un joven o una joven es el hecho de que esta función suele estar desigualmente distribuida. Una persona se ocupa de la mayor parte de la tarea, y la otra observa. La persona que no realiza el trabajo cotidiano de imponer una disciplina no comprende realmente lo difícil que es estar día tras día en primera línea de fuego con un adolescente.

Lo que empeora aún más las cosas es que, a veces, el chico o la chica, actúa en forma muy distinta con la persona que no se ocupa tanto de su educación. A menudo, uno de los padres obtiene lo mejor de su hijo, lo cual significa que éste se comporta más correctamente con el adulto que menos se ocupa de su educación.

El adulto poco observador verá, tal vez, en esta diferencia la prueba de la debilidad o incompetencia de uno de los padres. La escasa capacidad de autoobservación hace que el padre menos comprometido con la educación del joven diga cosas como, "Tú eres muy duro con ella. Siempre le estás gritando. No es extraño que no te escuche. Actúas como un niño y no como un padre". Y, como broche de oro, "Yo no tengo ningún problema con ella".

Súbitamente, el padre o la madre que ha estado intentando disciplinar a su hijo adolescente se ve atacado por ambos flancos. Su reacción inicial es actuar en forma defensiva, o vengarse: "¡Tendrías que cambiar de lugar conmigo durante una semana y hablar después, bocazas!". O bien, "Claro que no tienes problemas con ella. ¡Casi nunca estás en casa!". Si la persona criticada es el padre, probablemente replique, "Claro que los chicos son fantásticos contigo: ¡eres mucho más amable con ellos que conmigo!".

Las expectativas respecto al cónyuge

Los padres suelen no estar de acuerdo respecto a los métodos disciplinarios porque piensan que la educación de los hijos es responsabilidad de su cónyuge. Frecuentemente, el esposo piensa que la esposa debería saber cuándo disciplinar a sus hijos, y cómo hacerlo. Los problemas surgen cuando ella no sabe qué hacer, o le pide a él que asuma parte de la responsabilidad. El puede negarse, quitándose de encima una tarea pesada, o bien reaccionar dando órdenes como un capitán en el puente de mando, lo cual puede ocasionar un motín de la tripulación (la madre), y el caos bajo la cubierta (el adolescente).

Las fantasías

La mayoría de los esposos y esposas albergan fantasías con respecto a qué cosas deseará o podrá hacer su compañero en relación a la crianza de los hijos. La fantasía de la esposa puede ser la siguiente: Mi esposo será una fuerte figura de autoridad y me respaldará. Pero el esposo puede no tener ningún interés en echarse encima problemas disciplinarios.

La fantasía del esposo es: Mi esposa sabrá educar a los chicos, y yo no tendré que soportar tensiones cuando llegue a casa. Ambos se sienten decepcionados y hasta resentidos cuando sus fantasías demuestran ser sólo fantasías.

Los sentimientos desviados

Otra razón importante por la que los padres no pueden llegar a un acuerdo con respecto a la disciplina es que creen discutir sobre sus hijos cuando en realidad están discutiendo sobre su propia relación. En lugar de enfrentarse a sus problemas personales, expresan su cólera o su insatisfacción disputando sobre cómo tratar a su hijo adolescente.

La falta de información

Muchos padres no han sido correctamente informados sobre los efectos de sus desacuerdos en la conducta de los hijos. Cuando los niños, o incluso los adolescentes, presencian frecuentes conflictos entre sus padres, pueden experimentar malestar, ansiedad y preocupación. Temen la posibilidad de un divorcio, y sienten a veces que deben tomar partido por alguno de los dos, o simplemente están enojados con sus padres porque éstos se pelean por ellos. También es probable que sientan una sobrecarga emocional, debido a su hipersensibilidad a los sentimientos del padre que parece ser el perdedor.

Los chicos y chicas que presencian gran cantidad de conflictos entre sus padres pierden el respeto por ellos, pues les ven enfrentarse a los problemas sin la necesaria madurez. Los adolescentes están aprendiendo a ser adultos, y observan a sus padres esperando que les brinden un modelo adecuado de comportamiento adulto y que les enseñen a afrontar con éxito los problemas. Cuando los padres mantienen frecuentes conflictos sobre la disciplina y otros asuntos, los adolescentes ven que sus mayores no pueden manejar las cuestiones importantes con mayor éxito que ellos mismos.

La falta de atención

Algunos padres no prestan suficiente atención a la tarea de la crianza de sus hijos, y por ello no se ocupan de los problemas disciplinarios corrientes en el momento en que éstos surgen. Cuando estos problemas se agravan y se convierten en motivo de preocupación seria, los padres se sorprenden y se enojan, y acusan muchas veces al cónyuge de no haber actuado antes. Esto da lugar a discusiones importantes.

Cómo abordar el problema

Después de considerar los motivos por los que su pareja y usted no llegan a un acuerdo y discuten sobre la educación de su hijo adolescente, trate de identificar las formas en las que usted manifiesta su desacuerdo. Muchas personas discuten, simplemente, vociferando y gritando, hasta que logran controlar la situación, hasta que uno de los dos cede. Pero existen otras personas que odian las peleas y se niegan a levantar la voz, de modo que eligen formas encubiertas de expresar su desacuerdo.

Algunas personas se especializan en los mensajes no verbales para comunicar su desaprobación respecto al modo en que su compañero impone la disciplina a su hijo. Los encogimientos de hombros, los gestos, guiños, muecas y sonrisitas son signos que expresan este desacuerdo. Por ejemplo, cuando uno de los padres está discutiendo con el adolescente, el otro dirige al joven una mirada que significa, "Ya sé que tu padre pierde los estribos cuando haces algo que no le gusta. Tendrás que soportarlo. ¡Eso es lo que yo hago!".

Estos actos aparentemente inocentes están lejos de ser inofensivos, ya que debilitan la autoridad parental y mantienen vivo el resentimiento entre ambos cónyuges. Además, le dan a entender al adolescente que sus padres están desunidos, y el joven intenta a veces sacar ventaja de esta situación, pensando, "Me mantendré alejado de papá, debido a que siempre reacciona en forma exagerada. Me resulta más fácil tratar con mamá".

Es natural querer lanzar observaciones desagradables cuando uno siente que su pareja no lo está apoyando. También resulta difícil suprimir los gestos y las expresiones que manifiestan el desacuerdo. No obstante, ambas reacciones deben evitarse porque sólo incrementan el enojo o la discordia respecto a la situación, y distraen la atención de la cuestión disciplinaria.

Si usted suele tener diferencias con su cónyuge respecto a la disciplina de los hijos, puede hacer algunas cosas para cambiar esta situación. Analicemos algunas formas positivas de comunicación que fomentarán el apoyo mutuo y disminuirán las tensiones entre los padres.

Primer paso

Tómese su tiempo para identificar las áreas en las cuales cada uno de ustedes tiene dificultades con su hijo adolescente.

Algunas cuestiones pueden preocupar al padre y a la madre, mientras que otras sólo inquietan a uno de ellos. Por ejemplo, quizás a su cónyuge no le importe que la habitación de su hijo esté desordenada, pero se enoje si el chico le miente. Comprender estas diferencias le ayudará a comprender por qué no siempre obtiene apoyo.

Para identificar sus áreas particulares de dificultad y las razones por las que discrepa de su pareja, formúlese las siguientes preguntas:

1. ¿Reacciona usted sobre todo cuando está en tensión?
2. ¿Fueron ustedes educados con diferentes sistemas de valores respecto a la crianza de los hijos y los lleva esto a un permanente conflicto en torno a los métodos disciplinarios?
3. ¿Es usted una persona que tiende a juzgar el modo en que se comporta su cónyuge?

4. ¿Se siente usted agraviado ante la intervención de su pareja si es usted quien suele ocuparse de imponer la disciplina?
5. ¿Piensa usted que su cónyuge es, en general, demasiado blando o demasiado duro con sus hijos?
6. ¿Es usted más tolerante que su pareja respecto a determinadas conductas?

Estas son algunas cosas que pueden interferir con el apoyo mutuo y la disciplina eficaz. Tómense un tiempo para pensar y examinen la forma en que reacciona cada uno de ustedes hacia el otro cuando surgen conflictos. Analizar las causas de su desacuerdo los ayudará a evitar situaciones similares en el futuro.

Segundo paso

Una vez identificadas las áreas en las cuales ambos se preocupan por la conducta de su hijo, o por el comportamiento de cada uno de ustedes en relación al otro, es importante considerar que quizá no hayan sido justos el uno con el otro. Admitir en voz alta que existen situaciones en las que ninguno de ustedes trata adecuadamente a su hija o a su hijo es una forma correcta de aliviar el sentimiento de culpa o de responsabilidad que tal vez se haya introducido en la situación. Este es el modo de aprender a no acusarse mutuamente y a brindarse apoyo cuando uno de los dos tiene dificultades.

Quizás usted es incapaz de aceptar el método disciplinario de su compañero, simplemente porque es distinto al suyo. No importa cuán seguro se sienta de que tiene razón; usted debe darle a su cónyuge el derecho a tratar a su hijo en forma diferente si no pueden llegar a un acuerdo en relación a un método determinado.

Comuníquele a su hijo que, aunque ustedes dos no reaccionen siempre de manera similar ante las cosas, se respetan y apoyan mutuamente. Usted podría decirle a su chico, por ejemplo, "Tu padre tiene unas ideas diferentes a las mías. El está convencido de que debe castigarte cuando le mientes. Yo no estoy siempre de acuerdo con él, pero ésta es su idea y él te quiere. Tendrás que aceptar que a veces hagamos las cosas en forma distinta".

Tercer paso

Procuren dejar de discutir sobre la forma de imponer una disciplina a su hijo. Los padres necesitan establecer acuerdos firmes sobre cómo se apoyarán mutuamente en sus esfuerzos por imponer una disciplina, y cómo hallarán formas no destructivas de solucionar sus diferencias de criterio. A continuación se ofrecen dos posibles formas de desarrollar un método unitario para imponer una disciplina a su hijo. Observe que, en ambos casos, el cónyuge se comporta en forma amistosa, no crítica, reforzando el mutuo acuerdo sobre la disciplina.

El padre dice, "A partir de este momento, en lugar de culparte a ti cuando Anthony no te escuche, y de decirte que eres incapaz de lograr que te obedezca, te apoyaré diciéndole, 'Tu madre te ha hecho una petición razonable, y observo que no la estás escuchando' ".

Si el padre se dirige al muchacho en un tono irritado, la madre puede decir, "Tu padre está molesto porque no estás haciendo lo que te ha pedido. Pienso que realmente deberías escucharlo".

Otra técnica que puede resultar útil es acordar que si uno de los progenitores nota que el otro no se muestra firme en la aplicación de un método disciplinario respecto al cual ambos han establecido un acuerdo, esto se puede mencionar en forma positiva y útil delante del adolescente. Por ejemplo, "¿Realmente deseas volver a discutir lo que le pediste a Sheila?". O, "Me parece que estás disgustada porque Sheila está discutiendo otra vez contigo".

También así está usted ayudando a su pareja a tomar

conciencia de su propia conducta sin comportarse en forma crítica o intolerante. No se haga cargo de la situación; no imponga su propia solución, ni diga que su compañero es un inútil. Simplemente, haga sugerencias relativas al acuerdo que ambos han establecido.

Otro método consiste en permitir que el cónyuge que se ocupa de imponer la disciplina actúe sin interferencias. Luego de finalizada la discusión con el joven, usted puede decir, "¿Podríamos hablar de lo ocurrido con Charles? Me parece que no has resuelto la cuestión, y que no te has hecho entender". Después de esta charla, ambos progenitores le dicen al chico, "Siento que no te hayamos escuchado correctamente. A partir de este momento, haremos un mayor esfuerzo por escucharte y conversar sobre las cosas, pero tú deberás dejar de enfadarte tanto cuando no te escuchemos".

El esposo la apoya. "Mamá y yo realmente desearíamos aprender a escucharte mejor, pero yo quisiera que no te enfadases tanto cuando no lo hacemos."

Este no es el momento de preguntarle al chico si comprende, ni de iniciar una disertación sobre lo que esperan de él. Un simple comentario afectuoso de treinta segundos de duración será lo más adecuado. Cuando usted responde en esta forma, le demuestra a su hijo que está dispuesto a asumir la responsabilidad de su propia conducta, y refuerza su petición de que él modifique la suya. Esto pone de manifiesto su deseo de ser justo. Si el muchacho no reacciona o reacciona en forma negativa, usted puede decir, "Sé que hay momentos en los cuales no estás preparado para escuchar esto, pero espero que al menos lo pienses".

Es natural desear que su hijo le obedezca, especialmente si usted está tratando de ser comprensivo. No obstante, el cambio no es fácil. En consecuencia, usted debe tratar de aceptar la reacción del joven, aun en el caso de que ésta no coincida con sus deseos.

A veces, un progenitor sabotea inconscientemente la disciplina que el otro impone a su hijo. Por ejemplo, mamá acaba de decirle a su chico que no le permitirá ver el partido de fútbol hasta que termine los deberes. En ese instante, llega el padre y enciende el televisor. El adolescente aprovecha la oportunidad, se deja caer en el sofá y pregunta, "¿Quién gana?". La reacción natural de mamá sería decir, "¿Quién ha puesto la tele? ¡Le he dicho que no podía ver el partido, y tú le permites que no me haga caso!". Una reacción más adecuada sería, "Creo que papá no sabe que te he prohibido ver el partido hasta que hayas terminado los deberes".

Cuando los padres establecen acuerdos con antelación, este tipo de comentario es tomado como una sugerencia y no como una crítica. La respuesta apropiada de papá sería, "Mamá tiene razón. Yo no sabía que no habías acabado los deberes. Acábalos de prisa y podremos ver la segunda parte juntos. Sé que es duro perderse el partido, pero mamá tiene razón". De esta forma le impondrá a su hijo adolescente una firme disciplina, y le mostrará su comprensión hacia el esfuerzo que debe realizar.

Es natural que los adolescentes recurran a uno de los progenitores si no obtienen del otro lo que desean. Esta conducta es muy corriente en los jóvenes de doce a quince años. A medida que los adolescentes crecen, descubren que esto no da resultado, y van renunciando a este tipo de maniobra. Si su hijo hace esto con demasiada frecuencia, usted debe decirle cada vez, "¿Ya le has preguntado a papá? ¿Qué ha dicho él?".

Si la respuesta es, "Papá ha dicho que estaba de acuerdo", usted responderá que le dará su respuesta tan pronto haya confirmado esto con su esposo. Esto le da a entender al muchacho que usted no le creerá hasta que su conducta se modifique.

Si su hijo le dice, "¡Tú nunca me crees! ¿Por qué siempre desconfías de mí?", usted responderá, "Ya sé que te molesta que hagamos esto, pero hasta que dejes de intentar engañarnos, es lo que debemos hacer".

Aunque los acuerdos que usted establece con su cónyuge hayan sido bien meditados, pueden parecer artificiales y pueden no dar resultado siempre. Usted necesitará probarlos y corregirlos hasta hallar un sistema que funcione y que sea cómodo. Si usted se desalienta en su esfuerzo por modificar su relación con su hijo adolescente, piense en lo bien que funcionaba su sistema anterior, y en lo mucho que echa de menos aquellas discusiones constantes que tenía con su hijo y con su cónyuge. Si piensa en estos términos, probablemente estará de acuerdo en que vale la pena aprender a relacionarse y a cooperar en una forma distinta.

Los problemas de los padres separados

Hasta este momento, he propuesto una serie de estrategias para padres que viven juntos. No obstante, debido a la gran cantidad de divorcios que se producen, debemos analizar las formas en que los padres pueden apoyarse mutuamente aun cuando se planteen la educación de sus hijos por separado. Probablemente usted cree que es imposible obtener cooperación para ayudar a su hijo adolescente. La imposibilidad de vivir con ambos progenitores es dura para una niña o un niño de cualquier edad. Esta situación no debería verse agravada por las discusiones constantes entre los padres. Aunque parezca difícil, es importante para ambos padres dejar de lado lo que sienten el uno hacia el otro y aprender a colaborar.

Es típico que, si uno de los padres tiene dificultades para hacer que su hijo haga los deberes, termine sus quehaceres domésticos, o sea obediente, el otro progenitor le diga, "Pues yo no tengo problemas con él", o, "Es que tú no sabes tratarlo". Estos comentarios sólo sirven para enojar a la otra persona, y no contribuyen a solucionar el problema que tiene en aquel momento el adolescente.

En vez de eso, uno de los padres podría decirle al joven, o a la joven, "Yo sé que a veces no escuchas a papá tanto como a mí. Realmente deseo que lo intentes, porque papá necesita tu ayuda. Hablemos acerca de esto cuando vuelvas de su casa, y veamos si puedes hacer un esfuerzo".

Aunque pueda parecer difícil, el apoyarse mutuamente, aun

cuando no exista un afecto mutuo será beneficioso para el muchacho.

El papel del padre

Como expuse en mi libro anterior, *How to stop the battle with your child*, el padre tiene un papel muy importante en la crianza de los hijos, incluso cuando éstos son muy pequeños. Es importante aprender que un padre puede cuidar y comprender a sus hijos, y para un niño es una experiencia maravillosa recibir la atención de un padre.

Pero es aún sumamente difícil equiparar los papeles de los padres. Aunque la mayoría de las mujeres trabaja fuera del hogar, aún persiste la arraigada idea de que son ellas, básicamente, quienes deben ocuparse de la crianza y el cuidado de los hijos. Las mujeres suelen ocuparse de la mayor parte de la crianza, aunque trabajen toda la jornada. Pero esto está comenzando a cambiar; cada vez más hombres participan en la crianza de sus hijos, y, en mi opinión, éste es un progreso importante. Los hombres deben considerar cuán importantes pueden ser su influencia y su compromiso para el desarrollo del niño.

La crianza de los hijos y su crecimiento en el mundo actual pueden provocar grandes tensiones a padres e hijos. Los niños, y especialmente los adolescentes, necesitan el amor y el compromiso de ambos progenitores, se mantenga o no la familia íntegra.

El padre debe comprender que su papel es decisivo durante los años en los que su hijo adolescente se prepara para la vida adulta. A medida que los niños crecen, los papeles parentales deben equipararse tanto como sea posible, debido a que tanto la madre como el padre poseen capacidades e ideas valiosas que pueden trasmitirle a su hijo.

Generalmente, los niños han tenido muchas oportunidades de observar a su madre, ya que es muy probable que ella se haya ocupado de la mayor parte de la crianza durante los primeros años. Pero un adolescente necesita ver a ambos progenitores moviéndose en el mundo. En consecuencia, los padres deberían tratar de brindar a sus hijos adolescentes algunas oportunidades de participar en sus vidas. Esto significa permitirles asistir a una reunión de negocios, pasar un día juntos en el trabajo, o mantener algunos contactos sociales con sus amigos adultos.

Esto permite al joven observar la forma en que su padre se relaciona con diversas personas, tomando su actuación como modelo de la conducta apropiada para un hombre. La mayoría de los adultos puede servir como modelo de relaciones positivas con otros adultos.

El padre debe ser visto por sus hijos adolescentes como una persona a quien ellos pueden recurrir en busca de ayuda para resolver sus problemas, en lugar de ser sólo una figura de autoridad que inspira un sentimiento de temor.

Lo ideal sería que el padre fuese considerado una persona capaz de hablar de sus sentimientos y de ser sensible a los sentimientos de los demás. Quizás esto requiera cierta práctica, pero es un ejemplo valioso que el adolescente puede emular. El padre debería también compartir sus ideas con sus hijos y aconsejarlos sobre las cuestiones de la vida. De esta forma, el adolescente percibiría la importancia de ambos progenitores.

Yo invito a los hombres que son padres a reflexionar sobre su papel y a pensar en las cosas únicas que pueden compartir con sus hijos. Nunca se destacará bastante la importancia del compromiso de un padre; los adolescentes se sienten importantes y queridos cuando sus papás están tan comprometidos como sus mamás.

El papel de los familiares

Si usted vive con parientes que participan en la educación de su hijo, puede adaptar las técnicas que acabo de exponer para reducir las disputas sobre cuestiones disciplinarias. No obstante, la mayoría de los parientes (incluyendo a los bienintencionados abuelos) sólo vienen de visita y de vez en cuando, trayendo consigo sus ideas acerca de la conducta y la disciplina adecuadas. Sus ideas suelen ser muy diferentes a las de usted, de modo que es muy probable que se comporten en forma abiertamente crítica, o que, como mínimo, expresen su desaprobación mediante gestos y muecas.

Esto no debería ocasionar conflictos, pero los adolescentes parecen tener sensores de radar que les informan de la presencia de un aliado o de un posible simpatizante. Empiezan, pues, las críticas de sus familiares, en alguna de las formas acostumbradas, y usted se siente atrapado o incómodo. A continuación le ofrezco algunas sugerencias para minimizar los problemas entre los padres y los parientes.

Primer paso

Comunique a sus familiares que usted agradece su interés. Dígales que es consciente de que ellos ofrecen sus consejos porque se preocupan por los chicos. Esto es mucho más adecuado que decir, "No os metáis en nuestros asuntos". Las observaciones hostiles pueden hacer que usted se sienta mejor algunas veces, pero no contribuyen al entendimiento ni mejoran la situación.

Lo que usted debe hacer es decirles a sus familiares *antes* de que vengan de visita, "Yo sé que no siempre estáis de acuerdo con la forma en que educo a los niños, pero realmente me complacería mucho que no dijeseis nada cuando ellos están presentes. Yo os quiero a vosotros y quiero a los niños, pero debo hacer las cosas en la forma que considero más adecuada. Espero que no os sintáis molestos por esto".

Tal vez usted piense, "Este hombre está loco. ¡Si le digo esto a mi madre, me mata!". Yo comprendo sus temores, sobre todo si sus padres son muy insistentes, críticos y obstinados, y si han ejercido siempre bastante control sobre usted. En este caso, le será mucho más difícil hacer valer sus derechos, de modo que este primer paso no resolverá del todo sus problemas. Pero los siguientes pasos le ayudarán a conseguir el control de sus propios sentimientos y de las reacciones de su hijo.

Segundo paso

Deje de estar a la defensiva. ¡Pero tal vez se sienta a la defensiva sólo por el hecho de leer estos párrafos! ¿Cómo puede evitar estar a la defensiva cuando su madre le hace tres críticas antes de quitarse el abrigo? Le dice que la música que sus hijos escuchan es demasiado ruidosa, que se visten horrorosamente, y que no la llaman nunca por teléfono. Usted le responde de manera automática, "Siempre estás criticando. ¿Nunca puedes decir algo agradable de los niños?"

Una de las formas de dejar de estar a la defensiva es ser mucho más realista con respecto a sus parientes. Sea buen observador. Si ellos tienen la costumbre de hacer observaciones críticas, hágase a la idea de que probablemente escuchará esas cosas una y otra vez, mientras ellos vivan, de modo que necesita pensar en formas de afrontar la situación.

Adelante, piense. Dígase a sí mismo: "¡Esta es su costumbre. Es su manera de ser. Cuando vengan, me criticarán". No luche ni se oponga a la idea, imaginando o esperando que ellos hayan cambiado para convertirse en los parientes amables y tolerantes que usted siempre deseó. Resistirse a aceptarlos como son sólo le servirá para disgustarse. Acéptelos, pero tome conciencia de que, si conserva la calma, las palabras de ellos no modificarán su conducta. Su hijo no dirá, "¡Ja! La abuela está de acuerdo conmigo, de modo que, a partir de ahora, seré un monstruo".

La situación es molesta, pero recuerde que los sentimientos sólo tienen poder sobre usted si usted les otorga ese poder.

También puede mejorar la situación enfrentándose con el pariente crítico o entrometido en alguna actitud no provocativa. Si usted es una persona que suele hablar en tono ligero, puede decirles a sus familiares cuando lleguen, "Bueno, antes que nada, comunicadme las quejas que tengáis".

Si es capaz de decir esto en un tono de voz relativamente humorístico y no sarcástico, podrá disipar en alguna medida su propia actitud defensiva y suavizar un poco las críticas.

Tercer paso

Sorprenda a sus parientes y a su hijo diciendo en presencia de ellos, "Tu abuela tiene derecho a tener esa opinión, y sé que ella desea ayudarte. Pero aunque ella no esté de acuerdo conmigo, éstas son nuestras normas, y tú deberás respetarlas". Esto es mucho más adecuado que decir, "Abuela, ¿por qué no te ocupas de tus asuntos?", y luego, al cabo de un mes, disculparse por la grosería.

Cuarto paso

Conociendo las debilidades o los prejuicios de sus abuelos, un adolescente pedirá con frecuencia determinadas cosas o privilegios que usted ha vetado con anterioridad. Entonces, usted escuchará el siguiente argumento defensivo, "¡Pero la abuela dijo que estaba de acuerdo!". Su hijo debe aprender que las normas no pierden vigencia sólo porque usted no esté presente. Dígale al chico que, aunque sus abuelos o parientes tengan ideas diferentes a las de usted, él debe respetar las normas que usted establece, y es responsable de cumplir lo acordado. No importa lo que digan los familiares; si su hijo no respeta las normas, usted debe recurrir a las consecuencias.

Tenga presente que usted puede no saber lo que hacen sus hijos cuando están con los parientes. A los abuelos les gusta a veces tener secretos con los nietos, y los parientes no siempre comprenden la importancia de las normas que usted establece. Si descubre que su hijo no ha respetado un acuerdo que tenía con usted, enfréntese a la situación, pero no la convierta en un conflicto internacional.

Si su hijo se ha portado bien la mayor parte del tiempo, dígale que, debido a eso, usted no lo reprenderá. Si el adolescente se ha comportado en forma irresponsable y no ha respetado las normas, usted debe apelar a las consecuencias para demostrarle que aquéllas siguen vigentes.

Usted puede evitar pelearse con sus parientes y tener enfrentamientos familiares desagradables situando la responsabilidad donde corresponde: en la persona de su hijo. Esto es lo apropiado, a menos que sus parientes estén influyendo en él en formas extremadamente negativas, como proporcionarle drogas o inducirle a cualquier otra conducta antisocial. En ese caso, usted debe confrontar a esos adultos con su conducta y expresar su desaprobación.

Los padrastros y otras personas significativas

En una época en la que el divorcio es corriente, muchos padres se encuentran en la situación de educar a sus hijos con la ayuda de otra persona significativa. Puede tratarse de un padrastro o una madrastra, un novio o una novia. Si su situación es ésta, usted debe pensar qué actitud tiene ante esta tarea compartida.

¿Tiene usted la siguiente actitud?, "Son mis hijos, de modo que no te atrevas a mandarles nada". O dice, "Yo nunca he sido capaz de dominarlo, ¿podrás hacerlo tú?". ¿O desea controlar determinadas cuestiones y dejar el resto en manos del otro adulto?

En una relación afectiva importante, es muy útil que los adultos establezcan acuerdos para disciplinar a los hijos. Debería existir un acuerdo entre los adultos, y en tal caso ellos deben comunicar ese acuerdo a los hijos, sobre todo a los adolescentes.

Quizás algunos de los diálogos de esta sección le parezcan

extraños, y hasta artificiales. Usted deberá practicar estas técnicas varias veces, hasta estar familiarizado con ellas. Recuerde que las palabras concretas son simples sugerencias. Lo importante es el mensaje.

El mensaje que usted debe transmitir a su hijo, a su hija, es que los adultos pueden estar de acuerdo respecto a las cuestiones relativas a los adolescentes, apoyarse mutuamente y cooperar. Los adultos experimentan menos tensiones cuando trabajan en forma conjunta para conseguir unos objetivos claros, y los adolescentes se sentirán más cómodos en esta situación, aunque no lo demuestren.

Las diferencias entre los grupos de edad

Al tratar sobre las cuestiones disciplinarias de los adolescentes, es importante comprender algunas diferencias entre los jóvenes de diferentes edades.

Los chicos de trece a quince años

Los adolescentes más jóvenes pueden parecer bastante maduros en algunas ocasiones, pero también presentan períodos de regresión. A veces, son capaces de comunicarse y de negociar en determinadas formas que parecen sugerir que el trabajo que usted realiza rinde sus frutos. Su hijo se está volviendo más fácil de manejar. Luego, súbitamente, el mismo joven puede enfadarse tanto como un niño de cinco años. A esta edad, aún resulta difícil controlar las actitudes y las emociones en una forma apropiada y constante.

Si usted reacciona ante el enfado de su hijo con su propio enfado, quizás él siga comportándose como un niño de cinco años. Mi intención no es criticarlo a usted, sino simplemente recalcar el hecho de que su conducta tiene un gran impacto en la conducta de su hijo.

Los adolescentes más jóvenes negociarán con usted como si

fueran adultos y capaces de hacer cualquier cosa que se propongan. Discutirán con gran autoridad, intentando convencerlo de que ellos pueden afrontar cualquier situación. Probablemente, usted interpretará esto como un signo de inmadurez, y pensará que las demandas de los jóvenes no son realistas.

En cierto sentido, esta insistencia es positiva, pues expresa la confianza de los adolescentes en sí mismos. No obstante, ellos carecen de un criterio adecuado respecto a sus capacidades reales. No importa lo que sus padres les digan; los jóvenes creerán tener razón y se opondrán a ellos. Inevitablemente, esto originará conflictos.

Un ejemplo típico es el de la jovencita de catorce años que afirma que sus padres deberían autorizarla a pasar un fin de semana en un conocido lugar de veraneo para adolescentes, con sus amigos de dieciséis años. "¡No ocurrirá nada!" O el muchachito de trece años, físicamente maduro, que insiste en que puede conducir el auto de sus padres, si ellos se lo permiten.

Es muy importante que los padres comprendan la necesidad de este proceso como una forma en que los adolescentes aprenden a conocerse a sí mismos y a conocer el mundo que los rodea. Usted no puede convencer a su hijo adolescente de que él se equivoca con respecto a estas cuestiones; la necesidad del joven de creer que posee la madurez suficiente para enfrentarse a la vida es algo muy importante.

En lugar de intentar convencer a un muchacho de que se equivoca, la actitud de los padres debería ser la siguiente, "Comprendo que te sientes capaz de hacer estas cosas, pero yo aún no estoy tranquilo pensando que las vas a hacer. Esta es una de las cuestiones en las que no estamos de acuerdo. Tendrás que aceptarlo, aunque te parezca injusto".

Los chicos de quince a diecisiete años

En general, los adolescentes mayores tienen menos reacciones regresivas que los más jóvenes. No obstante, todos tienen sus días difíciles y sus retrocesos. Pero, a esta edad, pueden captar con mayor exactitud qué es lo que usted espera de ellos, y poseen una mayor comprensión de sus propias limitaciones.

Esto no significa que lo acepten todo. Algunos se vuelven más astutos a la hora de engañar a sus padres. En lugar de hacer rabietas y de sentirse frustrados constantemente, están de acuerdo con mayor frecuencia, discuten menos, y desarrollan maniobras sofisticadas para sortear las objeciones de sus padres y obtener lo que desean. No son mentirosos, tramposos ni manipuladores. Simplemente, a medida que empiezan a comprender cómo es el mundo, observan que las maniobras funcionan mejor que las discusiones, los ruegos o los berrinches.

Usted recordará que, cuando hice referencia a los proyectos de los adolescentes, una de los puntos más importantes era aprender a engañar a sus padres. Esto es más frecuente entre los adolescentes mayores, debido a que poseen una mayor autonomía y más posibilidades de engañar a sus padres y obtener lo que desean.

Ellos hacen el siguiente razonamiento, "Yo quiero ir a casa de mi novia, y luego encontrarme con un grupo de amigos para salir. No puedo decírselo a mamá, pues ella se opone a que yo salga con ellos. Si no se lo digo, ella nunca lo sabrá, y yo podré hacer lo que deseo. Este sistema me resulta útil".

Algunos padres se ponen furiosos cuando descubren lo que su hijo se propone, y actúan como si el muchacho fuese un ladrón que planea robar un banco. Esto se debe a que los padres se asustan cuando sienten que no pueden manejar la situación. A veces, el hecho de perder los estribos les devuelve temporalmente el control de la situación, pero jamás tiene un efecto interesante desde el punto de vista educativo.

Los adolescentes mayores son más reservados respecto a sí mismos. Se guardan sus secretos y no los divulgan. Esta conducta es normal, y no se sienten apenas culpables por ella. No hay razón para que se sientan así, a menos que hagan cosas extremadamente antisociales, en cuyo caso esperamos que les remuerda la conciencia.

El adolescente mayor muestra una menor necesidad de la compañía de sus padres. Recurrirá a usted con menor frecuencia en busca de consejos, de compañía o para hacerle confidencias. Comprenda que usted no debe tomar esto como algo personal. Simplemente, es un signo de que su hija, o su hijo, se está convirtiendo en un adulto independiente.

Otra característica de los adolescentes mayores es que comienzan a observar a sus padres en una forma más realista. Esto significa que a veces critican la conducta de sus padres en una forma adulta, pero también se vuelven más tolerantes respecto a sus limitaciones. A veces, los padres se sienten ofendidos cuando perciben que su hijo ya no les valora tanto como antes, pero esto se debe, simplemente, a que los adolescentes mayores tienen una mayor comprensión de las cuestiones de la vida y del mundo que los rodea, y una visión más realista de sus padres como parte de ese universo. Siempre que existe una buena relación entre los padres y los adolescentes, la capacidad de estos últimos para aceptar al padre como un individuo con aptitudes y debilidades se incrementa a medida que los jóvenes crecen.

Por último, los adolescentes mayores siguen necesitando el apoyo y la comprensión de sus padres en su evolución hacia la edad adulta, aunque expresen menos necesidades que cuando eran más jóvenes. El negarse a manifestar confianza en el apoyo de los padres hace que los muchachos se sientan adultos, pero su necesidad de apoyo sigue siendo bastante grande.

2
La conducta en el hogar

"¡Hay un extraño en casa!"

Los rituales matutinos

Los padres necesitan desesperadamente creer que su chico es lo bastante mayor como para comenzar la jornada sin necesidad de demasiadas indicaciones. También piensan que es lo bastante mayor como para entender lo que se espera de él y hacerlo sin que sea necesario vigilarlo y repetirle las cosas muchas veces. No hay nada malo en estas ideas, excepto que suelen conducir a la decepción, pues lo que los adolescentes comprenden y lo que sienten al respecto son dos cosas totalmente distintas.

De vez en cuando, su hijo actúa en forma sumamente madura, y, durante una o dos semanas, usted no tiene dificultades para lograr que se levante y se ponga en marcha por la mañana. Esto puede hacerle creer a usted que su chico, por fin, está en camino de convertirse en un adulto. Lamentablemente, la explicación suele ser más sencilla, y el fenómeno transitorio. El chico decidió un día volverse organizado, para variar, pero pronto se aburrirá de ser tan responsable, y asumirá otra vez la conducta adolescente normal.

Otra explicación para estos súbitos brotes de energía matinal es que su hijo ha desarrollado un nuevo "interés" en la escuela, y desea estar allí lo antes posible. Pero si este compromiso emocional se desvanece, es probable que el jo-

76

ven vuelva a considerar que el despertador es el enemigo y la escuela, el castigo. ¡Esto es lo que a usted le parecía madurez!

Cuando los hijos son pequeños, evitan el comienzo de la jornada jugando en sus habitaciones y negándose a vestirse. Los adolescentes evitan el comienzo de la jornada permaneciendo en la cama y olvidándose de usted. El proyecto de un adolecente consiste en volverse invisible cuando se lo llama para despertarlo, escondiéndose entre las mantas, esperando ser confundido con una roca sin interés. Con la almohada apretada contra su cabeza, las chicas y los chicos son expertos en aislarse de todos los sonidos del universo, en especial de la voz de sus padres.

Todas las mañanas, cuando su hijo intenta fingir que tanto usted como la escuela han dejado de existir, y ante el fracaso de la rutina diaria del camuflaje entre las mantas, comienza la retahíla de pretextos. Gimoteando, o con voz irritada, el muchacho intenta reiteradas veces librarse de usted, aunque sólo sea por un instante. Quizás, usted escuche cosas como, "Déjame en paz, me levantaré enseguida", "Estoy cansado", o "No me siento bien".

Como todo padre razonable que ya ha escuchado eso antes, usted le dice, "Mira, no volveré a repetírtelo. ¡Si no te levantas, te destrozo la cama!". Su hijo exclama que usted deberá tomar la habitación por asalto para lograr que se levante, ¡y entonces ambos pierden los estribos!

Cuando usted reacciona de este modo, el chico piensa que los adultos hacen grandes alborotos por nada. Si ser un adulto significa actuar en esa forma, es mejor seguir siendo un niño y esconderse en la cama. Usted debe dejar de actuar como si el hecho de que su hijo no se levante por la mañana fuese un asunto de vida o muerte. Sufriendo un colapso nervioso no modificará la conducta del joven. Los siguientes pasos quizá sí la modifiquen.

Primer paso

Cuando disponga de tiempo para conversar con su hijo, dígale, "Realmente quisiera dejar de enfadarme tanto cuando no te levantas por la mañana para ir a la escuela". En esta forma, usted expresa su voluntad de asumir su propia responsabilidad en la cuestión." "De verdad comprendo que es difícil levantarse. A mí me pasa lo mismo, más a menudo de lo que te imaginas." Esto pone de manifiesto su empatía, y su comprensión de los sentimientos y la conducta del adolescente.

Segundo paso

Dígale a su hijo, "Es preciso que solucionemos este problema, y yo preferiría que tú me dieras algunas ideas que te resultarán útiles para poder levantarte y estar listo por la mañana". Si el joven no tiene ninguna idea, explíquele cómo hace usted para levantarse, sólo como una sugerencia.

Si su hijo aporta algunas buenas ideas para modificar esta conducta, acepte ponerlas a prueba durante unas semanas, para evaluar su eficacia. Es importante no emitir juicios respecto a las sugerencias de su hijo. Al cabo de una semana, vuelva a conversar con él sobre el asunto; quizá sea preciso darle otra oportunidad. Si persisten las batallas en relación al tema de levantarse por la mañana, avance hasta el paso siguiente.

Tercer paso

Dígale al muchacho, "Como tú no tienes ninguna idea sobre alguna forma de levantarte por la mañana, y te resulta difícil respetar nuestro acuerdo, te sugeriré algunos métodos que yo usaré para resolver este problema. Comprendo que quizá no te agrade mi actitud. Realmente, me gustaría que tú mismo solucionaras esto, pero hasta que la situación mejore, lo haremos a mi modo". Esta observación define su postura firme y comprensiva, pero le otorga a su hijo el derecho a no aprobar las sugerencias que usted le haga.

"A partir de mañana, te pediré una o dos veces que te levantes. Si lo haces cuando yo me haya ido de tu habitación, no habrá problemas. Volveré al cabo de cinco minutos. Si no te has levantado, te quitaré las mantas tranquilamente y las colocaré sobre la silla. Si te niegas a levantarte después de esto (en un lapso de cinco minutos), me retiraré de tu habitación, y recurriré a las consecuencias." Recuerde que debe utilizar consecuencias significativas, e incrementarlas cada vez que se presente esa situación.

Si esta técnica no resulta efectiva, avance hasta el paso siguiente.

Cuarto paso

Dígale a su chico, "Debes aprender a levantarte cuando te lo pido, y realmente me gustaría que te hubieses esforzado por hacerlo. Como las consecuencias, al parecer, no te ayudan a levantarte, a partir de mañana telefonearé a la escuela para informar que llegarás tarde debido a que te niegas a salir de la cama. Te permitiré llegar tarde y afrontar las consecuencias de la escuela." (Esto se denomina "presión social leve".)

Si, en este punto, su hijo desea negociar, dígale, "Muy bien, veamos si puedes hacerte cargo de esto para que yo no me vea obligado a telefonear a la escuela". Bríndele otra oportunidad. Nuevamente, expresará su deseo de permitirle al joven asumir un mayor control de la situación, sin dejar de demostrarle que existe un límite para su voluntad de negociar.

Quinto paso

Si su hijo no responde a la negociación, o si la presión social leve no da resultado, apele a las consecuencias previamente mencionadas, como limitarle el uso del auto o restringirle las actividades sociales. Recuerde que las consecuencias eficaces son significativas y sistemáticas, y que su rigor se debe incrementar gradualmente.

Sexto paso

Si el muchacho tiene serias dificultades respecto a esta cuestión, y suele manipularlo a usted con éxito, no negocie hasta que haya podido recuperar el control. Recurra directamente a la utilización de consecuencias hasta que su hijo entienda con claridad que usted es quien controla la situación. Luego, si él mejora su conducta, usted puede considerar la posibilidad de negociar para ayudarlo a comprender que, con algún esfuerzo, él mismo podrá controlar la situación.

Séptimo paso

Si usted tiene dificultades respecto a la conducta matinal de su hijo, es natural que a veces se enfade.

¡Probablemente, usted tenga la fantasía de utilizar una excavadora para trasladarlo a la escuela, con cama y todo! No hay nada malo en conservar esa fantasía, pero un padre inteligente puede aprender a aceptar los impulsos agresivos y a actuar al mismo tiempo en forma empática. Dígale al joven, en tono comprensivo, "Sé que a veces te doy mucho la lata, pero creo que puedes llegar puntualmente a la escuela, si te lo propones. Realmente, no deseo mantener estas discusiones contigo, porque sigo pensando que eres un chico fenomenal, aunque este asunto de las mañanas nos pone histéricos a los dos".

El uso del teléfono

"¡Deja ese teléfono! ¿No tienes nada mejor que hacer? ¡Si no dejas de acaparar el teléfono, pondré uno de monedas en el pasillo! ¡Ojalá Alexander Graham Bell nunca hubiera existido!" Estas son observaciones típicas de los padres irritados por el problema constante del teléfono.

Como muchos adolescentes consideran el teléfono como una extensión natural de su mano, les resulta difícil entender que su dependencia de este aparato es innecesaria y excesiva. Responden a las observaciones de sus padres con comentarios como, "¡Dios mío, qué pesada eres! Hace más de una hora que no hablo con John ", o, "¡Angie acaba de romper con su novio, y me *necesita!*".

Lejos de convencerse, la madre grita, "¡Angie rompe con un novio dos veces por semana! ¡Deja ese teléfono!".

¿Por qué se comporta en esta forma su hijo?

En primer lugar, consideremos el proyecto del adolescente con respecto al teléfono. Las jovencitas, más que los muchachos, suelen utilizar el teléfono para comentar detalladamente los eventos importantes de sus vidas: hablan sobre sus novios, amigas, padres y profesores. En realidad, para ellas es una forma de aprender a expresar sentimientos íntimos y a mantener relaciones. A veces, sólo pueden tratar telefónicamente ciertos temas difíciles de tratar cara a cara.

Los muchachos utilizan el teléfono en una forma algo diferente —hasta que tienen novia—, generalmente para fijar citas o hablar de los deberes escolares o los deportes, pero dedican mucho menos tiempo que las jovencitas a la conversación. ¡No obstante, cuando logran tener una novia, probablemente hablen por teléfono con ella durante horas, aunque usted no haya mantenido una conversación con ellos desde hace dos años! El joven tiene un nuevo proyecto denominado amor adolescente. Analizaremos esta cuestión más adelante. Antes de desconectar el teléfono de una vez por todas, o de mantener otra sesión de gritos, intente poner en práctica el siguiente procedimiento para modificar la conducta de su hijo en este aspecto.

Primer paso

Si usted le pide al muchacho veinte veces al día que deje el teléfono, recuerde que debe observar su propia conducta. Debe aprender a ser claro y a expresar en forma concreta sus expectativas en relación al uso del teléfono.

Segundo paso

Considere las siguientes cuestiones. ¿Las charlas telefónicas de su hijo le impiden terminar los deberes o los quehaceres domésticos? ¿Monopoliza él el teléfono hasta tal punto que ningún otro miembro de la familia puede hacer o recibir llamadas sin que intervenga la operadora? Si no es así, piense en el motivo por el cual usted se siente tan molesto. Tal vez piense que hablar por teléfono es simplemente una pérdida de tiempo. Si éste es el motivo por el cual está tan enojado, debe tratar de ser más tolerante respecto a la conducta del chico. Podría serle útil recordar que ésta es la forma en que muchos adolescentes aprenden a relacionarse.

Quizás usted piense, "este hombre no ha oído las tonterías de las que hablan continuamente. ¡Creo que me dará algo si las oigo explicar otra vez que no tienen nada que ponerse!" Trate de recordar lo importante que era para usted hablar con sus amigos o amigas durante su adolescencia. Si su hijo es básicamente responsable en el hogar y en la escuela, pero le gusta hablar por teléfono durante horas, usted debería ser más tolerante respecto a esta actividad.

Tercer paso

Si su hijo abusa de los privilegios telefónicos y descuida otras tareas, pasa por alto los deberes o monopoliza durante horas el teléfono de la familia, utilice el siguiente método: Dígale, "He estado pensando sobre lo mucho que utilizas el teléfono. Sé que hablar con tus amigos es realmente importante para ti, de modo que trataré de no enojarme tanto cuando hablas demasiado rato. Pero debemos hallar una forma de que limites el tiempo que hablas. Ya que esto interfiere con el resto de tus responsabilidades, y ningún otro miembro de la familia tiene la posibilidad de hacer llamadas".

Si el muchacho comienza a discutir, no reaccione en la forma habitual, elevando el tono de voz y agravando la discusión. En lugar de eso, dígale, "O conversas conmigo sobre este tema sin discutir, o decidiré cuánto tiempo puedes usar el teléfono sin tener en cuenta tu punto de vista".

Recuerde, usted únicamente considerará las ideas que puedan ayudar a limitar el uso del teléfono o a que su hijo deje libre la línea cuando usted se lo pida. Si el joven no tiene ninguna idea, o si le sugiere métodos poco realistas, proceda directamente con el quinto paso.

Cuarto paso

Si su hijo aporta alguna idea razonable, dígale, "Muy bien, intentémoslo durante una semana, y veamos si funciona. Lo haremos a tu manera, siempre que tú te esfuerces realmente por mantener tu palabra. Si no funciona, yo no me enfadaré, y te permitiré intentarlo durante una semana más. Si esto no funciona, yo decidiré cuáles serán las normas, y te las comunicaré".

Quinto paso

Antes de hablar con su hijo, decida cuáles serán sus normas, y cuáles las consecuencias si el muchacho las ignora. Dígale, "A partir de este momento, te avisaré con un minuto de antelación cada vez que necesite que dejes el teléfono". Usted debe volver al cabo de un minuto, y asegurarse de que su hijo haya obedecido. Si usted se retira y se distrae con otras cosas, el chico no lo tomará a usted en serio, y su conducta no cambiará.

"Si no cuelgas inmediatamente cuando yo vuelva, no podrás hacer ni recibir llamadas durante el resto del día, ni tampoco mañana. Si me veo obligado a decirte continuamente que dejes el teléfono, o si discutes conmigo, las consecuencias se duplicarán cada vez, hasta que me demuestres que puedes respetar las normas. Yo preferiría no hacer esto, y tú podrás utilizar más tiempo el teléfono si observo que realmente te esfuerzas por cumplir."

Sexto paso

Si usted observa que su hijo realmente se esfuerza, pero un día recae, no actúe en forma rígida ni se enoje. Responda diciendo, "Como realmente te has estado esforzando, no te prohibiré hacer llamadas telefónicas hoy, siempre que mañana vuelvas a respetar las normas".

Esto disminuye la resistencia del joven a la idea de las normas, pues usted demuestra que puede ser flexible y razonable si existe cooperación.

Recuerde que debe empezar por observar su propia conducta y tomar en cuenta la opinión de su hijo. Estos pasos pueden ayudarle a disminuir los problemas relativos al uso del teléfono en una forma positiva para todos, y a romper el ciclo de las discusiones interminables e ineficaces.

Las comidas

Compartir una comida con un adolescente puede destruir completamente la fantasía de la armoniosa cena familiar, tal como la presentan algunas escenas idílicas de la televisión. En el pasado, cuando los padres eran más autoritarios, los hijos se sentaban a la mesa en silencio, o bien eran atormentados con temas tan interesantes como la escuela, los deberes y los quehaceres domésticos. Los adolescentes permanecían sentados a la mesa, les gustara o no. Esto creaba una falsa sensación de unidad familiar, y probablemente también sea la causa de los rostros sombríos que se ven en muchas fotografías de cenas familiares.

Algunos padres aún valoran la tradición de las comidas familiares, y su actitud es la siguiente, "tendremos una cena familiar, caiga quien caiga". Muchos adolescentes preferirían comer ante el televisor, o solos en su habitación, de modo que algunos de ellos reaccionan ante las comidas familiares comportándose en forma perturbadora, o quejándose amargamente de que se los obliga a relacionarse con la familia. La mayoría apenas puede esperar el momento de levantarse de la mesa.

Los padres suelen sentirse molestos a causa de esta actitud, pero consideremos por un momento la situación real. En primer lugar, el proyecto de las chicas y los chicos consiste en que las comidas familiares ya no son tan importantes como el hecho de tener una vida independiente. Los padres deben aprender a no ofenderse por esto. Esta es otra área en la cual los padres deben afrontar el hecho de que sus hijos se están independizando.

En segundo lugar, si la conversación siempre está dominada por los adultos, o si las ideas de los jóvenes no son aceptadas como parte de la conversación, puede que los muchachos tengan motivos suficientes para eludir las comidas familiares. Las conversaciones que se vuelven inquisitoriales también fastidian a los adolescentes. Se los puede ver tensos, listos para huir de la mesa tan pronto como papá comienza a preguntarles sobre los deberes.

Los padres observadores evitan preguntar una y otra vez, "¿Cómo te va en la escuela?" "¿Has hecho los deberes?". Los adolescentes suelen responder a estas preguntas con el silencio, o con gruñidos, ante lo cual los padres exclaman, "¿No tienes nada que decir?" o "¡No seas grosero! Respóndeme cuando te hablo". Probablemente, su hijo piensa "Siempre me hacen las mismas preguntas tontas. Tendría que escribir una lista de respuestas, y hacerla circular durante las comidas familiares". En parte, esta reacción representa la necesidad natural que tienen los muchachos de ser independientes de sus padres. Responder a preguntas sobre los deberes y los quehaceres domésticos los hace sentir como niños pequeños. Y tener que responder todas las noches a cualquier pregunta puede llegar a ser molesto. No es de extrañar que a los adolescentes no les seduzca la perspectiva de una cena familiar.

Otras observaciones que hacen los padres están destinadas a enseñar buenos modales. "No hagas tanto ruido al masticar." "¡Mira, has tirado comida por el suelo!" "Tente derecha." "Oíd, niños, dejad de discutir y de interrumpirnos a mamá y a mí." Las conversaciones de este tipo sólo incitan a los jóvenes a huir de la mesa.

Así es, realmente puede representar un desafío reunir a todos los miembros de la familia en una comida. Cuando la conversación es aburrida o se convierte en una discusión, usted probablemente se pregunte si el esfuerzo vale la pena. Consideremos algunas formas de alentar la participación de los jóvenes en las comidas familiares, y de convertirlas en experiencias más gratas para todos.

Primer paso

Piense en lo que desea, y en lo que puede esperar siendo realista, en relación a las comidas familiares, en base a los valores y a los horarios de los miembros de su familia. Algunas familias no tienen ninguna tradición de reunirse en torno a la mesa, y, en consecuencia, surgen pocos conflictos en esta área. Para otras familias, las cenas familiares con todos sus miembros presentes representan una institución que puede verse amenazada si los adolescentes desarrollan su propio estilo de vida y luchan por su independencia. Hasta las familias que realmente disfrutan de las comidas familiares suelen tener que adaptar el horario de dichas comidas a las diferentes jornadas laborales y a las actividades deportivas y extra escolares.

Segundo paso

Establezca una rutina de horarios para las comidas familiares mediante la negociación, o la petición directa. Si para usted es importante que todos estén presentes en la cena, negócielo. Pregúntele a su hijo qué le parecen las comidas familiares, concediéndole el derecho a expresar una preferencia. Prepárese para aceptar la posibilidad de que él no desee comer con la familia. Este es un componente natural del impulso del adolescente hacia la autonomía.

No obstante, si usted siente el intenso deseo de que todos los miembros de la familia estén presentes en algunas comidas, dígale a su hijo, "Comprendo que no siempre quieras comer con nosotros, pero realmente me gustaría disfrutar de algunas auténticas comidas familiares. Todos somos personas ocupadas, y no tenemos tanto tiempo como antes para conversar. La mesa familiar es un lugar donde puedo pasar un rato contigo".

Tercer paso

Si usted varía los temas de conversación en la mesa, probablemente pueda modificar la actitud de su hijo adolescente en relación a las comidas familiares. Dígale al muchacho,

"Te prometo que no utilizaré las comidas para hablar de tus problemas o preguntarte lo que has estado haciendo. Espero que podamos hallar algunos temas de conversación interesantes". Después de oírle decir esto, su hijo se preguntará, seguramente, si le ocurre a usted algo malo. Esta sospecha persistirá hasta que usted demuestre que ha cambiado de actitud. Pruebe el siguiente método:

Aprenda a conversar sobre los temas que son importantes en el mundo de su hijo. Si él se interesa por los deportes, el ballet, los ordenadores o la música, aprenda lo suficiente sobre el tema como para demostrar sus conocimientos y su interés.

Sea creativo. Piense en algo que usted sepa o que haya hecho que pueda resultar interesante para su hijo. Por ejemplo, un padre puede comunicar a su familia un problema surgido en su trabajo, y explicar en qué forma ha sido resuelto. Esto no es expresar las propias frustraciones o quejarse del jefe. Es una manera de que su chico y los demás miembros de la familia aprendan cosas unos sobre otros y sobre los diferentes mundos en los que trabajan. No es preciso que la conversación sea muy extensa; simplemente es una forma de saber más sobre los miembros de la familia.

Formule preguntas que no sean amenazadoras, como por ejemplo, "¿Cómo está tu amiga Adriane?", "¿Cómo marcha la obra teatral de la escuela?", "¿Aún está rara la profesora contigo?". Si usted formula estas preguntas con genuino interés y manifiesta una actitud amistosa, las comidas familiares podrán adquirir un matiz muy diferente.

Cuarto paso

Tenga paciencia si, después de sus primeros intentos, su hijo no demuestra ser un brillante conversador. Si no hay una respuesta *inmediata* a sus esfuerzos, no recurra a sus antiguas reacciones: "¿Eres sordomudo?". "¿Tienes cera en los oídos?". "¿No puedes responderme?". En lugar de eso, diga, "No pasa nada si no tienes ganas de hablar. Yo también me siento así a veces". Si usted se comporta en forma tolerante, los sentimientos del muchacho respecto a las comidas con la familia se modificarán gradualmente. A veces, los adolescentes necesitan que se les permita no ser sociables, ya que aún no son adultos. (Ocasionalmente, también los adultos lo necesitan.)

La conducta en la mesa

Aparte de que su hijo comparta o no regularmente las comidas familiares, quizás usted observe que sus modales *en la mesa* se están volviendo desagradables. Tal vez el joven sea un compañero de mesa rebelde e indeseable, que discute constantemente, interrumpe o perturba de algún modo la comida. En este caso, usted debe adoptar una posición de extrema firmeza.

Primer paso

Comuníquele con antelación a su hijo que existe una nueva norma respecto a la mala conducta durante las comidas. Si se producen discusiones o interrupciones, se le recordará dos veces que semejante conducta es inaceptable, pero no más de dos veces. Si el joven es capaz de controlarse, podrá permanecer en la mesa. Si no, deberá retirarse y comunicarle a usted el momento en que esté en condiciones de controlar otra vez su conducta.

Segundo paso

Si su hijo no intenta volver a la mesa, espere aproximadamente cinco minutos, y luego vaya a buscarlo, diciéndole, "Realmente, me gustaría que lo intentaras otra vez, ya que deseo cenar contigo. Por favor, vuelve a la mesa, y trata de no discutir".

Si el muchacho no le obedece, no recurra a la mirada asesina. Dígale con calma, "Creo que no estás preparado para intentarlo esta noche, pero te agradezco que te hayas retirado de la mesa cuando te lo he pedido". En esta forma, usted se comporta con firmeza pero con comprensión, e intenta reconciliarse después del conflicto.

Tercer paso

La mayoría de los adolescentes no insistirá en esta actitud, de modo que usted casi nunca deberá recurrir a las consecuencias; bastará con pedirle al joven que se retire de la mesa. No obstante, si la conducta negativa de su hijo persiste durante la mayor parte de las comidas, usted debería conversar a solas con él antes de la comida. "Te agradezco que te retires de la mesa cuando te lo pido, pero si no aprendes a actuar de otra forma durante la mayor parte de las comidas, me veré obligado a pensar en castigarte en casa durante el fin de semana [o cualquier otra consecuencia que a usted le parezca apropiada]. Te lo digo con antelación porque deseo ser justo contigo. Espero no tener que recurrir a esto."

Cuarto paso

Si usted observa que su hijo ha modificado levemente su conducta, aliente sus esfuerzos diciéndole, "Veo que lo estás intentando, y agradezco tu esfuerzo". Trate de no perder la paciencia. Puede requerir algún tiempo, pero si usted sigue estos pasos, logrará adquirir un mayor control sobre la situación y sus tensiones disminuirán considerablemente. También le demuestra al joven que es usted quien controla la situación.

Las tareas domésticas

Cuando sus hijos eran pequeños, y usted les sugirió por primera vez que realizaran algunas tareas domésticas, probablemente les pareció divertido, ya que se trataba de algo novedoso, como un nuevo juego. Pero, al cabo de un tiempo, el aspecto novedoso se diluyó, y el juego se volvió tedioso y aburrido.

Si usted no ha hecho de las tareas domésticas un elemento regular en la educación de sus hijos, le resultará sumamente difícil introducirlas durante los años de la adolescencia. Pueden ser consideradas un castigo en lugar de una creciente responsabilidad dentro de la familia. Y, aunque los quehaceres domésticos *hayan formado* parte de la rutina de sus hijos, quizás actualmente usted deba escuchar sus amenazas de recurrir al tribunal de menores y quejarse de que sus padres los obligan a trabajar. Los quehaceres domésticos restan tiempo a las cosas emocionantes de la vida; en consecuencia, son sumamente impopulares.

Obligar a los adolescentes a realizar tareas domésticas puede hacer sentir a algunos padres que están arruinando la vida de sus hijos. Ante la simple mención de las tareas domésticas, muchos adolescentes se transforman en babosas (animales invertebrados estrechamente relacionados con el caracol terrestre, que se arrastra por el suelo y apenas se mueve.) ¿No resume este ejemplo la actitud de su hijo, o de su hija, cuando usted menciona las tareas domésticas?

Los quehaceres domésticos forman parte de la vida familiar. El proyecto de los padres en relación a esos quehaceres consiste en inculcar responsabilidad a sus hijos adolescentes y enseñarles a pensar en las necesidades de otras personas. Estos son valores importantes para los adultos, pero lograr que su hijo los comprenda y acepte la responsabilidad puede representar una ardua tarea.

Los padres que no han establecido en forma clara y concreta un programa de tareas domésticas que deben realizar sus hijos suelen comportarse como sargentos instructores. El padre, o la madre, dice, "¡Saca la basura inmediatamente! Luego, quiero que laves los platos que prometiste lavar anoche, y no olvides dar de comer al perro". Los padres poco observadores suelen hacer esto debido a que "están hartos". Han decidido que, si el adolescente no realiza las tareas domésticas cuando ellos se lo ordenan, durante toda su vida no hará más que tareas domésticas.

La respuesta del adolescente se parece a la siguiente, "¿Cuál es el problema? Si tanto deseas que se saque la basura, ¿por qué no la sacas tú mismo?". El padre replica, "No me hables así, o vivirás rodeado de basura", o alguna otra amenaza sin sentido. Aunque muchos padres no dicen estas cosas, quizá sientan bastante irritación y rabia. Cuando los padres comiencen a observar mejor su propia conducta, estos diálogos se interrumpirán.

Quizás usted se pregunte por qué el joven hace una escena semejante, pues esas tareas deberían llevarle como máximo quince minutos. ¡Trate de recordar que la vida de su hijo está tan repleta de acontecimientos y actividades interesantes que los quehaceres domésticos jamás serán tan importantes para él como lo son para usted! Si el muchacho tuviera más conciencia de esta cuestión, usted tal vez le oiría decir, "Mira, me interesaré por estas cosas cuando sea adulto. De verdad que sí".

Su punto de vista es: "Ya es tiempo de que este mozalbete deje de comportarse como si estuviese en un hotel". O, "Dios mío, ¿cuándo crecerá esta niña y asumirá alguna responsabilidad?". Si usted tiene una relación conflictiva con su hijo adolescente y suele recurrir a los trillados comentarios que he enumerado, sólo conseguirá incrementar la resistencia del chico a realizar los quehaceres domésticos. Aun en el caso de que su hijo coopere en muchas otras cosas, quizás usted descubra que tiene muy poco interés o motivación para realizar esas tareas. Veamos, pues, qué podemos hacer al respecto.

Primer paso

Comience por observar su propio modelo de conducta. Perciba cuáles son los momentos en los que le pide a su hijo, o a su hija, que realice las tareas domésticas. Elegir el momento y el modo en que conversará sobre esas tareas es esencial para lograr el éxito. No le mencione los quehaceres domésticos al joven en el momento en que él se dispone a salir con sus amigos, a menos que exista un acuerdo previo que establezca que esos quehaceres deben realizarse antes de salir. No mencione una determinada tarea cuando él está realizando otra. No emita sus órdenes ladrando; a nadie le interesan los ladridos, excepto a su perro. Trate de emplear un tono de voz razonable.

Sea realista con respecto a los quehaceres domésticos que desea que hagan sus hijos, y pídaselo en forma clara. "Haz la cocina", es un mensaje poco claro, y deja un amplio margen para la interpretación. Si usted está disconforme con los resultados, su hijo siempre podrá replicar, "¡Yo creo que está bien!".

Segundo paso

Si usted no se ha expresado en forma suficientemente clara y específica respecto a los quehaceres domésticos, negocie un plan con su hijo. Dígale, "Debemos llegar a un acuerdo con respecto a las tareas domésticas que debes realizar. Tú debes tratar de hacerlas más regularmente, y yo trataré de no enojarme tanto cuando no las haces. Me gustaría que participaras en la solución de este problema. Si puedes hallar algún método para llevar a cabo tus quehaceres domésticos, estoy dispuesto a ponerlo a prueba para ver si funciona".

Nuevamente, una y otra vez, usted trata de ser justo solicitando cooperación en lugar de dictar simplemente las normas. Esta actitud también le brinda a su hijo una oportunidad para resolver sus problemas y desarrollar su sentido de la responsabilidad.

Tercer paso

Acepte la idea de que existen diversos sistemas para llevar a cabo los quehaceres domésticos. Su hijo quizá proponga uno adecuado, que se adapte a su personalidad y a sus horarios. Si al muchacho se le ocurre una solución apropiada, dígale, "Pienso que tu sugerencia es razonable. Lo intentaremos a tu manera durante un mes. Si tu sistema no funciona, deberás realizar las tareas domésticas cuando yo te lo pida. Consideraré la posibilidad de negociar nuevamente después de que hayas realizado tus tareas en forma responsable durante unos meses".

Si este método no da resultado y su hijo demuestra ser incapaz de actuar en forma responsable, no siga ofreciéndole oportunidades; simplemente asuma el control de la situación. Usted debería decirle, "Pienso que te sentirías mejor si fueras responsable de tus quehaceres domésticos y yo no me viera obligado a hacer las cosas a mi modo. Espero que lo tengas en cuenta".

De esta forma, usted trata de ayudar al joven a tomar conciencia de que el cooperar sería beneficioso para él.

Cuarto paso

Si su hijo se niega a respetar estas normas o a asumir la responsabilidad, dígale simplemente que los quehaceres domésticos deben ser realizados de inmediato. ¡No hay excusas! Tómele con suavidad del brazo, y dígale amistosamente, "Ven, hagamos esto ahora". Esto significa que, al margen de lo que él esté haciendo en ese momento, los quehaceres domésticos son más importantes. Apenas los haya terminado, su hijo podrá hacer todo lo que había planeado. De ese modo, usted no necesita recurrir a las consecuencias, sino simplemente controlar que se lleve a cabo lo que usted espera.

Recuerde que, en este punto, será necesario permanecer cerca del muchacho hasta que éste haya llevado a cabo los quehaceres domésticos. En lugar de insistir sobre lo que no se ha realizado o lo que se ha olvidado, puede resultar útil decir con voz firme y serena, "Terminemos esto para que puedas hacer lo que deseas". Recuerde que nada debe distraerlo a usted de esta vigilancia.

Por último, dígale a su hijo, "Escucha, sé que esto realmente te fastidia, pero una vez que termines tus quehaceres domésticos, nos entenderemos mejor y podrás salir". Cuando usted comience a abordar así estas cuestiones, quizás el chico se pregunte si usted se siente bien, debido a que la relación será muy diferente. Esta técnica, que puede funcionar con la mayoría de los adolescentes, realmente incrementa el potencial de su hijo para cooperar con usted. No obstante, si el joven se muestra muy reacio, usted deberá recurrir a las consecuencias.

Las tareas escolares

Aunque su hijo, o su hija, haya tenido dificultades con sus tareas escolares en la escuela primaria, usted piensa tal vez que, al llegar a la adolescencia, tendrá la suficiente madurez como para asumir esta responsabilidad sin que usted deba darle demasiadas instrucciones. No obstante, esto es sólo una hermosa fantasía. Es más probable que usted se encuentre con una persona encorvada ante una montaña de libros, en aparente estado comatoso.

Usted le dice, "¿Qué estás haciendo? ¿Por qué no haces tus tareas? ¡Recuerda que te estás haciendo mayor, y que esto es importante para la universidad!". ¡Usted no ha advertido que *estado comatoso* significa ausencia de atención, inercia, somnolencia anormal, y una cierta pereza o indiferencia!

Cuando su hijo revive al escuchar sus gritos, usted continúa con comentarios tales como, "Yo te digo estas cosas por tu propio bien". Las observaciones de este tipo nacen del temor de los padres de que la conducta actual del adolescente pueda ser un augurio del futuro, y de que si el muchacho no aprende a ser responsable de sus tareas escolares, jamás dejará el hogar paterno.

Cuando usted se preocupa cada vez más por el posible fracaso de su hijo, y se siente cada vez más frustrado, puede experimentar una forma leve de enajenación mental. Los síntomas pueden ser gritarle a su cónyuge (quien no tiene que hacer tareas escolares), arrancar el cable del televisor, y amenazar a su hijo con enviarlo interno a un colegio de Siberia.

En medio de su desesperación, quizás usted le diga al joven, "De acuerdo. Jamás volveré a decirte una sola palabra respecto a tus estudios. Es tu vida. ¡Arruínala, si lo deseas!". Su hijo piensa que usted se ha rendido por fin, y se siente aliviado al pensar que ya no habrá más sermones.

Por supuesto, ningún padre responsable podría cumplir semejante promesa, de modo que al día siguiente usted vuelve a las amenazas y a las predicciones sombrías. "¡Si no haces tus tareas escolares, jamás volverás a salir de casa!" Si usted observa que padece estos síntomas, sufre de enajenación mental transitoria provocada por las tareas escolares, y debería leer atentamente la siguiente sección.

Hablemos un momento de la opinión de su hijo respecto a las tareas escolares. Al joven le disgusta que estas tareas constituyan una responsabilidad cotidiana e ineludible. Los padres deben recordar, a partir de su propia experiencia, que durante la adolescencia resulta sumamente difícil hacer cualquier cosa en forma continuada. Simplemente, no es fácil ser responsable durante un período tan prolongado. En consecuencia, la mayoría de los adolescentes tiene dificultades ocasionales con sus tareas escolares. Pocos se sientan a hacerlas todos los días sin oponer resistencia. Cuando los jóvenes actúan de este modo, los padres suelen pensar que han contraído una rara enfermedad incurable relacionada con el estudio. En otras palabras, resistirse a hacer las tareas escolares constituye una reacción adolescente relativamente normal.

Muchos jóvenes consideran las tareas escolares como una larga condena que se les hubiera impuesto, sin posibilidad de libertad condicional, e intentan constantemente escapar. Las tareas escolares suelen ser aburridas y frustrantes, de modo que ellos tratan de combatir su malestar mirando televisión, escuchando la radio, levantándose y volviéndose a sentar, o simplemente mirando las musarañas. Una de las técnicas de evasión favoritas de los adolescentes (y de algunos adultos) consiste en esperar hasta último momento para comenzar a hacer sus tareas; después caen en el pánico, piden ayuda, se quedan despiertos toda la noche, y finalmente, logran terminarlas.

Los padres deberían entender que asumir la responsabilidad de las tareas escolares es, para los adolescentes, una cuestión de desarrollo. Es empezar a aprender a trabajar en forma consecuente. Como a las muchachas y muchachos les resulta difícil adquirir esta capacidad, los padres deben descubrir la forma de ayudarlos a superar su malestar.

Primer paso

En primer lugar, obsérvese a sí mismo para ver con qué frecuencia sermonea, discute, grita o critica a su hijo a causa de las tareas escolares. Ser más observador significa tomar conciencia de los sentimientos que lo conducen a gritar o a sermonear a su hijo. Los padres suelen sermonear o gritar debido a que se sienten impotentes en sus intentos de hacer que sus chicos estudien. Ser más observador significa decirse a sí mismo, "Yo sé que esto no funciona, y deseo adquirir un mayor control sobre mis reacciones".

Segundo paso

En la forma más serena posible, dígale a su hijo, o a su hija, que a usted le parece natural el deseo de eludir las tareas escolares. Asegúrele que se da cuenta de que los sermones no mejoran la situación, y que tratará de no volver a caer en ellos. Y propóngale buscar, entre los dos, otras formas de abordar el problema.

Tercer paso

Si su hijo obtiene buenas calificaciones y es básicamente un buen alumno, pero parece ser desorganizado o suele hacer sus tareas escolares en el último momento, usted debería decirle algo similar a esto, "No te digo con bastante frecuencia que eres un buen estudiante y que estoy orgulloso de ti. A veces pensarás que no aprecio tus esfuerzos porque te sermoneo a causa de tus tareas escolares. Pero no es así. Lo que sí creo es que debes ser más organizado, y no esperar hasta el último momento para hacer tus tareas escolares. Sé que tú no piensas que esto sea muy importante, pero más adelante lo será, y quiero ayudarte a aprenderlo ahora".

Cuarto paso

Si su hijo es responsable en la mayoría de los aspectos, excepto en las tareas escolares, es muy probable que se convierta en un adulto responsable. Dígale que usted desea negociar un sistema mejor para que él pueda hacer sus tareas escolares. Pídale que piense en alguna solución efectiva, o que elabore varios planes de trabajo. Al cabo de una semana, evalúe los resultados de alguno de estos planes.

Si el joven no elabora ningún plan, sugiérale alguno. Un sistema podría ser el de hacer las tareas escolares a la misma hora, todos los días. ¡No se admiten excusas!

Quinto paso

Si usted ha intentado todas las estrategias mencionadas con su hijo, y él sigue sin poder hacer sus tareas escolares en forma consecuente y ordenada, usted deberá asumir un mayor control de la situación. Esto también será necesario si el muchacho siempre ha tenido dificultades para terminar sus tareas escolares. Dígale, "Como no has podido encontrar un sistema eficaz para realizar tus tareas escolares, yo impondré las normas relativas a esta cuestión. Deberás hacerlas cuando vuelvas de la escuela después de la cena, y no podrás ver la televisión ni hablar por teléfono con tus amigos hasta que las hayas terminado. No habrá excepciones".

Sexto paso

Los adolescentes a quienes realmente disgusta hacer las tareas escolares suelen tratar de eludir esta monótona obligación actuando como si no existiera. Para poder hacerlo, deben convencer a sus padres, quienes, generalmente, sospechan. "¿Dices que tu profesora de historia no te ha dado tareas durante dos semanas? Yo la conozco. ¡Ella jamás olvida las tareas!" El chico generalmente se encogerá de hombros murmurando, "Te he dicho que no tengo que hacer ninguna tarea. ¿Por qué me lo sigues preguntando?".

Si su hijo persiste en afirmar que no tiene tareas para hacer, usted debería decirle, "Parece que no puedes decirme la verdad acerca de tus tareas escolares. Si yo descubro que me mientes, recurriré a las consecuencias hasta que aprendas a ser sincero. Espero que me digas la verdad, para que eso no ocurra". Nuevamente, usted demuestra su buena voluntad, y al mismo tiempo se mantiene firme.

Séptimo paso

Para resolver las dificultades relativas a las tareas escolares, suele resultar útil solicitar la ayuda de los profesores de su hijo. Los profesores suelen asignar tareas en días determinados, y les complacerá informarle sobre sus programas. También recibirán con agrado la colaboración de los padres para enseñar a los alumnos a ser responsables respecto a sus tareas. Si usted conversa con ellos sobre sus preocupaciones y planes de acción, generalmente cooperarán con agrado.

Dígale a su hijo que, hasta que él aprenda a ser más responsable respecto a sus tareas escolares, usted esperará que él le traiga, al final de cada semana, una nota firmada de cada profesor informándole de las tareas que el joven debe realizar. Es una buena idea llamar a los profesores para explicarles este sistema, y solicitar su cooperación. Si su petición es concreta y simple, la mayoría de los profesores accederán a ella.

Si su hijo se niega a cooperar, recurra a las consecuencias. Una consecuencia apropiada puede consistir en perder uno de los días libres del fin de semana. Si el chico persiste en comportarse en forma irresponsable, usted debe insistir incrementando las consecuencias hasta extenderlas a todo el fin de semana, y así sucesivamente, hasta que su hijo tome conciencia de que las consecuencias son más desagradables que hacer las tareas escolares.

Una vez que usted demuestre que controla la situación, y que su hijo ya no puede engañarlo, él hallará los medios de ser más responsable.

Octavo paso

Comuníquele a su hijo que usted comprende que éste es un tema difícil, y que resulta duro hacer cada noche las tareas escolares. Usted sabe que algunas noches le resultará más fácil que otras, y es consciente de los cambiantes estados de ánimo de su hijo. Dígale al muchacho que piensa mantenerse firme respecto a las tareas escolares, pero que también intentará ser más paciente.

La hora de acostarse

El tema de la hora de acostarse origina las mismas objeciones por parte de los niños pequeños que de los adolescentes. ¡Simplemente, ellos no desean irse a la cama cuando usted se lo ordena! Los niños más pequeños dicen que le temen a la oscuridad, o que tienen hambre o sed. Tratan de salir de sus habitaciones o hacer que usted se quede a acompañarlos, pues, sencillamente, no quieren acostarse. Los adolescentes sólo desean permanecer en sus habitaciones, tener una mayor privacidad, y que los deje en paz hasta que tengan ganas de acostarse.

En realidad, éste es un problema menor en comparación con otras cuestiones que usted deberá afrontar en la educación de su hijo adolescente. No obstante, algunos padres hacen observaciones a sus hijos y mantienen discusiones con ellos hasta que la hora de acostarse se convierte en un tema relevante. Les dicen, "¡Ve a acostarte, apaga la luz! ¿No te he dicho hace una hora que te fueras a dormir?". El adolescente replica, "No tengo sueño. ¿Por qué no puedo quedarme más tiempo levantado?"

La visión del adolescente respecto a la hora de acostarse es muy diferente de la del adulto. Después de una jornada completa de trabajo y de responsabilidades familiares, los adultos anhelan el momento de acostarse. Un adolescente considera que el mejor momento para estar despierto y tranquilo es por la noche.

Es importante que los padres cansados recuerden que la mayoría de los adolescentes tienen tanta energía que sus horarios irregulares de sueño y el sueño insuficiente rara vez les ocasionan mayores problemas. Las excepciones son los muchachos que suelen permanecer despiertos hasta tarde para hacer sus tareas escolares y luego no pueden levantarse fácilmente, o aquellos que simplemente se quedan despiertos hasta tarde y se niegan a salir de la cama por las mañanas.

Ya que existen tantas otras cuestiones de las que los adolescentes no pueden hacerse cargo, permítales asumir la máxima responsabilidad posible respecto a sus horas de sueño. Preocúpese por la hora en que se acuesta su hijo sólo en el caso de que el muchacho tenga dificultades por el hecho de dormir poco. Si usted piensa que al chico le causa problemas permanecer despierto hasta tarde, trate de seguir los siguientes pasos.

Primer paso

Usted debe preguntarse si reacciona con demasiada intolerancia ante los horarios de sueño de su hijo. ¿Hace usted periódicamente comentarios negativos o condenatorios respecto a la hora en que el muchacho se acuesta, sin especificar qué es lo que usted espera en lugar de esta conducta habitual? ¿Se siente molesto por el hecho de que su hijo permanezca despierto hasta tarde, aun en el caso de que no existan dificultades debidas a esa hora tardía? ¿Piensa usted que él está malgastando su tiempo? Quizá su reacción sea simplemente un resabio que le queda a usted por haber tenido que insistir durante años para que sus hijos pequeños se acostaran.

Segundo paso

Negocie un acuerdo concreto con su hijo, como por ejemplo, "Mientras te comportes en forma responsable respecto a tus tareas escolares y te levantes por la mañana, te permitiré que te acuestes a la hora que desees. Pero si observo que estás muy cansado y que tienes dificultades, deberás pensar en acostarte más temprano, hasta que vuelvas a asumir tus responsabilidades".

Los adolescentes en su habitación

Alrededor de los quince años, algunos chicos y chicas comienzan literalmente a hibernar en su habitación y se pasan en ella varios años. El joven que, de niño, siempre deseaba estar con su familia, desaparece súbitamente tras la puerta de su habitación durante períodos tan prolongados que sus padres comienzan a preguntarse si saldrá alguna vez. (¡Aunque tal vez a usted le agrade esta conducta, e incluso le incite a ella, según como sea la relación con su hijo!)

La habitación de un adolescente es su propiedad privada. Es el único lugar donde el joven puede estar solo, ser independiente, y sentir que domina la situación. En ese pequeño mundo, todo es posible, sin temor al fracaso ni a la crítica.

Solos en su habitación, los adolescentes disfrutan escuhando música, hablando por teléfono o escribiendo su diario. Entre sus extraños pasatiempos está el de mirarse al espejo durante horas. Contemplar sus rostros es muy importante para los adolescentes, pues esperan que cualquier imperfección desaparecerá por arte de magia si se miran en el espejo durante el tiempo suficiente. Esta conducta también puede ser habitual en el cuarto de baño, y provoca gritos y protestas de los restantes miembros de la familia que están esperando para entrar. Aunque a los padres les pueda parecer extraño, esto se debe a la preocupación normal del adolescente por su autoimagen.

Los adolescentes también utilizan su habitación como el lugar privado donde pueden resolver a solas sentimientos como la ira, el dolor o la tristeza. Estando físicamente separado de sus padres, el adolescente aprende a elaborar sus sentimientos sin tener que recurrir siempre a sus mayores en busca de ayuda, opiniones o consejos.

La reacción de los padres ante la hibernación del adolescente puede incluir sentimientos de confusión, preocupación y culpa. ¿Por qué se aparta mi hijo? ¿Está en dificultades? ¿Algo anda mal? ¿Dije algo malo? ¿Habrá algo que yo no sé? ¡No soporto que la niña se encierre en su cuarto! Veamos algunas formas de hacer que esta cuestión sea más comprensible y tolerable para los padres.

Primer paso

Comience a observar su propia conducta. Preste atención a lo que siente cuando su hijo permanece en su habitación durante un largo período. Esto le ayudará a descubrir el motivo por el cual esta conducta le molesta tanto. Por ejemplo, ¿usted considera ofensivo el hecho de que el joven desee pasar tanto tiempo lejos de usted? ¿Piensa que su hija se esconde para eludir las responsabilidades? ¿Cree que ella está perdiendo tiempo? ¿Teme usted que se drogue, o que esté deprimida? Es importante que los padres comprendan que, en la mayoría de los casos, este deseo de estar a solas es parte del desarrollo normal, y se modificará con el tiempo.

Segundo paso

Preste atención a sus comentarios en relación a este asunto. ¿Da usted a entender que desaprueba la permanencia de su hijo en su habitación durante tanto tiempo? Por ejemplo, dice usted cosas como, "¿Por qué pasas tanto tiempo en tu cuarto? ¡Te metes allí y te pones a hablar por teléfono durante horas! ¡Ultimamente estás muy arisco! ¿Prefieres estar en tu habitación a pasar un rato con nosotros?".

La mayoría de los padres reacciona en esta forma porque están confundidos y no saben qué pensar respecto a esta tendencia al aislamiento. Su hijo no puede responder a sus preguntas en una forma que le tranquilice, y sus comentarios y preguntas probablemente contribuyan a generar más sentimientos negativos.

Tercer paso

Dígale al muchacho, "Escucha, trataré de dejar de preguntarte por qué pasas tanto tiempo en tu habitación. Sé que éste es uno de los pocos lugares en los que puedes estar solo y sentir que nadie te molestará. También sé que a veces te encierras en tu habitación porque estás enojado con nosotros, y espero que trates de decírnoslo, para que podamos resolver el problema".

Cuarto paso

Ser comprensivo respecto a la necesidad de soledad de su hijo no significa que usted deba perder el contacto con él durante años. Usted puede respetar la intimidad de su chico, y al mismo tiempo, conversar con él y pasar algún tiempo junto a él.

Si usted siente que necesita pasar más tiempo con su hijo, podría decirle, "cariño, a veces me gustaría que me invitaras a tu habitación simplemente para hablar contigo un poco más de lo que hemos hablado últimamente. No obstante, cuando tú no desees hacerlo, quiero que sepas que no habrá problemas. Dímelo, y yo no me ofenderé".

El abandono de objetos por toda la casa

Los adolescentes recorren la casa y dejan caer desordenadamente sus ropas, libros, y otros objetos, como si toda la vivienda fuera de su ámbito particular. Las toallas sobre el tostador, los zapatos sobre el televisor. ¡Ningún lugar de la casa es sagrado! Los adolescentes ignoran a cualquier persona o cosa que se interponga en su camino. Podría decirse que este fenómeno se parece a una extraña enfermedad que aparece súbitamente entre los trece y los dieciocho años, y que luego desaparece en forma igualmente brusca.

No obstante, pocos padres están dispuestos a aceptar este diagnóstico. Sencillamente, piensan que su hijo es un patán. ¡Es descuidado, desconsiderado e insoportable! Veamos si usted puede comprender el punto de vista del adolescente, y aprender algunas estrategias para incitarle a su hijo a ser más responsable.

Básicamente, los adolescentes no consideran el orden tan necesario como sus padres. Como no necesitan un orden en su entorno físico, se sorprenden cuando sus padres insisten en ordenar, limpiar y ser organizados. ¿Por qué *no* se ha de poder echar la ropa interior debajo de la cama?

Parte del proceso de crecimiento consiste en aprender a desarrollar una necesidad interior de estructuras. Este sentido del orden, generalmente, se adquiere más tarde, cuando el joven adulto tiene su primer apartamento o el primer lugar que es sólo suyo. Hasta ese momento, la mayoría de los jóvenes adultos se sienten como niños en la casa de mamá y papá. Otro aspecto del crecimiento consiste en adquirir conciencia de las necesidades de las otras personas. Estos son aprendizajes que duran toda la vida, y el adolescente sólo está iniciando el proceso.

La mayoría de los adolescentes sólo se preocupa por el orden cuando su vida social o personal se ve amenazada. Al prepararse para ir a la escuela o a un centro deportivo, su hija grita, "¿Dónde están mis zapatos? ¿Habéis visto mi chaqueta?". Aprovechando la oportunidad de seguir con su campaña en pro del orden, usted responde, "No es extraño que no puedas encontrar nada, si siempre dejas tus cosas por toda la casa. Después, esperas que tu ropa aparezca por arte de magia cuando la necesitas. ¿Crees que yo existo solamente para ayudarte a encontrar tus objetos perdidos?". La muchacha gruñe, "Muy bien, no me ayudes. ¡Iré descalza!". Existe un modo de poner fin a estos absurdos diálogos, y hacer que usted se sienta menos irritada.

Primer paso

¿Suele usted sermonear a su hijo a causa de su desorden, y no obstante recoge sus cosas y las arroja en su habitación? Dígale, "No es correcto que yo me enoje cuando no recoges tus cosas, si nunca te he dicho qué es lo que deseo y lo que espero que hagas". Esto le demuestra al joven que usted no lo culpa por la situación actual. Usted asume la responsabilidad de no haber hablado claro, y al mismo tiempo le comunica que las cosas van a cambiar.

Segundo paso

Dígale a su hijo, "Necesito que pienses en algún modo de ser más organizado para recoger tus cosas. Es preciso hacerlo, pero tú eres capaz de hacerlo a tu manera. Quiero que decidas en qué forma puedo recordártelo sin que te enfades". Usted está tratando de que el muchacho comprenda que está dispuesto a ser razonable si él se esfuerza por superar determinados hábitos de desorden.

Tercer paso

Algunos adolescentes encontrarán soluciones muy razonables que usted puede aceptar, como por ejemplo, "Recogeré todas mis cosas por la noche, antes de acostarme" o, "Retiraré todas mis cosas de la sala antes de la cena".

Si su hijo le propone una idea aceptable, dígale, "Eso parece razonable. Pongámoslo a prueba durante un par de semanas, y veamos si funciona". Si da resultado, usted puede continuar aplicándolo, recordando agradecer periódicamente a su hijo su cooperación.

Cuarto paso

Si el chico se niega a cooperar, dígale, "Cómo tu olvidas que debes recoger las cosas que dejas por toda la casa, yo me ocuparé de la organización. Inmediatamente después de la cena, quiero que recojas todas tus pertenencias. Te lo recordardé gustosamente, pero, si no me haces caso, recorreré toda la casa contigo para asegurarme de que lo haces. No me enfadaré, ya que lo único que quiero es que recojas tus cosas, y solamente recorreré contigo toda la casa si eso es necesario".

Si su hijo se queja de que usted lo trata como si fuera un niño pequeño, no le diga, "¡Así es, porque tú te comportas como si lo fueras!". En lugar de eso, dígale, "Sé que lo parece, pero tendrás que tolerarlo hasta que aprendas a hacer las cosas solo". Es importante decir esto en forma amistosa. Utilizar un tono de sermón o de burla sólo creará resistencias y complicará las cosas para ambos.

Cuando usted asume el control en esta forma, le demuestra al joven que sabe lo que espera de él, y que va a asegurarse de que él lo hace. Finalmente, la desagradable sensación de que usted se entromete supervisando su tarea impulsará al muchacho a recoger él mismo sus pertenencias. Cuando usted se comporte en forma tolerante y firme, a su hijo le resultará menos molesto hacer la tarea por propia iniciativa.

LA BUENA RELACION CON OTRAS PERSONAS

Los parientes

Alrededor de los quince o dieciséis años, las chicas y los chicos a quienes encantaba estar con sus abuelos, primos y otros miembros de la familia, deciden súbitamente que los parientes son aburridos. A veces, el adolescente afirma ser hijo

108

adoptivo, y declara que de ningún modo podría estar emparentado con esas personas tan raras. Esta actitud irrita y ofende a los padres.

Es normal que los adolescentes se resistan a pasar demasiado tiempo con sus parientes, y se quejen de tener que llamar por teléfono a sus abuelos o ir con su familia a visitarlos. Sus quejas principales respecto a la relación con sus parientes son: que no hay nada que hacer en casa de sus abuelos, que sus primos son aburridos y no saben nada de lo que ocurre, y que simplemente preferirían estar con sus amigos.

Los padres suelen pensar que el adolescente se ha vuelto egoísta e irrespetuoso. Esto suele dar lugar a conversaciones como la siguiente: El padre, o la madre, comienza diciendo, "Algún día te arrepentirás de tu actitud hacia tus abuelos. Como sabes, no vivirán eternamente. Les ofendes mucho cuando dices que no deseas estar con ellos, y más después de todo lo que han hecho por ti".

El adolescente se apresura a defenderse razonablemente. "Vosotros sabéis que yo quiero a la abuelita y al abuelito. Lo que pasa es que tengo poco tiempo para ver a mis amigos." El padre, indignado, responde, "¡No me vengas con eso! Siempre estás vagabundeando con tus amigos!".

"Bueno, es que la abuelita sólo habla de lo mono que yo era cuando era un bebé. O me preguntan sobre la escuela." El padre responde, "¡Qué egoísta eres! ¿No puedes pensar una vez en los demás? La abuelita está realmente interesada en lo que haces".

Este tipo de diálogo suele concluir con gruñidos, y sólo incrementa la resistencia del adolescente a las peticiones de sus padres.

El proyecto de los padres consiste en que el adolescente manifieste respeto y consideración hacia sus parientes, y ayude a conservar el importante sentido de la familia. Algunos padres temen lo que sus parientes puedan pensar respecto a la actitud negativa de su hijo. No desean escuchar quejas ni críticas sobre sus hijos. Este malestar los conduce a presionar al chico para que alterne socialmente con sus parientes, pero los resultados suelen ser insatisfactorios.

En este caso, el proyecto del adolescente nace de un aspecto del desarrollo que consiste en aprender a separarse de sus padres. Aunque tal vez los jóvenes parezcan egoístas o desconsiderados, en realidad están luchando por dirigir sus propias vidas e independizarse de sus padres y parientes. Están comenzando a decidir cómo desean emplear su tiempo. Este es un paso necesario en el tránsito hacia la edad adulta. Lamentablemente, en determinadas ocasiones, este proyecto adoptará la forma de una conducta desconsiderada.

Algunos padres que lean esto pensarán, tal vez, "Este individuo pretende que yo acepte que mi hija está creciendo, y que no haga caso de esa actitud que tiene". No, yo no pretendo eso, pero le sugeriré algunas estrategias más eficaces para modificar la actitud de su hija o de su hijo en relación a los familiares.

Primer paso

Dígale a su chico, "Escucha, he estado pensando en nuestras discusiones sobre tus visitas a los abuelos. Muchas veces te he pedido que fueras cuando en realidad no deseabas hacerlo. Habría debido explicarte por qué esto es importante para mí, sin hacerte sentir egoísta o injusto con ellos. Lo lamento. No deseaba hacerte sentir culpable".

Segundo paso

Dígale a su hijo, "Comprendo que, si tuviera tu edad, quizá me resultaría aburrido visitar a mis parientes. Sé que, ahora que ya no eres un niño pequeño, no te resulta tan divertido pasar tu tiempo libre junto a ellos".

110

Tercer paso

Dígale al muchacho, "Realmente quisiera conocer tu opinión sobre las visitas a tus abuelos, porque creo que es importante que yo trate de comprender tus sentimientos al respecto".

Prepárese para escuchar sin emitir juicios, objetar o contradecir a su hijo, ni defender a sus parientes.

Cuarto paso

Explíquele a su hijo, "Tú eres muy importante para tus abuelos. Puedo observar lo contentos que se ponen cuando tú estás con ellos, y eso es importante para mí. Sé que tú eres una de las personas a las que más quieren. Así que me gustaría mucho que llegáramos a un acuerdo respecto a los momentos en que estarás dispuesto a verlos y a llamarlos por teléfono. Realmente quiero que me digas qué es lo que te parece más justo".

Los métodos de esta sección son aplicables a todas las situaciones relativas a parientes y amigos íntimos. Al demostrar que usted comprende por qué su hijo tiene poco interés en sus familiares, disminuye la resistencia del joven a comprender su punto de vista. Cuando el joven observa que sus sentimientos son tenidos en cuenta, es más fácil negociar un modo razonable de satisfacer las necesidades de ambos.

Usted debe recordar que esta conducta forma parte del proceso normal del crecimiento y que no es simplemente la conducta de un mocoso egoísta y desconsiderado. Ni es la prueba de que usted sea un fracaso como padre.

111

Las reuniones familiares

Las reuniones y actividades familiares pretenden generar un sentimiento de unidad y felicidad. Esto ocurre en muchas familias cuando los hijos son pequeños, pero cuando son adolescentes ya no están tan interesados en las fiestas de cumpleaños, las comidas campestres y las vacaciones con la familia. Los padres se sienten levemente decepcionados, pero no se rinden, y siguen tratando de convencer a los muchachos de que lo pasarán muy bien. Estos esfuerzos, generalmente, no tienen mucho éxito.

A medida que los adolescentes comienzan a pensar con quién y de qué modo desean relacionarse, es probable que sus elecciones no incluyan las reuniones familiares. La fantasía de los padres sería que los chicos les dijeran, "Mamá, papá, ¿les gustaría que yo fuera porque es importante para vosotros?". Lo lamento, pero eso sería esperar demasiada madurez de su hijo. El proyecto del adolescente consiste en seguir haciendo elecciones vitales que quizá no satisfacen a nadie más que a sí mismo.

Los padres quieren que los adolescentes tengan tantos deseos de estar con la familia como cuando eran niños. Esto es comprensible, pero no muy probable. A pesar de que a veces puede parecer difícil, es importante que los padres comprendan las nuevas necesidades de los jóvenes. Veamos si podemos ayudar a los adolescentes a sentirse comprendidos, y al mismo tiempo aclarar las necesidades de los padres respecto a esta situación.

Primer paso

Sea observador. Piense en qué forma desea que su hijo, o su hija, participe de las reuniones familiares, y sea realista respecto a lo que puede esperar de él, teniendo en cuenta que sus necesidades sociales se han modificado. Ambos deberán analizar serenamente este asunto, antes de recibir la invitación a la barbacoa anual de la tía Wilma. No reaccione en forma violenta el mismo día del acontecimiento, para después olvidar el asunto hasta la siguiente reunión familiar.

Segundo paso

Dígale a su chico, "Estaba pensando en lo que yo sentía respecto a los acontecimientos familiares cuando tenía tu edad. Comencé a odiar algunas de las actividades que me encantaban cuando era más joven. ¿A ti te pasa esto, a veces?". Si la respuesta es negativa, deje de leer esta sección. La mayoría de los adolescentes responderá que sí, de modo que usted podrá decir que comprende bien esos sentimientos porque son los mismos que usted tenía cuando era joven. Aclare que usted acepta esos sentimientos y los considera normales.

Tercer paso

Dígale a su hijo, "La próxima vez que me enfade contigo por una cosa de estas, recuérdame que hemos tenido esta conversación y que yo prometí tratar de ser comprensivo. Pero me gustaría que pudiéramos llegar a un acuerdo respecto a algunas reuniones a las que aún asistirás. Echo de menos los mómentos divertidos que pasábamos cuando eras pequeño".

Cuarto paso

Si el joven se muestra muy poco interesado después de que usted le haya manifestado su comprensión, dígale, "Te comunicaré cuáles son las reuniones familiares que son realmente importantes para mí, y te pediré que asistas a ellas aunque no tengas ganas de hacerlo. Algunas veces, pocas, te diré simplemente que debes asistir, y comprendo que no te gustará hacerlo. Pero no será todos los días".

Trate de darle a su hijo la mayor autonomía posible, pero si usted no obtiene cooperación, tiene derecho a ser firme y a hacerse cargo de la situación. No recurra a decir, "Eres un mocoso egoísta", aunque sienta deseos de hacerlo. Recuerde que no debe armar un escándalo a causa de esta actitud del joven, porque sólo aumentará la resistencia de su hijo a compartir momentos con la familia.

Los hermanos

A medida que los hermanos crecen, su relación comienza a mejorar o, por el contrario, siguen siendo competidores y rivales. La mayoría de los adolescentes discute mucho con sus hermanos; esta conducta es muy normal durante la adolescencia. Los muchachos comienzan a quejarse a sus padres sobre sus hermanos, diciendo, "¡Mamá, este niño es insoportable! ¿No puedes hacer que no sea tan odioso? Es un malcriado, y tú nunca le riñes". Probablemente usted perciba el mensaje subyacente a estas quejas: "Tú lo trajiste al mundo. Yo no pedí tener un hermano. ¡*Haz* algo!".

A veces, los hermanos parecen complacerse en irritarse o provocarse mutuamente. "Sal de mi habitación y no te atrevas a tocar mi ropa." "¡Qué amigos tan raros tienes!" "¿De dónde has sacado ese novio tan feo?" "¡Papá, la mataré si no se calla!"

Luego de escucharlos acosarse y pelearse durante semanas, los padres piensan a veces que sus hijos son horribles y que deberían ser confinados en un monasterio durante toda su vida.

Los padres poco observadores reaccionan de la siguiente manera, "¡Sois insoportables cuando estáis juntos!" En la misma tónica, los comentarios más habituales y menos efectivos incluyen los siguientes, "Si no sois amigos, el día de mañana os arrepentiréis. Sólo tienes un hermano [hermana]. ¡Si no os hacéis amigos ahora, después será demasiado tarde!".

114

Esto suele provocar en el adolescente accesos de risa burlona, a los que se suman sus hermanos. Por un momento, están de acuerdo.

Es normal que los hermanos tengan sentimientos mutuos contradictorios durante la adolescencia. El sarcasmo, la crítica y las peleas son formas normales de relacionarse para muchos adolescentes; a medida que crezcan desarrollarán otras formas más positivas. En realidad, estas ruidosas discusiones tienen un valor positivo, porque les permiten a los hermanos elaborar sus sentimientos mutuos de cólera y ambivalencia. Los mismos hermanos que se tratan duramente en su juventud pueden ser grandes amigos en la edad adulta. No obstante, los padres necesitan estrategias para ayudar a los hermanos a aprender a mejorar su relación, aunque sólo sea para reducir el nivel de ruidos en el hogar.

Primer paso

Usted debe hacerse esta difícil pregunta: ¿Representa usted un modelo de conducta que enseña a sus hijos cómo deben relacionarse? ¿Qué clase de ejemplo les brinda? ¿Discute mucho con sus hijos y su cónyuge? Si la respuesta es afirmativa, no puede pedirle a su chico que se controle mejor que usted.

Si sus propias relaciones deben mejorar, dígales a sus hijos, "Escuchad, queremos que dejéis de discutir. Papá y yo intentaremos también dejar de hacerlo".

Segundo paso

Dígales a sus hijos, "Me gustaría ver si podéis mejorar vuestra relación. No quiero seguir reaccionando violentamente ante vuestras peleas, y me entristece que no seáis amigos. Todos estaríamos más contentos si vosotros pudiérais tener una buena relación. ¿Tenéis alguna idea para mejorar la situación?".

Comience por pedirles que se escuchen mutuamente. Permítales expresar sus quejas con respecto al otro, sin interrumpir ni defender a ninguno de ellos. Luego, pregúnteles, "¿Cómo creéis que podemos vencer estas dificultades?".

Tercer paso

Si ellos pueden aportar sugerencias interesantes, elógielos por sus ideas razonables. Luego, dígales, "Pondremos esto a prueba durante una semana, y luego hablaremos nuevamente. Veamos si el hecho de conversar os ayuda a controlar las discusiones".

Cuarto paso

Si las discusiones no disminuyen después de negociar, dígales, "Debéis dejar de discutir. Me he esforzado por permitiros resolver este problema, pero como no lo habéis hecho, tendré que establecer unas normas al respecto. No deseo trataros como a niños pequeños, pero tendré que hacerlo si me veo obligado a ello". "A partir de este momento, si no dejáis de discutir cuando os lo pido, os lo pediré por segunda vez. Si no hacéis caso de mi segunda advertencia, el que siga discutiendo sufrirá las consecuencias." Las consecuencias pueden incluir la prohibición de salir el sábado, de usar el teléfono durante el resto de la semana, etc. La clave del éxito en la utilización de las consecuencias está en elegir alguna que sea significativa para sus hijos, y en comunicársela con suficiente antelación.

Quinto paso

Cuando los hermanos se llevan mal durante la mayor parte del tiempo, resulta útil recordar que, muy probablemente, ellos se quieren. En consecuencia, al margen de que usted censure su inadmisible conducta, es esencial que les comunique, en una forma no crítica, que piensa que la relación entre ellos es sumamente importante.

Esta es una afirmación muy importante que deben hacer los padres: "Os quiero tanto a los dos que me apena mucho que vuestra relación sea tan mala. Sé que a veces discutís, pero espero que también recordéis que en el fondo os queréis. Me doy cuenta de que a ambos os resulta difícil pedir perdón. Esto no es fácil, ni siquiera para los adultos. Pero intentad recordar que os queréis, aunque discutáis".

Sexto paso

Si sus hijos adolescentes no parecen quererse, es preciso decirles, "Quisiera poder hallar alguna forma de ayudaros a quereros un poco más, pero sé que no puedo. Realmente, me apenaría que no supiérais descubrir las maravillosas cualidades que los dos poseéis".

Como padre, como madre, usted debe observar mejor su propia reacción ante los enfrentamientos de sus hijos. Tómese el tiempo necesario para explicar que el motivo por el cual usted recurrirá a las consecuencias si ellos no dejan de discutir es que cree que los hermanos deben aprender a quererse y a relacionarse en una forma más positiva.

Aunque pienso que gran parte de esta rivalidad es completamente normal y acabará por desaparecer, los padres pueden tener una influencia muy positiva en la relación de los hermanos.

Los invitados

Algunos años atrás, cuando usted recibía invitados en su hogar, sus hijos se excitaban y alegraban ante la perspectiva de conocer a los amigos o a los jefes de mamá y papá. Pero en los años de la adolescencia comienza a producirse un cambio.

117

La misma niña que se sentía fascinada por la presencia de los amigos de sus padres, ahora se muestra totalmente desinteresada, desaparece en su habitación o pregunta si puede salir con sus amigos. Usted realmente tiene suerte si su hijo adolescente aún disfruta en su compañía y en la de sus amigos.

Probablemente, usted tenga sentimientos contradictorios al respecto. A veces, se siente más relajado recibiendo a sus invitados cuando sus hijos no están en casa. Otras veces, desea que los chicos se relacionen con sus amigos y participen del acontecimiento. Pero muchos adolescentes no tienen interés en esto, y se sienten incómodos y hasta avergonzados cuando se los obliga a alternar socialmente con los amigos adultos de la familia.

A estas alturas, usted habrá deducido ya que el proyecto del adolescente consiste en ser cada vez menos parte del mundo de sus padres. Relacionarse con los amigos de la familia parece ser algo que hacen los niños pequeños. Lamentablemente, esta sensación de inmadurez se incrementa cuando los adultos formulan preguntas aburridas o condescendientes, cuando parecen incómodos al hablar con los muchachos, o cuando les hablan como si aún tuvieran seis años.

Cuando se les obliga a relacionarse con adultos, los adolescentes suelen reaccionar con actitudes que enloquecen a los padres. Mascullan o gruñen, y esperan que los adultos dejen de formular preguntas como, "¿Cómo te va en la escuela?" ¿Has pasado un verano agradable?". O peor aún, "¿Ya tienes novia?" En este punto, muchos jóvenes ya no pueden ocultar su incomodidad: ponen los ojos en blanco, se encogen de hombros, responden que no, y luego se dirigen hacia la salida más próxima.

Los padres que observan y escuchan este tipo de diálogos se preguntan por qué su hijo es tan incapaz de relacionarse socialmente. Todos los padres esperan que sus hijos se conviertan en jóvenes adultos bien adaptados y socialmente desenvueltos, como reflejo de los años de arduo trabajo dedicados a su crianza. ¡Con cuánta facilidad se rompe esta fantasía!

Es típico que, luego de una aparición social poco brillante, los padres le digan a su chico, "¿Por qué te comportas como si no supieras hablar cuando vienen mis amigos? Nunca te quedas mudo cuando estás con tus amigos. Y les respondes en una forma muy grosera. Realmente, me he sentido avergonzado". Su hijo está preparado para esto. "¿Qué quieres que diga? ¡Cada vez que me ven me preguntan las mismas tonterías!" El joven se siente criticado por sus observaciones, recurre a los gruñidos, y se aleja nuevamente.

Los padres no suelen tener la intención de ofender a sus hijos con estas observaciones. Quizá se sientan frustrados, debido a que la conducta de sus chicos los hace dudar de que algún día éstos se conviertan en adultos sociables y amistosos. O tal vez sientan que esta incapacidad social de sus hijos refleja alguna carencia propia. Probablemente, algún pariente o amigo les haga sentir esto a través de observaciones o críticas. En cualquier caso, la ansiedad y los comentarios negativos de los padres no hacen más que aumentar la resistencia del adolescente a modificar su conducta.

Si usted es muy observador, probablemente haya notado que algunos amigos suyos son del agrado de su hijo. El joven disfruta conversando con ellos, y hasta es probable que permanezca largo rato junto a los adultos, en vez de desaparecer, como usted esperaba. No existe una explicación plausible para esto, pero quizá la clave está en la forma en que ese adulto se relaciona con él.

Si usted los observa, probablemente note un determinado estilo y contenido en su conversación. En vez de formular preguntas superficiales, ese adulto conversa sobre temas interesantes para los adolescentes, como por ejemplo: música, deportes y cine. Algunos muchachos y muchachas pueden ser conversadores muy simpáticos si se les brinda una oportunidad adecuada, y reaccionan muy bien si se los trata con interés y respeto.

Veamos si es posible generar una mejor comprensión entre su hijo y usted en relación a los adultos que vienen de visita.

Primer paso

Usted debe aprender a aceptar que, en general, la resistencia del muchacho a relacionarse con adultos es sólo una parte de su proceso de separación de los padres, y que los gruñidos desaparecerán al llegar la madurez. A esta edad, el mundo de los adultos y el de los adolescentes parecen estar muy distantes, pero esto cambiará. Quizá le resulte útil repetir interiormente, "Esto es sólo una etapa. Ya pasará".

Segundo paso

Demuéstrele a su hijo que usted comprende por qué él se comporta en esa forma. Dígale, "Quiero que sepas que comprendo y acepto que te sientas aburrido o incómodo conversando con nuestros amigos cuando ellos vienen de visita. Lamento que siempre te pregunten las mismas cosas que no soportas que yo te pregunte. Pero esto es sólo porque no saben qué otra cosa decir. Los adultos no siempre recuerdan lo que significa tener tu edad".

Tercer paso

Dígale a su hijo, "Yo desearía que mis amigos vieran que eres un gran chico, pero supongo que esto es problema mío, y no tuyo". Esto expresa que usted sabe que a veces sus expectativas no son justas. "¿Podríamos conversar sobre lo que te parece más adecuado para cuando tenemos invitados?"

120

Cuarto paso

Exponga claramente sus expectativas. Diga, "No pretendo que estés todo el tiempo con nosotros cuando tenemos invitados. Pero me gustaría que pudieras encontrar alguna forma de comportarte más amistosamente cuando tenemos visitas. Quizá podrías responder algo mejor a sus preguntas, nada más. Por ejemplo, cuando la Sra. Larsen te pregunta cómo te va en la escuela, tal vez podrías responder, 'Me va bien este curso', o, 'Me va bien en general, pero debo esforzarme más en química'. Realmente me gustaría que pudieras hacerlo".

Dígale a su hijo que usted tratará de recordarle esta conversación en una forma positiva, sin criticarlo ni sermonearlo.

La privacidad de los adolescentes

Un tema recurrente en la lucha de los adolescentes por convertirse en adultos es su necesidad de privacidad. Tener privacidad, un lugar donde no ser observados ni vigilados, les brinda a los adolescentes una sensación de independencia y de tener su propia vida.

Otro motivo para la intensa necesidad de privacidad es el deseo de la chica o del chico de disponer de tiempo para pensar en sus sentimientos románticos y sexuales. A medida que los adolescentes comienzan a adquirir una mayor conciencia de sus sentimientos sexuales y románticos, se sienten avergonzados, o incluso culpables. Piensan que resultaría embarazoso que sus padres conocieran esos sentimientos. Como aún no se sienten cómodos respecto a su propia sexualidad, los adolescentes suelen ser sumamente reservados en cuanto a permitir que sus padres conozcan muchos de sus sentimientos.

Por ejemplo, cuando su hijo está con su novia, no quiere que nadie escuche el tono íntimo en que se dirige a ella, ni observe la forma afectuosa en que se comporta. Esta relación también lo hace sentir muy especial, y más adulto. Muchos adolescentes experimentan gran frustración porque sienten que tienen poca intimidad en momentos en que merecerían tanta privacidad y respeto como un adulto. A medida que maduran y se sienten más cómodos consigo mismos, la necesidad de privacidad disminuye.

A los padres les es difícil no sentirse rechazados a causa de las demandas de privacidad del adolescente. ¡Precisamente cuando el joven, o la joven, se está convirtiendo en una persona interesante, no desea siquiera estar en la misma habitación que usted! Y, lamentablemente, el mensaje suele expresarse en forma grosera: su hijo le dirige una mirada asesina, le grita que salga de su habitación, y luego cierra la puerta con brusquedad.

Como madre, como padre, quizá sienta usted gran confusión a causa de esta conducta. ¿Le ocurre algo malo a su chico? ¿Está deprimido, o tiene dificultades? Otro conflicto surge debido a que la conducta de su hijo también puede hacerle sentir a usted que él ya no lo necesita, lo cual puede ser sumamente doloroso.

Aunque puede resultarle difícil, le será útil considerar esta conducta como una lucha por la autonomía, en vez de considerarla un rechazo personal. Usted debe manifestar una gran comprensión respecto a la necesidad de privacidad de su hijo adolescente. En la sección siguiente, me referiré a la forma en que los adolescentes utilizan sus momentos de privacidad, y a lo que esto significa para ellos.

La habitación de su hijo adolescente

A una determinada edad, es imposible lograr que su hijo permanezca en su habitación, excepto cuando duerme o está enfermo de gravedad. Al llegar a la adolescencia, el joven que de niño era tan sociable y deseaba estar constantemente con otras personas —siempre sumiso, haciendo preguntas, deseando ayudar a sus padres, o simplemente estar cerca de ellos— desaparece de pronto. ¡Ni siquiera con dinamita se le puede mover de su habitación!

¿Qué es lo que sucede en esa habitación? Esto despierta su curiosidad hasta tal punto que quizá desearía perforar las paredes para ver lo que ocurre. (¡Ciertamente, el chico no se lo dirá!) ¿Su hijo está soñando despierto, escribiendo la gran novela americana, o haciendo alguna de esas cosas innombrables que aterran a los padres?

A veces, usted no necesita una mirilla para averiguarlo. Con el estéreo a un volumen casi criminal, su retoño está reventándose los tímpanos o estropeándose el cerebro. Lo peor es que la filosofía de vida del muchacho parece desarrollarse en base a la letra de las canciones del nuevo álbum de moda. ¡Es suficiente para hacer que usted se vuelva loco!

El punto de vista del adolescente es que su habitación es el único lugar donde puede sentirse totalmente dueño de su vida. Esto explica las frases como esta, "Esta es mi habitación. No toques mis cosas. No tenéis derecho a revolver mis cosas. No podéis entrar en cualquier momento. ¡Es mi habitación!".

El proyecto del adolescente consiste en esconderse del mundo, tener un poco de privacidad y desconectarse, lo cual en este caso significa viajar a través del cosmos sin salir de la habitación en ningún momento; suele acompañarse de una mirada extraña o de una expresión ausente.

Los padres tienen diversas preocupaciones en relación al tiempo que los chicos permanecen en su habitación. Algunos padres se sienten ansiosos simplemente porque no saben qué hace su hijo, o su hija, durante tanto tiempo. ¿Está perdiendo un tiempo precioso? Algo malo debe de estar pasando, o la puerta no estaría cerrada. ¡Quizá yo debería entrar y sorprenderlo *in fraganti*!

Otras cuestiones que se plantean los padres de los jóvenes hibernantes son: ¿durante cuánto tiempo (y hasta qué volumen) debería él escuchar música, y hasta qué punto es prudente que esté solo con su novia?

Algunos padres se preocupan por la salud emocional de sus hijos. Creen que el aislamiento voluntario es un signo de depresión y se preguntan si deberían llamar al médico de la familia o a un terapeuta. En la mayoría de los casos, se trata de la típica conducta adolescente, nada más.

Otros padres se sienten excluidos y rechazados porque su muchacho prefiere claramente estar solo a estar con ellos. Pero algunos experimentan, más que nada, alivio, porque al menos en esta forma no discuten tanto. Si usted tiene muchos problemas con su hijo, tal vez desee alentar este deseo de reclusión, para poder gozar de una tregua.

Quizás usted sienta todas estas cosas de vez en cuando, pero debe recordar que la necesidad de privacidad es una fase normal del desarrollo, una fase que pasará, y que usted volverá a ver a su hijo. Mientras tanto, veamos si es posible hacer que el asunto sea más tolerable para los padres y los adolescentes.

Primer paso

Si su hijo se porta bien pero le gusta permanecer en su habitación, esto es normal. No le diga: "¿Es necesario que te pases la vida en esa habitación? ¡Sal de ahí!". Las observaciones críticas sólo aumentan el deseo de su hijo de permanecer en su habitación y evitar estar con usted.

Si el joven tiene problemas de conducta y permanece en su habitación durante demasiado tiempo, esto puede ser un indicio de varios problemas. Si es así, usted puede decirle: "No sé si las cosas te van bien últimamente, porque te pasas mucho tiempo en tu cuarto. Sólo te digo esto porque me preocupa. Realmente me intereso por ti, y espero que trates de hablar conmigo si hay algo que te preocupa. No te lo digo para entrometerme. Simplemente, te lo pregunto porque no deseo que te sientas solo".

Si usted no obtiene respuesta, no lo presione. Inténtelo de nuevo en otro momento. Esto le demuestra al chico que usted se preocupa por él.

124

Segundo paso

Si su hijo se porta bien, en general, y permanece en su habitación para estudiar, mirar la televisión o simplemente estar solo, dígale: "Quiero que sepas que comprendo que deseas estar solo en tu habitación en algunos momentos. A veces te grito porque permaneces en tu habitación, pero generalmente sólo me enojo a causa de las cosas que no has hecho. Realmente no te critico por permanecer tanto tiempo en tu habitación. Pero hay algunas cuestiones que debemos aclarar". En esta forma, usted demuestra que respeta la necesidad de privacidad de su hijo.

Tercer paso

Como muchos adolescentes se enojan si se los molesta cuando están en su habitación, usted deberá negociar una forma razonable de intervenir. Dígale a su hijo que necesita conversar con él sobre algunas cosas. "A veces, necesito que salgas de tu habitación porque necesito que hagas algo. ¿Cómo puedo lograrlo sin que te enfades?"

Pídale sugerencias, y realmente trate de escucharlas. Por ejemplo, quizás el muchacho sugiera que usted se limite a llamar a la puerta sin gritarle que salga. No le diga: "Grito porque tú nunca me escuchas". Sea buen observador y admita que a veces su conducta es incorrecta. Acceda a no gritar si él accede a responder con mayor prontitud a su llamada. "Si tú eres más amable cuando yo te pido que salgas de tu habitación, yo trataré de ser más paciente cuando me respondes que saldrás dentro de unos minutos."

Cuarto paso

Si su hijo tiene un televisor o un tocadiscos en su habitación, dígale que usted desea aclarar algunas normas con respecto al uso del aparato. "Sé que te gusta mucho ver la televisión y escuchar música y, siempre que te comportes en forma responsable respecto a tus tareas escolares, tus notas y tus quehaceres domésticos, te permitiré que mires la televisión o que escuches música durante todo el tiempo que quieras." Sea realista. Mientras el joven se comporte correctamente, debería tener la posibilidad de decidir lo que hace con su tiempo libre.

Quinto paso

Si a usted no le parece bien que los jóvenes vean demasiada televisión, limítele a su hijo el tiempo que pasa delante del aparato, pero trate de comprender los sentimientos del chico. Por ejemplo, usted podría decirle: "Sé que no te parece justo, pero yo estoy convencido de que ver demasiada televisión no es bueno para ti. Comprendo que no estás de acuerdo, pero éstas son mis normas. No tiene nada que ver con tu conducta ni con tus estudios. Simplemente se trata de mi opinión. Si no estás de acuerdo, no pasa nada". No se ponga a la defensiva si su hijo reacciona negativamente, y no discuta sobre el asunto. Sólo trate de comprender que es difícil resignarse a no ver televisión.

Sexto paso

Con respecto a la música y a la televisión, si el joven no responde a las negociaciones, recuerde decirle simplemente que usted limitará los horarios de estas actividades si él no colabora haciendo lo que usted le pide. Dígale que estos horarios serán negociables si se respetan las normas.

Recuerde lo que dijimos sobre las consecuencias. No reaccione en forma desmedida, diciendo: "¡No escucharás música durante un mes!" Usted promoverá una conducta positiva en relación con las pequeñas cuestiones cotidianas si las consecuencias a las que recurre le permiten a su hijo respetar las normas y recuperar el control de las cosas que son importantes para él.

Los adolescentes en su habitación
con sus novias o novios

Una de las cuestiones menores que causa gran preocupación a muchos padres es la combinación entre su hijo o hija adolescente, la novia o el novio y la puerta de la habitación ¡cerrada! Cuando los padres observan que su niña o su niño desaparecen en su habitación junto con alguien especial y cierran la puerta, la alarma les hace subir la presión sanguínea. Los padres a los que angustia mucho esta cuestión se sienten aliviados si su hijo no conoce siquiera a nadie del sexo opuesto. Aterrorizados, desearían decirle: "Retiro todo lo que te dije acerca de que fueras más sociable. Puedes ser tan tímido como quieras. ¡No tengas prisa! ¡Ya madurarás a los veinticino o a los treinta, por ejemplo!"

Algunos padres evitan, simplemente, esta espinosa cuestión estableciendo la norma de que los adolescentes no pueden permanecer solos en su habitación junto a sus amigos o amigas, bajo ningún concepto. ¡Sin excepciones! De este modo, el problema de los padres queda resuelto, pero los muchachos sienten que se los trata en forma injusta o que sus padres simplemente no confían en ellos.

Los padres tienen diversas preocupaciones con respecto a las actitividades no vigiladas en el dormitorio. Algunos temen que los jóvenes estén experimentando con drogas. Otros temen que la intimidad del dormitorio sea una tentación demasiado fuerte para los curiosos y vitales adolescentes "enamorados". Algunos padres creen, simplemente, que es incorrecto que los adolescentes de sexos opuestos permanezcan solos en una habitación durante mucho rato.

Pero la mayor parte de las preocupaciones de los padres surge de su inquietud respecto a la naciente sexualidad del adolescente. Hasta los padres más liberales, que siempre se han sentido cómodos en relación con el tema del sexo y de su propia sexualidad, se resisten a que sus hijos se conviertan en seres sexuales. Les resulta difícil aceptar que su chico tiene ahora las mismas necesidades y deseos que un adulto, incluyendo el sexo. Cuando las necesidades sexuales se hacen más evidentes, los padres se ven obligados a reconocer lo mucho que ha crecido su hijo.

Los padres también tienen conflictos con la cuestión de los valores. Desean que sus hijos compartan sus ideas, sobre todo en lo que refiere al sexo. Y por último, cuando los adolescentes comienzan a tener una conducta sexual, cuando tienen novias o novios, los padres se dan cuenta de que existe otra persona significativa en sus vidas, y esto suele ser doloroso para ellos.

Si usted pudiera hablar claramente con su hijo sobre esta cuestión, probablemente le diría: "Aún no eres lo bastante maduro como para controlar tus impulsos si te quedas en tu cuarto a solas con tu novia, de modo que deja abierta la puerta. Me pone nervioso estar pendiente de ti".

La actitud del chico es la siguiente: "Vosotros no confiáis en mí. ¿Qué creéis que vamos a hacer allí dentro si cerramos la puerta? Sólo deseamos tener un poco de intimidad para charlar y estar juntos". Si su hijo pudiera hablar con usted claramente, le diría: "¿De verdad crees que tendremos un interludio pasional mientras papá y tú estáis en la habitación contigua?"

Como este tema suele provocar intensas emociones, veamos si podemos aclarar algunos puntos. Primeramente, ¿es razonable pensar que su hijo se sentirá lo bastante cómodo como para realizar cualquier actividad sexual mientras usted está en casa?

Probablemente, los chicos y chicas se sienten tan incómodos como se sienten los padres cuando hacen el amor mientras sus hijos están despiertos y andan por la casa. Ni siquiera una puerta cerrada garantiza la seguridad y la intimidad suficientes. Si los adolescentes desean privacidad para poder tener experiencias sexuales, suelen encontrar lugares mucho más adecuados que la casa de sus padres.

Según mi experiencia, estén las puertas abiertas o cerradas, los adolescentes no se expondrán a situaciones embarazosas por cuestiones sexuales. De modo que su actitud de entrar en su habitación y cerrar la puerta suele expresar un deseo de privacidad con el propósito de aprender lo relativo a las relaciones y al amor.

En resumen, yo considero que las puertas cerradas no constituyen en sí un asunto grave, a menos que su hijo haya sido sexualmente activo o irresponsable, o que usted esté seguro de que existe un problema. Pero tenga muy en cuenta el hecho de que los padres tienen diversas ideas respecto a esta cuestión, todas las cuales serán consideradas al analizar la resolución de este problema.

Primer paso

Deje de hacer insinuaciones sobre lo que ocurre en la habitación de su hijo entre él y su novia, porque ya sabe adónde lo conducirá esto. Exprésese con la mayor claridad posible.

Segundo paso

Piense en el motivo de su incomodidad respecto a esta cuestión, y en por qué ha establecido unas normas. ¿Tiene usted pocas razones para desconfiar de su hijo? ¿Suele él ser responsable? ¿Tiene usted muy pocos motivos para preocuparse de lo que podría ocurrir en la habitación de su hijo, entre él y su novia? ¿Cree usted que su hijo sólo desea conversar con ella?

Si usted no tiene motivos para desconfiar de su hijo, dígale, "Comprendo que pienses que desconfío de ti si te pido que dejes la puerta de tu habitación abierta cuando estás con tu novia [novio]. Esto parece indicar que yo pienso que os resultará difícil controlar vuestra atracción sexual".

Algunos padres ya están pensando, "¡Este tío está loco! ¿Se supone que yo debo admitir eso?" Sí, porque tanto usted como su hijo saben qué es lo que a usted le preocupa. ¿Por qué otra razón le pediría usted que dejara abierta la puerta?

Tercer paso

Si su hijo reconoce que piensa que usted desconfía de él, usted debería decirle, "Comprendo que no te parece justo, ya que no me has dado ningún motivo para que desconfíe de ti. Pero me resulta difícil aceptar que hayas crecido tanto y que ya no seas mi niñito".

Cuarto paso

Ahora, su hijo podría desafiarlo diciéndole, "Muy bien, si admites que te equivocas, ¿por qué no puedo cerrar la puerta si siento necesidad de hacerlo?". Si usted cree que realmente no hay nada de que preocuparse, debería decirle, "Realmente debo aprender a confiar en ti, de modo que si deseas cerrar la puerta un rato mientras estás con tu novia [novio], puedes hacerlo".

Si usted no considera correcto que los adolescentes permanezcan a solas en una habitación cerrada, o si simplemente no se siente cómodo en esta situación, haga el siguiente planteamiento. Dígale al chico, "Realmente confío en ti, y no creo que vayas a hacer nada malo en tu habitación. Pero considero que no es correcto que cierres la puerta. Comprendo que quizá no estés de acuerdo, y lo acepto, pero tendrás muchas oportunidades de estar a solas con tu novia [novio] cuando seas mayor". No discuta sobre este asunto con su hijo.

Si la conducta sexual del joven cuando se encontraba en su habitación con su novia [novio] ha sido incorrecta, usted debería considerar el siguiente planteamiento.

Primer paso

Dígale, "Quiero aprender a confiar en que respetas nuestras normas. Pero es preciso que me demuestres que estás dispuesto a cooperar. ¿Cómo podríamos ponernos de acuerdo?".

130

Probablemente, su hijo sugiera algo razonable, como por ejemplo, "Si mi novia [novio] está de acuerdo en disculparse y dejamos abierta la puerta de mi habitación, ¿eso te parece bien?"

Usted debería responder, "Sí, siempre que vosotros comprendáis que no debéis cerrar la puerta. Esto no es negociable. Si vosotros estáis dispuestos a dejar la puerta abierta mientras estáis juntos, veremos cómo marchan las cosas".

Segundo paso

Si el muchacho dice, al cabo de un rato, "¿Por qué no podemos cerrar la puerta?", no piense que debe modificar su postura. Usted debe decir, simplemente, "No. He decidido que ésta es la forma más cómoda para mí. Dejando abierta la puerta, no existirá ninguna desconfianza, y yo no me preocuparé por lo que estáis haciendo. Comprendo que puede parecer injusto, pero éstas son mis normas".

Recuerde que no siempre debe estar de acuerdo con lo que siente su hijo, y que si él ha demostrado que le resulta difícil controlar sus impulsos sexuales, lo que usted hace es sumamente justo.

Las fiestas en el hogar

Cuando su hijo adolescente sugiere dar una fiesta en su hogar, tal vez usted quiera tener preparadas algunas maravillosas excusas. Usted podría decir que, al comprar la casa, tuvo que incluir en el contrato una "cláusula sobre fiestas de adolescentes": ¡Una sola fiesta de adolescentes, y la familia deberá mudarse a un remolque! O, simplemente, podría trasladar la casa a otro lugar la noche de la fiesta. (De todos modos, ellos quizá lo hagan por usted.)

Ciertamente, la mejor manera de evitar que se haga una fiesta de adolescentes en su hogar es evitar tener un hijo adolescente. ¡Pero ya es tarde para esta solución!

Cuando su hijo era pequeño, una fiesta en su hogar era un acontecimiento simpático, memorable y hasta divertido. Bastaban unos helados, una tarta y algunos juegos, y todo terminaba hasta el año siguiente. Lo peor que podía ocurrir era que algún niño comiese demasiado y vomitase en la alfombra. ¡Cuando su hijo adolescente sugiere dar una fiesta, usted teme que su casa, su reputación y su vecindario jamás vuelvan a ser como antes!

¿A qué se deben estas terribles palabras sobre las fiestas juveniles? ¿Cómo han llegado a tener una reputación tan mala? Bueno, quizá se deba a que los adolescentes siempre han tenido fama de irse de una fiesta con la mitad de los objetos de la casa en los bolsillos. Muchas veces, lo ensucian todo a su paso, convirtiendo el jardín y sus alrededores en un basurero. Y no hablemos de la música ensordecedora que parece ser necesaria hasta en las más tranquilas de sus reuniones. En resumen, la contribución de los adolescentes a la sociedad raras veces se evidencia en las fiestas.

El proyecto del muchacho en lo que se refiere a dar una fiesta consiste en desarrollar su posición social. Ser el anfitrión de una fiesta incrementa su aceptación social, sobre todo si la fiesta es un gran éxito. Las fiestas también les brindan a los chicos y chicas la oportunidad de alternar socialmente con determinados jóvenes que son de su agrado, sin arriesgarse a ser rechazados como en el caso de pedirles una cita.

El proyecto de los padres consiste en posibilitarles a sus hijos esta experiencia social sin permitirles asumir el control de su hogar. Ellos desean que su hijo, o su hija, se comporte en forma responsable. Estas expectativas son razonables pero, ¿cómo hacerlas realidad?

Primer paso

Si su hijo adolescente le pide permiso para dar una fiesta, usted debería decirle, "Dime qué es lo que has planeado en relación a la fiesta". Luego, escúchelo para comprobar si ha pensado en algunas de las cuestiones que a usted le preocupan. Usted deseará saber cúantos jóvenes serán invitados. ¿Se trata de una fiesta abierta, o solamente con invitación? ¿Cómo se mantendrá el orden? ¿Cómo se les comunicará a los invitados las normas de la casa?

Aunque es poco probable que el joven haya pensado en estas cuestiones en forma satisfactoria para usted, esta conversación será un buen punto de partida. Si su hijo no ha considerado ninguna de las cuestiones que a usted le preocupan, continúe con el segundo paso.

Segundo paso

Dígale al muchacho, "Permíteme decirte lo que necesito que hagas para poder dar una fiesta en casa. Primeramente, quiero que tú y tres o cuatro de tus amigos seáis los responsables de la fiesta. Pienso que es muy difícil que puedas controlar una fiesta tú solo. Quiero reunirme con vosotros una vez para conversar sobre mis normas respecto a la fiesta. Luego, quiero una lista de todos los jóvenes que asistirán, con sus números telefónicos".

Tercer paso

Explique claramente sus normas con respecto a las bebidas alcohólicas, drogas, y entradas y salidas durante la fiesta. No basta con decir, "¡No quiero que se cometan excesos!". Si algún joven llega a la fiesta bebido, insista en que alguien llame a sus padres, o disponga que se lo acompañe a su casa.

Cuarto paso

Defina su papel de supervisor. En mi opinión, los padres deben adoptar un papel sumamente activo, aunque no invasivo, en la fiesta. Es probable que su hijo le diga, "¿No podéis quedaros en otra habitación durante la fiesta? Me sentiré molesto si estáis todo el rato con nosotros".

Como padre, o madre, quizás usted piense, "¡Después de todo lo que he hecho por este crío, se atreve a decirme que le hago sentir violento! ¡Qué descaro!" Esta reacción es perfectamente normal. No obstante, dígale, "Comprendo que quizá te sientas incómodo, pero ésta es una de las normas que deberás aceptar si deseas dar una fiesta en casa. Yo trataré de que no sientas vergüenza, pero estaré entrando y saliendo durante la fiesta, para asegurarme de que tus amigos respetan las normas".

Quinto paso

Dígale al chico, "Una fiesta requiere mucho trabajo, y puede ser muy divertida. Realmente quiero que lo paséis muy bien. Si tú respetas tu parte del acuerdo, yo podré permitirte que te ocupes de la mayoría de las cosas durante la fiesta. Si observo que tú y tus amigos controláis todo correctamente, yo no intervendré".

Sexto paso

Si los amigos de su hijo no respetan su autoridad ni a las personas que están a cargo de la fiesta, no permita que el joven lo convenza para hacer otro intento. ¡El hecho de que usted no le permita dar una sola fiesta en su casa no malogrará su vida social! El manual de los padres no especifica que para ser un buen padre usted debe permitirle a su hijo adolescente dar una fiesta.

3
La conducta fuera del hogar

"¡Hay un monstruo en las calles!"

La hora de regreso a casa

La hora de regreso a casa ha de ser tenida en cuenta cada vez que usted le pide a su hijo que vuelva al hogar a una hora determinada, y no sólo cuando él o ella sale de noche con sus amigos.

La hora de regreso incluye las horas de vuelta de la escuela y de cualquier otra actividad, y el regreso a una determinada hora de la noche. Comprensiblemente, los padres se preocupan más por los horarios nocturnos, pero es importante establecer una comunicación clara sobre cualquier expectativa o preocupación que usted tenga en este aspecto.

Un diálogo típico entre un padre y un hijo adolescente sobre la hora de regreso viene a ser el siguiente, "Te he dicho que estuvieras en casa a las diez y media. ¿Dónde has estado? ¡Eres un irresponsable!". El muchacho responde, "No he podido volver a la hora que me has dicho porque la persona que debía traerme en auto no ha venido". El padre, que no está de humor para escuchar excusas —y menos aún, excusas viejas—, dice, "Muy bien, pues tendrás que organizarte mejor". Ahora, el chico se siente criticado, y se pone a la defensiva. "Tú siempre me culpas a mí, aunque la cosa no sea culpa mía." En raras ocasiones, el adolescente grita la verdad, "¡He perdido la noción del tiempo!". El diálogo se completa cuando el padre grita, "¡Estoy harto de tus excusas!" y el joven le responde con una mirada fulminante.

135

Las horas de regreso son una cuestión importante para los padres porque los ayudan a dominar las preocupaciones y los temores que surgen de tener un hijo adolescente que sale al mundo. Súbitamente, el joven desaparece durante horas, de noche, y la imaginación de los padres puede desbordarse. ¿Le ocurrirá algo a la niña? ¿Es el chico un buen conductor? ¿Se puede confiar en ellos?

Todas estas especulaciones pueden hacer que los padres se vuelvan un poco locos. Algunos padres no pueden dormir hasta que sus hijos han vuelto al hogar. Caminan de un lado a otro, miran mil veces por la ventana, y después comienzan a hablar solos hasta que el joven o la joven aparece por fin. Cuando esto ocurre, le reciben en la puerta con la furiosa pregunta, "¿Dónde has estado?". Aunque la angustia de los padres es evidente, el adolescente raras veces comprende que el enojo es en realidad un signo de preocupación o temor.

La actitud de la mayoría de los adolescentes respecto a las horas de regreso es la de que ellos son demasiados adultos y maduros como para necesitar limitaciones. Para ellos, la hora de regreso es otra versión de la hora de acostarse. Pocas veces están de acuerdo con las ideas de sus padres sobre las horas de regreso, y constantemente exponen ejemplos de los permisos más amplios de que gozan sus amigos. Una queja frecuente es que se los trata como a niños.

Los padres piensan que, cuando su hijo adolescente no respeta las horas de regreso, el joven está potencialmente descontrolado y hace alarde de su desdén por la autoridad paterna. Pero, en general, los adolescentes no hacen ninguna de esas dos cosas. Simplemente lo pasan bien con sus amigos, y les resulta difícil dejarlos sólo para llegar a tiempo a casa.

Si los adultos hubieran de volver a casa a una hora determinada, tendrían los mismos problemas. Piense en su esposo o esposa, o en alguno de sus parientes que son sumamente responsables en relación a otras cosas pero tienen dificultades para ser puntuales, y a menudo pierden la noción del tiempo, en especial cuando están haciendo algo que les gusta. Probablemente, a usted mismo le haya ocurrido eso una o dos veces. Los padres que no observan bien su propia conducta quizá no hayan notado que tienen las mismas dificultades que sus hijos con respecto a la puntualidad.

Primer paso

Pregúntese si ha tratado con la suficiente claridad el tema de las horas de regreso de su hijo o de su hija. ¿Ha establecido o hablado de normas específicas sobre las horas de regreso a casa, o simplemente se enoja ante el hecho consumado? ¿Es usted poco firme a la hora de imponer las normas que ha establecido? ¿Son sus expectativas sensiblemente diferentes a las de la mayoría de los padres?

Segundo paso

Recuerde que su hijo le dirá, probablemente, que otros padres son más liberales que usted respecto a las horas de regreso. Usted escuchará quejas del estilo de, "Sean ni siquiera debe volver a una hora concreta los fines de semana". "Jenny puede estar fuera hasta la una, y tú me obligas a volver a las once. ¡Qué apuros paso!" Las objeciones sobre los horarios diurnos pueden incluir las siguientes, "¿Por qué no puedo ir al centro después de la escuela y quedarme allí hasta las cinco? ¡Todos mis amigos lo hacen!".

No se ponga a la defensiva ni responda en un tono irritado con observaciones del estilo de, "No me importa lo que hagan tus amigos. ¡Tú harás lo que yo te diga!". En vez de eso, espero que considere usted el siguiente planteamiento. Dígale, "Comprendo que desees quedarte con tus amigos cuando lo estás pasando bien. Sé que tú querrías que yo fuera como los demás padres, pero tengo ideas diferentes a las suyas con respecto a las horas de regreso a casa. Los malo de ser joven es que tienes que respetar normas que no te gustan, y ésta es una de ellas. Cuando seas mayor, no tendrás que respetar ninguna de estas

137

normas, y comprendo que estés impaciente porque llegue ese día". En esta forma, usted expresa una gran comprensión del punto de vista del adolescente, pero no modifica las normas establecidas.

Tercer paso

Trate de recordar su propia experiencia de tener que respetar las horas de regreso durante su adolescencia. Disponga de algunos minutos en compañía de su hijo para compartir sus recuerdos. No haga esto cuando tenga prisa, ni cuando tenga otros asuntos que tratar con él. Diga, "Estaba pensando en lo que sentía cuando era un muchacho y mi padre me imponía una hora para volver. Tampoco a mí me gustaba. Sé que la mayor parte de las veces que llegas tarde a tu casa no es porque no desees respetar las normas, sino porque te resulta difícil dejar a tus amigos cuando te estás divirtiendo. Realmente comprendo que sólo deseas divertirte, y que las normas te parecen tontas en ese momento. Pero, a pesar de esto, debes aprender a ser puntual, de modo que he pensado una manera nueva".

Cuarto paso

Dígale al chico, "Sé que no siempre es fácil ser puntual, de modo que he decidido que puedes disponer de un margen de media hora cuando sales por la noche para ir a un concierto, a una fiesta o al cine. Te concederé un margen de quince minutos para los horarios diurnos. Si puedes regresar dentro de ese horario, no habrá problemas".

Algunos padres dirán, "¡Este hombre está loco! ¿Por qué debo yo recompensar a mi hijo [hija] cuándo él [ella] no puede o no quiere respetar las normas?". Bueno, pienso que si su hijo se siente tratado en forma justa, es más probable que se sienta más motivado para mejorar su conducta. Concederle unos minutos de margen es una forma de decir que usted piensa que la vida del joven también es importante.

Quinto paso

Si su hijo sigue ignorando las horas de regreso, a pesar de los esfuerzos que usted hace para negociar, es el momento de decirle lo siguiente, "He tratado de ser lo más comprensivo posible. Pero esto no te ha ayudado a ser más responsable con respecto a la puntualidad. De modo que, a partir de este momento, si tú no respetas las horas de regreso que te he fijado, las normas serán las siguientes: cada vez que llegues con más de diez minutos de retraso (sea realista y concédale un poco de margen), te quedarás en casa el fin de semana siguiente". Utilice ésta o cualquier otra de las consecuencias apropiadas que hemos considerado. Dígale a su hijo que las consecuencias se agravarán cada vez que reincida en esta conducta, hasta que usted obtenga una mayor cooperación. Recuerde que si el muchacho mejora su conducta al cabo de tres semanas o de un lapso menor, usted puede negociar nuevamente el acuerdo.

No obstante, no debe seguir negociando con un adolescente que se muestra siempre irresponsable. Esta situación exige mucha firmeza. Recuerde que cuando usted comience a observar un cambio positivo en la conducta de su hijo, aunque sea mínimo, debe comunicarle al joven que valora sus esfuerzos.

Las noches en casa de los amigos

Cuando su hija era pequeña, probablemente a usted le complacía que la invitaran a dormir en casa de alguna amiga. Eso significaba que la niña tenía amigas y que usted no debía preocuparse por su capacidad de relacionarse. También significaba que usted disponía de una noche libre sin necesidad de pagar a una niñera. Ahora que la niña es una adolescente, usted no suele preocuparse por su capacidad de relacionarse, sino por lo que hace cuando está con sus amigos.

En algún momento, la mayoría de los adolescentes pondrá a prueba la autoridad paterna. ¡Este es un impulso muy normal en los adolescentes y no el primer paso hacia la delincuencia! Es divertido burlar a los padres para salirse con la suya, y una de las mejores ocasiones para intentar esta maniobra es cuando se invita al chico o a la chica a pasar la noche en casa de amigos.

Los padres lo saben, y reaccionan con desconfianza e interrogatorios. Cuando su hija pide permiso para pasar la noche en casa de una amiga, los padres se apresuran a refrescar sus habilidades de agentes del FBI. ¿Qué es lo que ella va a hacer en realidad? A algunos padres les cuesta resistir el impulso de seguir a sus hijos y rastrear el vecindario con poderosos prismáticos, reuniendo pruebas para confirmar sus sospechas y temores.

Quizás usted haya sorprendido a su hija en algunas pequeñas mentiras, de modo que sus sospechas están justificadas. Los adolescentes suelen omitir detalles que podrían enojar a sus padres y hacer que vetaran sus planes, como en el caso de la muchacha que dice a sus padres que irá a casa de su amiga Jane. Ambas se quedarán en casa para conversar. Los pequeños detalles que podrían volver locos a los padres son que los novios de las jóvenes también están invitados, y que los padres de Jane no estarán en casa. No es extraño que los padres se sientan inquietos cuando los adolescentes pasan la noche en casa de sus amigos.

Los adolescentes no creen realmente estar haciendo algo malo cuando se escabullen con un amigo para ir a un club que usted les ha prohibido. Su opinión es que usted no comprende y que todos los demás padres permiten a sus hijas concurrir a ese club, de modo que usted no es razonable. A menos que usted esté dispuesto a contratar a un detective o a pasarse las noches espiando a su hija, será preciso que conciba alguna otra forma de estar tranquilo cuando su hija pasa la noche en casa de alguna amiga.

Primer paso

Pregúntese qué opinión tiene de las amigas de su hija. ¿Conoce bien a sus padres? ¿Son personas serias y se comportarán en forma responsable cuando su hija pase la noche en casa de ellos?

Segundo paso

Si usted no conoce las respuestas a esas preguntas, debería adoptar la siguiente postura. Llame por teléfono al padre o a la madre de la amiga con quien su hija se quedará. Converse con él o con ella sobre cualquier preocupación que tenga o sobre las limitaciones que usted desea aplicar. Esto le da a entender a la joven que usted estará al tanto de su conducta, aunque los padres de su amiga no estén en casa. No se trata de que desconfíe de ella, sino que es una forma de que usted se sienta tranquilo. No deje que ella lo convenza de no hacer esto con observaciones del estilo de: "¡Oh, qué vergüenza voy a pasar! ¡Tú no lo comprendes!".

Tercer paso

Pregúntele a su hija cuáles son sus planes para la noche que pasará en casa de su amiga, y piense si son aceptables para usted. Si no lo son, negocie un compromiso entre sus expectativas y las de ella.

Cuarto paso

Como ni siquiera una llamada telefónica puede darle la certeza de que los padres de la amiga son personas responsables, dígale a su hija que ella será responsable de respetar las normas, aunque los padres de su amiga no se ocupen de que éstas se cumplan, o aunque ellos aprueben conductas que usted no le permite.

Sus normas deberían ser las siguientes: si los planes para esa noche se modifican en el último momento, su hija debe llamarlo por teléfono y obtener permiso para cambiar el proyecto. Si ella no puede localizarlo, deberá renunciar a cualquier actividad que no haya sido aprobada por usted. Si la jovencita no respeta las normas, no se le permitirá pasar la noche en casa de sus amigas durante un período determinado.

Quinto paso

Dígale a su hija: "Comprendo que, probablemente, tú podrás hacer lo que quieras cuando estés fuera de casa con tus amigas. Sé que los jóvenes de tu edad suelen tratar de engañar a sus padres. Puede ser muy tentador decir que harás una cosa determinada y luego hacer algo que sabes que yo no aprobaría. Te lo digo porque realmente comprendo que a veces deseas hacer ciertas cosas aunque a mí no me gusten. Y te parece que vale la pena correr el riesgo, porque es probable que te salgas con la tuya. Espero que no intentes hacerlo, porque si yo me entero, me veré obligado a limitar el tiempo que pasas con tus amigas".

De este modo, usted le comunica a su hija que comprende lo que ella siente. Usted acepta que es natural que ella trate de salirse con la suya, sin aprobar ni condenar esta conducta. A veces, cuando un padre es realista respecto a la conducta de su hijo, y demuestra ser consciente de los impulsos y los dilemas de los jóvenes, el adolescente decide que no vale la pena violar las normas.

Los adolescentes al volante

Todos los padres viven en el temor de que llegue el día en que su hijo pueda conducir legalmente un automóvil. Quizá algunos de ustedes recuerden una película de terror llamada *El auto,* en la que un automóvil recorría la ciudad sin conductor, aterrorizando a los habitantes y causando desgracias. Esto es lo que muchos padres imaginan cuando llega el día en que su chico obtiene el permiso de conducir, y esta angustia llega a un nivel máximo la primera vez que el joven sale conduciendo un automóvil ¡solo!

Recordamos con añoranza los tiempos en que los padres sólo tenían que enseñarles a sus hijos a montar a caballo. ¡Al menos, el caballo tomaba algunas de las decisiones! En un coche, todo depende del joven. Y a esta angustia se añade la consternación cuando usted se ve obligado a hablar con el agente de seguros, que le exige unas cuotas exorbitantes por asegurar a esa amenaza automovilística.

Todas estas cosas mueven a los padres a retrasar lo más posible el debut del adolescente como conductor. Cuando su hijo comienza a hablar de conducir, de sacarse el permiso o de comprar un coche, los padres dicen cosas como, "Veremos. Ya hablaremos de eso. Todavía no". Al ponerle estos obstáculos, el joven reacciona con un proceso de pensamiento obsesivo. Su abrumadora preocupación consiste en llegar a conducir.

Cuando usted evita hablar de este tema, su hijo comienza a sufrir un colapso nervioso. Los síntomas consisten en tomar el volante cuando usted está conduciendo, hablar incesantemente sobre lo bueno que sería saber conducir, y sobre cómo se arruinará su vida si usted no le permite aprender a hacerlo. En medio de su desesperación, probablemente el chico le prometa portarse bien, siempre, ¡si usted le compra un coche o le permite conducir!

¡Como muchos adolescentes se portan mucho mejor cuando por fin se les permite conducir, quizás usted sienta la tentación de ofrecerle a su hijo una provisión ilimitada de gasolina y sugerirle que conduzca sin parar hasta cumplir los dieciocho años! Esta no suele ser una opción práctica, de modo que consideremos algunas formas de afrontar este reto automovilístico.

Primer paso

Es preciso que usted establezca claramente cuándo y bajo qué condiciones está dispuesto a permitirle a su hijo obtener el permiso o conducir. Algunos padres permiten que sus hijos conduzcan porque la familia necesita otro conductor. Otros padres piensan que el permiso de conducir es un privilegio al que se accede mediante las buenas notas y la conducta correcta. Y existen otras muchas condiciones. Lo importante es establecer claramente cuáles son las suyas.

Segundo paso

Deje de decirle al joven cosas que lo hacen sentir frustrado, tales como: "Pronto hablaremos de tu coche". "¡No he tenido tiempo para pensar en ello, de modo que deja de fastidiarme!" Su hijo jamás permitirá que esta cuestión quede relegada, porque conducir un coche es casi lo más importante de su vida. Si usted le responde en forma imprecisa y poco clara, ello aumentará su obsesión.

Evite decir cosas como: "Después de haberte portado tan mal durante esta semana, ¿cómo te atreves a pedirme que te compre un coche?". Si obtener un coche ha de ser la consecuencia de una buena conducta, usted debe decírselo con antelación.

Tercer paso

Informe a su hijo en forma concreta cuándo podrá obtener su permiso de conducir, practicar con el coche de usted o conseguir el suyo propio. Si la condición es que el muchacho tenga una conducta más adecuada, defina claramente sus expectativas. Si usted está utilizando otros medios para determinar cuándo merecerá el joven acceder al permiso de

144

conducir o a un coche, infórmele claramente cómo tomará la decisión.

Cuarto paso

Una vez usted haya decidido armarse de paciencia y permitirle al muchacho que conduzca, haga que él asuma el mayor grado posible de responsabilidad para que esto ocurra. El puede telefonear a la División de Vehículos Motorizados, llenar los formularios, obtener información sobre las tarifas de los seguros y estar preparado para el momento en que a usted le vaya bien hacer los gastos necesarios.

Quinto paso

Sea consciente de su propio nivel de ansiedad cuando va en el auto con su hijo al volante. Deje de señalarle todos sus errores, porque esto sólo hará que se enoje con usted y disminuirá su capacidad para conducir. En lugar de eso, piense en decirle, "Haré un gran esfuerzo para no sermonearte acerca de tu habilidad para conducir si tú tratas de aceptar mis sugerencias con una actitud positiva. Esto será difícil para ambos, pero hagamos un esfuerzo porque realmente deseo que tengas esta oportunidad".

El modo de conducir de los adolescentes

A veces, es difícil para los padres comprender la pasión de sus hijos adolescentes por los coches. Para un adulto, el automóvil significa pagos, seguros, reparaciones inesperadas e interminables peticiones de llevar a personas de aquí para allá. Para un adolescente, el coche es sinónimo de libertad. Toda la autonomía que ha estado buscando se concentra detrás de ese volante. El auto le da acceso al mundo, y le proporciona la movilidad necesaria para relacionarse con los amigos. Por último, su posesión es un símbolo de estatus.

El proyecto del adolescente en relación al automóvil incluye hacer payasadas e imprudencias para impresionar a sus amigos y poner a prueba su habilidad. Le gusta sobre todo conducir a gran velocidad, lo cual le brinda una embriagadora ilusión de control y poder. Los muchachos suelen ser más impulsivos que las jovencitas; sus decisiones son menos acertadas, y por este motivo suelen tener muchas más multas.

Muchas jovencitas conducen con sumo cuidado, al parecer porque no sienten la necesidad de impresionar a sus compañeras mediante proezas de habilidad y bravura. Pero pueden distraer la atención del volante cuando se concentran en observar a los muchachos. Ellos también hacen esto.

Cuando los adolescentes se ven en dificultades porque han cometido una infracción o han tenido un accidente, tratan a veces de ocultar el asunto a sus padres. Evitan afrontar el problema negando su existencia, con lo cual acaban teniendo problemas mayores.

El proyecto de los padres consiste en tener el mayor grado posible de control sobre la situación sin sufrir un acceso de ansiedad cada vez que su hijo toma las llaves del coche. El resultado es un alto nivel de tensión y preocupación. Paso a exponer algunas fórmulas para que los padres puedan afrontar las grandes guerras por el coche sin sufrir un daño permanente en su sistema nervioso.

Primer paso

En un momento tranquilo, dígale a su hijo, "Ahora que conduces, necesito comunicarte mis preocupaciones. Me alegro de que estés tan feliz de poder conducir, pero me preocupa saber si siempre lo haces con cuidado. Yo te quiero, y no deseo que te ocurra nada".

Es preciso que usted le diga, "Sé que a veces te resultará muy tentador hacer cosas como las que yo hacía cuando tenía

146

tu edad, como conducir demasiado de prisa, presumir e ir a sitios que yo no aprobaría. Pienso que se trata de impulsos muy naturales que todos tenemos alguna vez".

Si el chico recibe esto como una crítica o parece considerar innecesario escucharle, acepte su reacción y responda en tono sereno, "No estoy diciendo que tú hagas nada malo, y comprendo que pienses que no necesitas escucharme. Pero si tú y yo podemos tener estas conversaciones de vez en cuando, creo que nos resultará más fácil entendernos cuando se presente un problema". Recuerde que esto no es una conferencia de veinte minutos. Es una conversación breve, a menos que su hijo desee seguir hablando.

Segundo paso

Dígale a su hijo, "Si tienes un accidente o te ponen una multa sin que hayas actuado en forma imprudente, haré un gran esfuerzo por ser comprensivo. No desconfiaré de ti como si supiera que has hecho algo malo. Sé que los adultos también tienen accidentes y que también les ponen multas. No obstante, si tardas en comunicármelo y yo me entero por la compañía de seguros, o si recibimos una citación por una multa tuya, te restringiré el uso del coche por tu falta de responsabilidad. Te lo advierto de antemano para que me comprendas bien y no incurras en esta situación".

El padre observador no reaccionará en forma desmedida si el adolescente no manifiesta una total comprensión o aceptación de la postura paterna. No insista una vez aclarado el asunto.

Tercer paso

Si a su chico le imponen muchas multas o tiene más accidentes de lo comprensible o tolerable, no recurra a la conferencia número treinta y nueve, diciéndole, "¿Qué te ocurre? No volverás a conducir mientras vivas en esta casa. No puedo confiar en ti". ¡Si su objetivo es simplemente sentirse mejor, adelante, desahóguese! Pero si se trata de lograr un entendimiento entre su hijo y usted, es preciso que usted mantenga la compostura. Quizá piense que para mí es fácil decir esto porque no se trata de mi hijo. Yo simplemente le digo que haga lo que pueda, y si reacciona en forma desmedida y le grita a su hijo, vuelva más tarde y dígale, "Lamento haber reaccionado en forma exagerada con respecto a esa multa, pero esta cuestión del coche y de las multas me preocupa mucho. Necesito que te esfuerces más, porque tu forma de conducir me preocupa seriamente. Sé que me acostumbraré a ello a medida que te hagas mayor".

Cuarto paso

Si a su hijo le imponen un número excesivo de multas o se ve implicado en numerosos accidentes, la justicia podría intervenir para limitarle su derecho a conducir, pero es preciso que usted establezca sus normas en forma sumamente clara. Dígale, "Si no mejoras tu forma de conducir y tus problemas continúan, me veré obligado a prohibirte que saques el coche. Es lo último que desearía hacer, porque sé que conducir es muy importante para ti y me gusta verte contento. Pero si no puedes mejorar, no me quedará otra alternativa. Podrás volver a llevar el coche cuando seas capaz de conducir correctamente. Si aceptas mi postura y no reaccionas en forma desmedida. cuando me vea obligado a castigarte, eso demostrará que estás dispuesto a actuar en forma más responsable. Realmente deseo que ambos solucionemos esto". De este modo, usted demuestra un interés constante por el bienestar del muchacho.

Quinto paso

Si el joven sigue conduciendo en forma imprudente o lo hace bajo la influencia del alcohol o de las drogas, no considere este asunto como un simple defecto de su modo de conducir. Es más probable que la imprudencia y el descuido constituyan signos de problemas más serios, y es preciso que usted recurra a un profesional.

La asistencia a fiestas

Ya hemos analizado los placeres y terrores que representa dar una fiesta para adolescentes en su hogar. No obstante, la demanda más corriente de los jóvenes es la de asistir a una fiesta en casa de otro joven. Si su hijo tiene entre doce y quince años, probablemente usted sienta menos ansiedad respecto a permitirle asistir a fiestas, pues aún es usted quien le acompaña, y esto le da una sensación de control. Es relativamente fácil para usted conocer a los padres del joven que da la fiesta y hacer que su hijo vuelva a casa a horario. Los adolescentes más jóvenes esperan además que los padres vigilen la fiesta, de modo que esta vigilancia suele ser más eficaz.

Los padres experimentan una ansiedad mucho mayor cuando su hijo de más de quince años se dispone a salir para ir a una fiesta, conduciendo él mismo o en un auto con otros adolescentes. Los retrasos en el regreso a casa, la conduc   nprudente al volante y el abuso de drogas y alcohol se convierten súbitamente en cuestiones reales, y los padres se preparan para una larga noche.

Se preocupan por la vigilancia, por quiénes asistirán a la fiesta y por el posible acceso a drogas o alcohol. Esto conduce a conversaciones como la siguiente, "¿Quién vigilará la fiesta? ¿Quiénes asistirán? ¡Si van los chicos de los Coleman tú te quedas en casa!".

Al principio, el adolescente reacciona con incredulidad y

rabia. "¿Cómo voy a saber quién asistirá? No es mi fiesta". El tono asciende al sarcasmo y la crítica. "Claro, papá, pediré la lista de los nombres y teléfonos de todos los invitados. ¡Oh, qué antiguo eres! ¿Tal vez deseas que haga un test de drogas en la puerta y luego telefonee para darte los resultados?"

Los padres experimentados conocen la respuesta apropiada para semejantes observaciones. "¡No me hables en ese tono o no volverás a ir a una fiesta en tu vida!" La situación es difícil, porque las fiestas son sumamente importantes para su hijo, y la preocupación de los padres es perfectamente comprensible. Consideremos otro modo de enfocar esta cuestión.

Primer paso

Cuando su hijo le hable de asistir a una fiesta, usted debe resistir el impulso de formular preguntas que ponen al joven a la defensiva. Sea observador. Pregúntese si sus preguntas revelan una actitud de desconfianza o si su tono de voz indica que acaba de ser reinstaurada la Inquisición. ¿Da usted a entender que su preocupación real es el bienestar de su hijo, o sólo está poniéndole obstáculos y exigiéndole respuestas?

Segundo paso

Dígale al muchacho, "Quiero comunicarte claramente cuáles serán mis expectativas a partir de este momento, cada vez que me pidas permiso para ir a una fiesta. Es preciso que averigües quién os va a vigilar, para que yo pueda comunicarme con él".

Quizá su hijo se oponga tenazmente. "Oh, mamá, eso es tan violento... Ya no soy un niño pequeño." Usted debe responder, "Comprendo lo que sientes, pero éstas son mis normas. No hay discusión. Alguna vez, quizá no estemos de acuerdo con

150

respecto a las fiestas a las que deseas asistir, y no podré permitirte que vayas. Pero la mayoría de las veces te dejaré ir si demuestras que puedes ser responsable".

Tercer paso

Dígale al chico, "Recuerdo cómo se comportaban algunos jóvenes en las fiestas cuando yo tenía tu edad, de modo que a veces me preocupa cómo se comportarán en las fiestas tus amigos. Necesito estar seguro de que tú serás sensato cuando asistas a fiestas. No deseo que esto suene como un sermón, pero espero que tengas en cuenta algunas de estas cuestiones.

"Si cuando estás en una fiesta se cometen excesos con alcohol o con drogas, quiero que seas prudente y te marches. Si has bebido, quiero que me llames por teléfono y me pidas que te traiga a casa, aunque sea tarde, o que te acompañe un amigo. Prométeme que no conducirás cuando hayas bebido.

"Lo último que voy a pedirte que hagas no es fácil. No te pido que delates a tus amigos, pero si te vas de una fiesta porque algunos jóvenes están descontrolados, quisiera que me informaras sobre el motivo por el cual te has retirado. Quizá pienses que, si me lo dices, en la próxima oportunidad no te permitiré ir, pero en realidad esta actitud me demostraría que eres un chico sensato, y confiaría aún más en ti. Que no puedas hacer esto no significa que yo no vaya a confiar en ti. Realmente me esforzaré por escucharte sin enojarme, porque sé que es la única forma en que aprenderás a confiar en mí".

Siempre que usted manifiesta este tipo de respeto hacia sus hijos adolescentes ellos se sienten comprendidos y motivados para tratar de complacerlo. Muchos de ellos responden haciendo un gran esfuerzo para ser más responsables.

Cuarto paso

Si el joven suele respetar las normas pero sigue asistiendo a fiestas que usted no aprueba o se mete en líos en las fiestas y no se lo comunica, su postura debe ser firme pero justa.

Dígale, "Has violado las normas demasiadas veces, de modo que ahora pienso que no puedo confiar en ti. Espero poder hacerlo en el futuro, alguna vez". A pesar de su firmeza, usted aún le demuestra a su hijo que confía en que él pueda modificar su conducta. "Como no has respetado las normas relativas a las fiestas, el próximo fin de semana te quedarás en casa y no podrás recibir visitas ni usar el teléfono.

"Para la próxima fiesta, pasaremos revista nuevamente a las normas. Si puedes respetarlas, será magnífico. Pero si yo descubro que no lo has hecho, estarás castigado durante dos fines de semana, y durante el doble de tiempo si esto se repite. Finalmente, no valdrá la pena que sigas ignorando mis normas. Espero que no te crees a ti mismo un problema de este tipo". Trate de manejar la situación en esta forma: sin sermones ni gritos, sólo justa firmeza.

Recuerde que su hijo puede decirle que le resulta embarazoso pedirle a un amigo los nombres y los teléfonos de los padres que vigilarán la fiesta. O quizá diga que no puede obtener esa información porque fue invitado a través de un amigo suyo a una "fiesta abierta" a la que cualquiera puede asistir. Dígale que comprende que eso puede resultarle incómodo o difícil, pero que esas son las normas. La responsabilidad se sitúa donde debe estar: en la persona del adolescente. Si el joven realmente desea asistir a la fiesta, deberá hacer ese esfuerzo. ¡Sin duda, su hijo le dirá que sus amigos pensarán que eso es ridículo! La respuesta más simple y menos provocadora es, "Lamento que pienses eso, pero éstas son mis normas".

Los conciertos

Su hijo adolescente le dice, "Tengo que ir a ver a los Black Stab" (nombre ficticio). Usted pregunta, "Black *¿qué? ¿*Puñalada negra? ¡Ningún hijo mío irá a ver a un grupo con un nombre semejante! Deben de ser pervertidos o maníacos homicidas. ¡Podría ser peligroso! ¿Qué clase de jóvenes asisten a esos conciertos?".

"Mamá, su disco es el más vendido. ¡Son fantásticos! ¡Todos mis amigos irán! Tengo que ir. ¡Me moriré si me pierdo este concierto!" El ansia que sienten los adolescentes por ir a los conciertos se debe a su intensa relación con la música y a la aventura que representa asistir a un espectáculo musical con sus amigos. Es un acontecimiento social de suma importancia para muchos jóvenes.

El proyecto de los padres consiste en sobrevivir a las demandas de los adolescentes. Los padres se preocupan por las drogas, la violencia, los accidentes y los "elementos peligrosos" que asisten a los conciertos; para reforzar sus objeciones, coleccionan artículos de los diarios sobre tumultos y arrestos en los conciertos. También se preocupan por quiénes acompañarán a su hijo. Aunque la mayoría de los padres confían en su hijo, o en su hija, es duro pensar que se ejerce un control tan limitado sobre la situación.

Resista su impulso de decir, "¡No irás a ese concierto de locos! ¡No me lo pidas siquiera!". Esto podría hacer que su hijo se desmayase, lo cual tal vez sería preferible a librar una batalla a causa del concierto. Trate de recordar que su objetivo es hacer que su hijo lo escuche con una pequeña parte de la atención que dedica a su disco favorito.

Primer paso

Sería muy poco raro que un adolescente dijera a sus padres toda la verdad acerca de un concierto, si esto impidiera que le permitieran asistir. De modo que, si usted está preocupado por la posibilidad de violencia o disturbios en un concierto, puede acudir a la policía para saber si se han registrado episodios violentos en los espectáculos de un determinado grupo.

Usted no siempre puede confiar en su hijo para saber la verdad, porque ir a un concierto puede ser tan importante para él que es muy probable que niegue la existencia de cualquier problema. No se trata, en realidad, de una mentira deliberada, sino de una intensa necesidad de creer que lo que él desea hacer es prudente y razonable.

Segundo paso

Dígale al joven, "Yo confío en ti casi siempre, te lo aseguro, pero algunos conciertos pueden volverse violentos, de modo que estoy un poco preocupado. Dime cómo piensas ir al concierto". Permítale al joven pensar en la responsabilidad de asistir al espectáculo sin que se sienta negativamente presionado por usted.

Tercer paso

Valore cualquier comentario del muchacho que indique un razonamiento maduro. Por ejemplo, si él piensa asistir al concierto con otros jóvenes a los que usted considera responsables, dígale, "Me alegro de que hayas elegido a Jim y a Rick porque me parecen chicos sensatos".

Si su hijo no ha hecho una elección adecuada, dígale, "No conozco a ninguno de los jóvenes que irán contigo, ni sé si son responsables. ¿Qué podemos hacer al respecto?". Probablemente, él le dirá que son compañeros de la escuela, como si esto fuera una recomendación suficiente. Dígale, "Es preciso que yo los conozca antes de que vayáis, porque quiero comunicaros mis normas con respecto a los conciertos".

A su chico no le gustará esto, y probablemente se opondrá. Dígale simplemente, "Comprendo que tú no entiendas por qué

154

tengo que hacer esto, pero es la única forma en que accederé a que vayas con unos amigos que no conozco".

Cuarto paso

Conozca usted o no a los amigos con los que su hijo asistirá al concierto, debe procurar reunirse con todos ellos y exponerles sus normas. "Las drogas y el alcohol están prohibidas. Además, quiero que regreséis a casa inmediatamente después de acabado el concierto, porque sé que será tarde. Si lo hacéis, podréis hacer muchas otras cosas juntos. Si no respetáis las normas, me veré obligado a limitar vuestras actividades." Diga en forma amable, pero firme, "Sólo quiero que sepáis lo que espero de vosotros, y os deseo que lo paséis muy bien".

La mayoría de los adolescentes se sorprenderán si usted les dice esto delante de sus amigos. No obstante, si puede hacerlo en forma amable y comprensiva, generalmente lo aceptarán aunque no les agrade. Esta actitud ejerce una presión positiva sobre todos ellos en forma equitativa, y no solamente sobre su hijo.

Quinto paso

Converse a solas con el muchacho sobre el concierto. "Yo quiero que disfrutes de esos espectáculos. Si haces lo que te pido, trataré de considerar tus peticiones, porque merecerán ser consideradas."

Si su hijo suele actuar en forma irresponsable, dígale, "A menos que aprendas a respetar las normas, no podrás asistir a muchos conciertos. Preferiría no privarte de hacerlo, porque sé cuán importantes son para ti, pero lo haré si no quieres entender que hablo en serio". A menos que la conducta de su hijo sea extremadamente antisocial, concédale varias oportunidades de entender que es usted razonable y que desea que él se haga cargo de su vida.

Los padres como choferes de sus hijos

Anteriormente al celebrado y temido día en que su hijo obtiene el permiso de conducir, usted, probablemente, ha recorrido en su coche miles de kilómetros acompañándole a él y a diversos amigos o vecinos a la escuela, a los partidos de fútbol y baloncesto, a las clases de danza, a las reuniones de los Boy Scouts y a todas las demás actividades extraescolares que ocupan el tiempo libre de los adolescentes.

Durante los últimos treinta años, los padres se han vuelto reacios a permitir que sus hijos se desplacen a pie, en bicicleta o en autobús, debido a los crecientes peligros de la calle. Como resultado de esto, los padres pasan tanto tiempo haciendo de choferes de sus hijos que algunos recurren a afeitarse mientras conducen o a llevar una muda de ropa en el maletero. ¿Qué hacían los chicos antes de la invención del padre-chofer?

Los jóvenes de las generaciones anteriores no pretendían que sus padres los transportaran a todas partes. Aun comprendían cuál era la función de sus piernas, y sus vidas eran mucho más simples, mientras que los adolescentes de hoy piensan que se los trata en forma injusta si deben caminar más de dos manzanas. Por no hablar de lo indigno que esto resulta. ¡Nadie baja al centro a pie ni en autobús! Y la realidad es que la vida es más compleja, y los chicos y chicas tienen muchos lugares adonde ir. Esto significa que los padres deben renunciar al auto, o convertirse en choferes al servicio de la floreciente vida social de sus hijos.

Muchos adolescentes suelen pedirles a sus padres, en el último momento, que los lleven a varios lugares, que estén disponibles y que los esperen o que recojan a sus amigos, muchas veces sin previo aviso, y a menudo sin darles siquiera las gracias. La actitud de los adolescentes es que los padres deberían ser sus choferes personales hasta que ellos mismos puedan conducir. La respuesta corriente de los padres es gruñir, quejarse y sermonear al adolescente, pero continúan satisfaciendo muchas de estas demandas de transporte.

La cuestión del transporte le ofrece una oportunidad para

enseñarle muchas cosas a su hijo sobre la responsabilidad, la organización y el ser consciente de las necesidades de las otras personas. Como la necesidad de transporte es tan importante para el muchacho, y éste depende claramente de su cooperación, siempre existirá una poderosa motivación para desarrollar su sensibilidad a las necesidades de usted en este aspecto. Analicemos cómo puede lograrse esto.

Primer paso

Deje de hacer comentarios del estilo de, "¡A ver si aprendes a ser más considerado! No me preguntes si llevaré a tus amigos estando ellos presentes. ¡Eso me pone en un aprieto!".
Las observaciones de este tipo no ayudan a aclarar qué es lo que usted espera realmente de su hijo.

Segundo paso

Con respecto a esta cuestión, usted debe considerar detenidamente sus necesidades. Si usted está siempre atento a las necesidades y las actividades sociales de su hijo o de su hija, éste es el momento de evaluar cuáles son las necesidades de transporte realmente legítimas, y cuáles son las extraordinarias. Es preciso que usted analice qué viajes en coche le vienen bien y cuáles le causan excesiva tensión.

Tercer paso

Generalmente, las necesidades sociales de su hijo serán positivas y saludables, pero los jóvenes pocas veces toman en cuenta el modo en que su necesidad de transporte afecta a sus padres. Una madre sufriría un colapso si su chica le dijera, "Mamá, te agradezco de veras que me lleves en auto a mí y a mis amigos. ¿Hay algo que yo pueda hacer por ti? Por favor, dime si conducir tanto te cansa mucho".

Considerando la situación en forma más realista, aunque su hijo no formule excesivas demandas de transporte, necesita igualmente aprender a ser responsble en lo que se refiere a las necesidades de sus padres.

Dígale al muchacho, "Necesito comunicarte algunas de las cosas que siento cuando me pides que os acompañe a ti y a tus amigos a diversos lugares. Me alegro mucho de que tengas actividades tan interesantes, y deseo que lo pases bien. Pero es preciso que lleguemos a un acuerdo con respecto a lo que yo espero de ti cuando me pides que te lleve o que te recoja".

Quizá su hijo le pregunte inocentemente, "¿Qué quieres decir con eso?", lo cual en realidad significa que se ha puesto a la defensiva. Dígale, "Habría debido decirte hace tiempo lo que me pasa, de modo que no te culpo". Asegúrese de aclarar que el objetivo de la conversación no es criticarle sino evitar futuros problemas hablando sobre estas cuestiones por anticipado.

Cuarto paso

Dígale al joven, "No creo que seas consciente de la cantidad de veces que esperas hasta el último momento para pedirme que te lleve a algún lugar. Parece que piensas que yo siempre tengo que disponer de tiempo para llevarte, sin siquiera preguntarme por mis planes. Suelo decir que sí, pero también me enojo y me da mucha rabia. Yo debo tratar de controlar mi enojo, pero tú debes esforzarte por comunicarme con antelación que necesitas que te lleve en auto a algún lugar. No me importa que, de vez en cuando, me avises poco tiempo antes, pero a partir de ahora debes planificar mejor las cosas".

Quinto paso

Dígale al chico, "A partir de este momento, te diré qué es lo que me parece poco razonable. Algunas veces, si tu petición no se adapta a mis planes, me veré obligado a decirte que no. Te diré que no me va bien hacer ese viaje.

"Además, de ahora en adelante quiero que me comuniques con antelación cualquiera de tus planes que requiera que te lleve en el coche. Tendremos una charla semanal para analizar tus programas y los míos. Debes pensar a qué lugares necesitas que te lleve la semana próxima, además de los viajes a los lugares de siempre".

El hecho de hacer estos planes junto con su hijo disminuirá en gran medida el enojo que usted siente, pero siempre habrá cosas no programadas. Usted debe explicarle su punto de vista respecto a las situaciones inesperadas. Dígale, "A veces me dices que tienes programado que alguien te lleve y luego esto falla, de modo que me llamas en el último momento para que os acompañe a ti y a tus amigos. No me importa que pase esto si has planificado bien las cosas y luego ocurre algo inesperado. Eso no es culpa tuya". De esta forma, usted demuestra que está dispuesto a ser razonable y flexible.

"Pero a partir de ahora, si no planificas bien las cosas u olvidas hacerlo, no estaré disponible para sacarte del apuro a menos que vea un progreso real en este aspecto. Necesito que te des cuenta de que yo me canso de conducir tanto. Me gusta ayudarte, pero tú debes comprender que tus necesidades de transporte nos afectan a ambos."

Recuerde que su tono de voz debe ser firme, pero amable. Este es el primer paso para enseñar a su hijo a tomar en cuenta sus necesidades sin hacerle sentir al chico su actitud crítica ni su enfado. Exprese su gratitud cada vez que se sienta tratado en forma considerada. Valore cualquier esfuerzo que haga su hijo en este sentido.

Las llamadas telefónicas al hogar

La batalla que sostienen los padres y adolescentes sobre las llamadas telefónicas al hogar suele desarrollarse en los siguientes términos: el padre, o la madre, dice, "¿Quieres decir que no has estado cerca de ningún teléfono en toda la noche, ni siquiera un minuto? Habría que informar a la compañía telefónica. ¡Se pierden mucho negocio en esa zona!".

El adolescente cambia un poco su relato. "Bueno, había teléfonos, pero mi amigo no quería parar el auto."

"¿Tu amigo no quería parar el auto? ¡Magnífico! No me des esas disculpas tontas. ¡Las he oído una docena de veces! Algún día telefonearás a casa y el contestador automático anunciará: la familia se ha mudado. Se desconoce su paradero. ¡Es demasiado tarde!"

Cuando los adolescentes no llaman por teléfono a casa a la hora fijada, o no llaman en absoluto, sus padres se sienten angustiados. Se preguntan qué ha sucedido. ¿Ha habido un accidente? ¿Va todo bien? ¿O sólo se trata de rebeldía?

El motivo por el cual los adolescentes olvidan a menudo telefonear a su hogar es que, cuando salen, su proyecto consiste en centrarse totalmente en sus propias cosas, olvidando que están ligados a una familia y a unos padres, ignorando temporalmente que son los hijos de alguien y no unos adultos completamente maduros. Para mantener viva esta ilusión, deciden no telefonear a casa. Suponen que vale la pena afrontar posteriormente el castigo si pueden seguir haciendo lo que desean sin interrupciones ni intervenciones. Muchas veces, el castigo consiste simplemente en unos minutos de enojo y unos gritos de mamá, lo cual representa un precio bajo por unas horas de libertad.

En consecuencia, el padre, o la madre, debe asegurarse de que el adolescente que desatiende una y otra vez la petición de telefonear a casa descubra que el precio es demasiado alto para que valga la pena hacerlo. Nuevamente, con una disciplina efectiva, usted puede enseñarle a su hijo que ser responsable es lo mejor que puede hacer. (¡Y, para hacer justicia, usted debe tener en cuenta que tampoco los adultos se acuerdan siempre de telefonear a casa!)

Primer paso

Recuerde que no debe recurrir al sermón número 32, "¿Dónde has estado? ¿Por qué no has llamado? ¡Siempre haces lo mismo, y estoy harto!". En lugar de eso, diga, "¿Eres consciente de que con frecuencia olvidas telefonear a casa? Probablemente no tengas la intención de que me enoje, pero me preocupa saber si te ha ocurrido algo o si sólo has olvidado telefonear. A ver si puedes decirme cómo solucionar este problema".

Su hijo, o su hija, quizá comience a ponerse a la defensiva, diciendo cosas como, "¡Casi nunca me olvido de llamar!". Dígale solamente, "No voy a hablar de la frecuencia con que lo olvidas, pero quiero asegurarme de que no ocurra la mayor parte de las veces. Veamos cómo te comportas durante las próximas cuatro semanas. Lo evaluaremos y conversaremos sobre ello al cabo de cada semana". Cuando él o ella telefonee a casa, procure darle a entender que valora el esfuerzo. No comente únicamente sus fallos.

Segundo paso

A menos que su hijo sea extremadamente irresponsable con respecto a las llamadas a casa, pienso que esta cuestión no requiere que usted recurra a las consecuencias. Es una de las cuestiones en las que los adolescentes se esforzarán al máximo por ser responsables si reciben un estímulo positivo.

Una forma de estimular al joven en forma positiva, aunque él olvide telefonear, es decirle, "Sé que no siempre es fácil acordarse de telefonear, pero quiero que te concentres en recordarlo". Si usted se lo dice en un tono comprensivo, es más probable que él haga un esfuerzo mayor.

Tercer paso

Al abordar esta cuestión, le resultará útil recordar que los adultos también prometen telefonear a su casa, lo olvidan completamente y luego se sienten avergonzados y resentidos cuando se les recuerda que alguien esperaba su llamada. Con frecuencia las personas, incluso los adolescentes, simplemente olvidan hacerlo. No siempre se trata de desafiar la autoridad.

Además, ser un padre observador significa saber cuáles son los asuntos que deben ser considerados serios, y cuáles responden mejor a una actitud firme y positiva. Su actitud, su tono de voz, y los sentimientos que expresa influyen en gran medida en la tendencia de su hijo a cooperar o a oponerse.

El "estar por ahí"

En el momento en que se imprima este libro, probablemente la expresión "estar por ahí" haya sido sustituida por otras palabras que describan uno de los pasatiempos favoritos de los adolescentes. Cualquiera sea la expresión popular, la actividad probablemente sea la misma. "Estar por ahí" significa simplemente vagar por el universo en compañía de los amigos. Se puede hacer en los bancos de los parques, en las gradas de los estadios o en una esquina, y no implica ninguna actividad determinada. Hasta el movimiento físico puede ser mínimo. Quizás usted se cruce con un grupo de adolescentes en una esquina, y si vuelve al cabo de unas horas los encuentre en el mismo lugar, haciendo lo mismo: ¡aparentemente, nada!

Esto confunde a los padres. Imaginan a su hijo a los sesenta años, ocupando la misma esquina con un grupo de canosos amigotes que no han logrado hacer nada en toda su existencia adulta. Los padres inician diálogos con sus hijos, intentando comprender el significado de este pasatiempo, pero no suelen aclarar gran cosa. Un ejemplo típico es el siguiente:

El padre curioso pregunta, "¿Adónde vas?".

El adolescente responde, gruñendo, "Vamos a estar por ahí".

"¿Qué significa eso?" pregunta el padre, interpretando esta respuesta como una evasión.

"¡Significa simplemente lo que acabo de decir!"

Desesperado por aclarar las cosas, el padre continúa, "¿Qué vais a hacer?".

"Estar por ahí, nada más".

Al verse frustrados en sus intentos de obtener alguna información significativa, los padres suelen adoptar un tono ofensivo. "¿Qué demonios significa esto? ¿Por qué perdéis el tiempo holgazaneando en el parque? ¿No tenéis nada mejor que hacer?" La explicación suele ser, "Es divertido; me gusta". El padre pone fin a la lucha verbal con un último bufido, "¡Mejor será que no os metáis en problemas!".

A veces, los adolescentes dan respuestas muy vagas con respecto al estar por ahí porque saben que sus padres desaprobarían sus verdaderos planes, como ir en auto hasta un parque situado al otro extremo de la ciudad aunque los padres hayan vetado esta idea en diversas oportunidades.

El proyecto de los adolescentes respecto al estar por ahí consiste en estar con sus amigos, conversar, observar a otros adolescentes, y simplemente estar juntos, separados de sus familias. En términos adultos, no es una actividad significativa, pero es importante para los adolescentes. El estar por ahí es una de las formas en que los adolescentes escapan a las tensiones. Mientras están con sus amigos, pueden evadirse de sus preocupaciones respecto a la escuela y al futuro, y de las exigencias de sus padres.

El estar por ahí les permite a los adolescentes ser niños durante un período más prolongado. Pueden actuar tontamente, fantasear, y hablar de la vida sin mostrar ninguna madurez. Muchos adultos serios, maduros y bien situados recuerdan con nostalgia las tardes y las noches de verano que pasaron tendidos en el césped con sus amigos.

Las reservas de los padres en relación al estar por ahí son: ¿Por qué pierden tanto tiempo? ¿Qué estarán tramando? No me siento seguro de mi autoridad cuando ellos andan ociosos por el mundo. Esto lleva a muchos padres a preocuparse y sentirse frustrados. No obstante, los padres que observen adecuadamente su propia conducta podrán valorar los siguientes pasos.

Primer paso

Es preciso que usted comprenda que cada generación tiene su propio modo de estar por ahí. La heladería, el *drugstore* de la esquina y el parque eran los lugares favoritos en otros tiempos. Pensar cómo pasaba usted su tiempo libre con sus amigos cuando tenía la edad de su hijo, o de su hija, tal vez le ayude a percibir esta conducta como normal.

Segundo paso

Aprenda a tener claro el motivo por el cual insiste en preguntar, "¿A dónde vas? ¿Qué vas a hacer?". Pienso que estas preguntas, generalmente, significan "¿Qué es lo que tramas?" y "¡No te metas en líos!". Estas no son las preguntas que formula un padre observador.

Tercer paso

Si su hijo suele andar por ahí pero no se mete en dificultades, dígale, "Quiero que sepas que te considero un chico sensato, aunque a veces no hagas otra cosa que ir al parque o dar vueltas con el coche. Estoy tranquilo porque puedo confiar en ti. Sé que algunas veces debes de hacer cosas que yo no aprobaría, pero no creo que eso suceda muy a menudo, y a pesar de eso confío en ti".

Al decir esto, usted expresa un sentimiento positivo en relación al muchacho y hasta manifiesta aceptar el hecho de que, de vez en cuando, él podría desear hacer alguna travesura. Esto ejerce una presión positiva sobre su hijo.

Cuarto paso

Tal vez su chico no sea digno de confianza y haga lo que él quiera aunque usted le haya prohibido determinadas actividades. En este caso, usted debería decirle, "Quisiera poder confiar en ti cuando sales con tus amigos, pero me resulta difícil porque no siempre cumples tus promesas. De modo que, a partir de ahora, habrá una nueva norma".

"Si yo descubro que haces cosas que sabes que yo no apruebo, te limitaré el tiempo que puedes pasar con tus amigos. Cada vez que violes las normas, aumentaré esta limitación en un día. Realmente, espero no verme obligado a hacerlo."

Recuerde que debe endurecer las consecuencias con firmeza, pero poco a poco. Comuníquele a su hijo que, si modifica su conducta, tendrá una oportunidad de hacer que las cosas mejoren. Aumente las consecuencias hasta una semana de una sola vez si el joven persiste en desobedecer o hace algo muy incorrecto, como por ejemplo ir en auto hasta otra ciudad sin pedirle permiso o sin comunicárselo.

4
La conducta antisocial

"No sobreviviré a esto"

Las mentiras

Muchos padres piensan que las mentiras de sus hijos adolescentes pueden ser indicio de alguna deficiencia de personalidad. También temen que si no son reprimidas con firmeza, las mentiras puedan ocasionar posteriormente consecuencias de suma gravedad. Cuando los padres descubren que su hijo les ha mentido, su reacción suele ser la siguiente: "¿Otra vez estás mintiendo? ¡Siempre me doy cuenta cuando lo haces! ¡Mientes tan a menudo que ya no podré creerte nunca más! ¡No hay nada peor que un mentiroso!".

Los adolescentes reaccionan de diversas maneras. Los más audaces suelen mirar directamente a los ojos y decir, "¡Tú también mientes! Sueles decirle a las personas que llaman por teléfono que papá no está en casa, cuando lo tienes delante de ti! Y le decías a la abuela que no podíamos ir a visitarla porque yo estaba resfriado, porque no te gustaba cómo me permitía comportarme en su casa".

La madre le replica duramente, "No me hables en ese tono. Además, no es lo mismo. Esas eran mentiras inocentes". ¡La mirada del adolescente le dice a la madre que no está dispuesto a aceptar esta explicación!

Una madre observadora responderá de la siguiente manera: "Tienes razón, yo también miento a veces. Debería tratar de no reaccionar en forma tan negativa al reprocharte tus mentiras". En esta forma, usted asume la responsabilidad de su actitud,

166

pero vuelve a centrar la discusión en su preocupación por la conducta del joven.

Los adolescentes tienen suficiente edad como para conocer las implicaciones de las mentiras. Saben que usted las considera incorrectas, y que tendrán dificultades si son descubiertos. Pero la mayoría de los adolescentes no cree que las mentiras sean algo tan grave como las considera usted, de modo que sólo se sienten un poco culpables cuando mienten. No obstante, si hacen algo realmente grave y mienten al respecto, se sienten muy atormentados.

Los adolescentes mienten sobre todo porque ello les da buen resultado. Las mentiras suelen sacarlos de apuros, o les permiten hacer lo que ellos desean aunque usted no lo apruebe. Mentir es algo muy natural para algunos adolescentes, debido a su necesidad de tener cada vez más control sobre sus vidas. Las mentiras los ayudan a resolver el conflicto entre las normas de sus padres y su propia necesidad de autonomía. Cuando sean mayores, ya no deberán recurrir a las mentiras porque ejercerán un mayor control sobre sus vidas.

El proyecto de los padres consiste en enseñarles a sus hijos la conducta y los valores apropiados, y las mentiras no constituyen valores positivos para los padres, aunque los muchachos tengan una opinión distinta al respecto. Los padres consideran las mentiras como indicios de un defecto en su personalidad, y los intentos de sus hijos por engañarlos los irritan porque los perciben como afrentas personales. ¿Cómo se atreve este crío a tratar de burlarme y a creer que lo conseguirá?

Si usted recuerda que éste es un aspecto del desarrollo que se atenuará y finalmente desaparecerá, puede sentir menos ansiedad. Es preciso que aprenda a reaccionar en forma menos negativa. Si reacciona con violencia ante las mentiras de su hijo, él aprenderá, simplemente, a mentir con más habilidad en la siguiente ocasión, para que usted no pueda descubrirlo. Espero poder ofrecerle algunas estrategias nuevas para alentar a su muchacho a confiar menos en las mentiras al tratar con usted.

Primer paso

Piense en cómo reacciona usted ante las mentiras de su hijo. ¿Considera básicamente iguales todas las mentiras? ¿Supone que una mentira conduce a muchas otras, y somete al muchacho a una inquisición? No considere las mentiras como un delito de suma gravedad, a menos que el joven le mienta respecto a algo serio, como por ejemplo, que le diga que dormirá en casa de un amigo para luego hacer algo completamente diferente.

El nuevo método consiste en hacer que su hijo descubra que usted está realmente preocupado y no simplemente enojado. Al señalar las implicaciones de esta conducta, usted intenta aclarar que la costumbre de mentir puede conducir a una situación de desconfianza para con su hijo.

Segundo paso

Si anteriormente usted ha reaccionado en forma desmedida ante las mentiras del chico, dígale que, a partir de este momento, tratará de considerar sus mentiras, y otras cuestiones, en una forma diferente. Aunque usted nunca haya reaccionado en forma exagerada, debería decirle lo siguiente: "Estaba pensando en lo difícil que es decir la verdad, aun para los adultos. Es comprensible que desees eludir determinadas cuestiones cuando sabes que tendrás dificultades. Sobre todo si yo me enfado. Aunque no me enfade, sé que no siempre es fácil decir la verdad".

De esta forma, le comunica a su hijo que usted comprende que él no siempre miente para engañarlo a usted, sino simplemente para evitar problemas. Esto no justifica su conducta, pero demuestra que usted comprende que él no le miente porque sea una mala persona.

Tercer paso

A continuación, dígale al joven, "Sé que a veces me mientes y yo no descubro tus mentiras, de modo que te sales con la tuya. Quizás esto te haga pensar que vale la pena correr el riesgo y mentir. Muchos jóvenes piensan de ese modo. Pero quiero que sepas que confío en ti, y espero que seas sensato, aunque de vez en cuando trates de engañarme".

Este tipo de observación sorprenderá al muchacho, porque expresa claramente que usted comprende los motivos que tiene el joven para mentir.

Cuarto paso

Dígale a su hijo, "Realmente me complacería que trataras de no mentirme, y yo intentaré ser más comprensivo. Sé que algunas veces tú desearás hacer algo tan incorrecto que te parecerá adecuado mentir. Pero espero que recuerdes que has tenido ocasión de hacer muchas cosas, y que tendrás más en el futuro, de modo que no creo que necesites mentirme".

Quinto paso

En un esfuerzo por crear una relación de mutua confianza, dígale al chico, "Si me mientes porque estás en dificultades o has hecho algo malo, trataré de no reaccionar en forma desmedida si lo descubro. Aunque te decidas a decírmelo mucho tiempo después, te respetaré por haberte esforzado por ser sincero, y prefiero que hagas eso a que no me digas nada".

Quizás al joven le lleve un tiempo poder confiar en usted. ¡El temerá que, a cambio de su franqueza y honradez, usted pierda los estribos y le prohíba salir con sus amigos durante años! Sea paciente. Este planteamiento ayudará a los adolescentes normales a ser más sinceros.

Las mentiras graves y frecuentes

Si su hijo miente con mucha frecuencia y en relación a cuestiones más graves, usted debe adoptar una postura diferente.

Primer paso

Dígale al muchacho, "Realmente he tratado de ser comprensivo, pero descubro una y otra vez que me mientes al decirme a dónde vas, y respecto a otras cuestiones. Tratar de ser comprensivo no me da resultado, de modo que habrá nuevas normas hasta que aprendas a ser más sincero. Te quiero mucho, pero me preocupa que mientas con tanta facilidad".

Segundo paso

En un tono firme y amistoso, dígale a su hijo, "Yo preferiría no establecer normas muy severas para controlar tus mentiras, pero estoy tan preocupado que no me queda otra opción. De todos modos, me gustaría saber si se te ocurre alguna otra forma de solucionar este problema".

Si el joven se muestra comprensivo y admite la gravedad del problema, ofrézcale otra oportunidad antes de recurrir a consecuencias severas. No obstante, si usted ha pasado por esto muchas veces proceda con el paso siguiente.

Tercer paso

Explíquele al chico, "Cada vez que yo descubra que me has mentido, te castigaré durante un día y una noche de fin de semana. En ese tiempo tampoco podrás hacer ni recibir llamadas telefónicas, ni recibir visitas. Si el resto de la familia va a hacer algo fuera de casa, uno de nosotros permanecerá en casa contigo. Si sigues mintiendo, me obligarás a duplicar el castigo. Esto significa que te privarás de muchas diversiones si no aprendes a controlar tus mentiras. Por tu propio bien, espero que dejes de mentir, y realmente creo que puedes hacerlo".

Su estrategia debe consistir en ser firme y aumentar las consecuencias en forma apropiada, pero demostrando siempre una gran comprensión por los sentimientos de su hijo. Al adoptar esta actitud firme y serena, le dará a entender a su hijo que este problema le concierne a él, y no a usted.

El robo

La mayoría de los adolescentes no suele robar. Algunos cometerán pequeños robos tomando objetos insignificantes de una tienda o quitándoles a otras personas cosas que desean o necesitan. Esto no significa que se estén preparando para hacer carrera como ladrones, ¡aunque muchos padres consideran el robo como el primer paso hacia la cárcel!

Los jóvenes tienen una visión mágica del robo: piensan que cuando roban algo, nadie puede verlos. Los adolescentes mayores tienden a pensar que simplemente no los descubrirán. Los adolescentes, en especial los varones, disfrutan haciendo cosas como robar porque esto implica un peligro moderado. Cuando tienen éxito, se sienten poderosos e importantes, de modo que suelen jactarse ante sus amigos de sus hazañas. Las jovencitas sólo suelen decírselo a sus mejores amigas.

Los padres se sienten sumamente avergonzados ante los robos que cometen sus hijos, debido a que esta conducta transgrede las normas de la comunidad. Los padres desean ser considerados buenos maestros de los valores correctos, y se sienten fracasados cuando descubren que sus hijos roban. Les resulta imposible creer que *su* hijo se atreva a robar.

No obstante, es preciso que los padres comprendan que, en

171

gran medida, esta conducta constituye otro aspecto del desarrollo de los adolescentes. La mayoría de los adolescentes experimenta este impulso normal hacia el robo, hacia la obtención de algo de manera fácil. Hasta los jóvenes que tienen todo lo que necesitan pueden robar porque desean saber qué se siente al hacerlo.

Si los padres han tenido una buena comunicación con su hijo adolescente, lo más probable es que él sea capaz de comunicarles sus deseos de robar, o admitir ante ellos que ha robado algo. No obstante, los padres deben recordar que algunos adolescentes robarán en forma ocasional, pero no serán descubiertos. Generalmente, dejarán de hacerlo a los diecisiete o dieciocho años, sin necesidad de la intervención de sus padres ni de los organismos legales.

Aunque es verdad que, en gran medida, los robos que cometen los adolescentes constituyen un aspecto del desarrollo que acabará con el tiempo, hablemos sobre cómo deberían afrontar los padres esta cuestión.

Primer paso

Si su hijo jamás le ha dado motivos para creer que ha robado algo, busque unos momentos para tener una conversación con él sobre la cuestión del robo. Con actitud serena, dígale, "Estaba pensando que una de las cosas positivas que tienes son unos principios morales muy elevados. Pienso que en muy raras ocasiones has robado, si es que alguna vez lo has hecho. En realidad, no tengo motivos para pensar que lo hayas hecho. Sólo me despierta cierta curiosidad saber qué es lo que piensas en relación al robo, porque sé que muchos jóvenes roban de vez en cuando.

"Aunque me sorprendieras diciéndome que has robado algunas veces, seguiría pensando que básicamente eres una persona muy honrada. Te respetaría, de todos modos, y esperaría que hubieras aprendido de la experiencia."

La mayoría de los adolescentes se sorprendería de que sus

172

padres fueran tan comprensivos. Este planteamiento también refuerza la conducta positiva del muchacho.

Segundo paso

Si usted ha sorprendido varias veces a su hijo robando, pero carece de motivos para creer que esto ocurra regularmente, dígale, en tono sereno, "Sé [o sospecho] que has robado esas cosas de la tienda porque ignoro de qué otro modo puedes haberlas conseguido. Mi intención no es hacer un gran escándalo a causa de esto, porque no creo que lo hagas muy a menudo. Si estoy en lo cierto con respecto al robo, espero y deseo que dejes de hacerlo. Si me equivoco y no has robado nada, te pido disculpas. Lo que sucede es que esta cuestión es muy importante para mí, porque creo que debo enseñarte a ser una persona justa y honrada".

Tercer paso

Si usted ha descubierto a su chico robando con relativa frecuencia, y tiene grandes sospechas o temores de que éste sea un problema permanente, dígale, "Estaba pensando que ignoro si has robado algo recientemente. No te estoy acusando, pero quiero que sepas lo que pienso. Yo te quiero mucho, y me preocupa que esto se convierta en un problema más serio.

"Temo que creas que no es grave robar algo de vez en cuando. Pero yo creo que sí lo es. Es fácil pensar que no te descubrirán. Creo que eres demasiado bueno como para volver a hacerlo. Realmente quiero que pienses en ello, porque es algo muy importante para mí."

Cuarto paso

Si el muchacho ha sido descubierto robando con bastante frecuencia, es el momento de hacerle comprender que esta conducta no debe continuar. Dígale, en tono firme, "Realmente he tratado de ser comprensivo en relación con esta conducta, pero si descubro que se repite, no podrás salir ni comunicarte con tus amigos durante un mes. Si después de eso vuelves a robar, este mismo castigo durará dos meses".

Quizá su hijo diga que esto no es justo, que el castigo es demasiado severo. Dígale, "Te dije anteriormente que es muy importante para ambos que aprendas lo grave que es robar. No puedes restarle importancia a esta conducta. Soy tan justo como puedo serlo, ya que te comunico con antelación cuáles serán las consecuencias si vuelves a robar. Es preciso que te convenzas de que es muy importante para mí que dejes de robar". Usted debe aclararle muy bien a su hijo que robar es más grave que otras conductas. Los padres exponen sus argumentos en forma clara cuando insisten en recurrir a consecuencias graves y no negociables, diferentes de las habituales.

Las drogas y el alcohol

A medida que los adolescentes adquieren mayor experiencia de la vida, aprenden que determinadas sustancias modifican su percepción física y psíquica del entorno. Las drogas o el alcohol pueden hacerlos sentir tontos, tiernos, valientes, desinhibidos o más introspectivos. Consideran las drogas como un medio rápido y seguro de intensificar sus sensaciones placenteras, sentirse más cómodos en las situaciones sociales, o sofocar los sentimientos negativos que suelen atormentarlos.

Otro de los factores que hacen tan deseable el abuso de sustancias químicas es la presión de los compañeros y el deseo de ser aceptados. Los adolescentes desean formar parte del grupo de sus compañeros. Estar excluido constituye una situación sumamente difícil para los jóvenes que luchan por desarrollar una autoimagen positiva. La mayoría de los adolescentes temen ser rechazados o considerados estúpidos si asisten a una fiesta y no consumen drogas.

A pesar de los grandes esfuerzos de las organizaciones antidroga por cambiar esta imagen de las drogas como algo socialmente aceptable, la necesidad o el deseo de experimentar con estas sustancias sigue siendo un aspecto muy importante del desarrollo de los adolescentes. No siempre resulta fácil "decir simplemente que no".

¡La combinación de drogas y alcohol con adolescentes aterroriza a los padres! Hasta los padres sensatos cuyos hijos suelen comportarse correctamente experimentan temores y fantasías negativas en relación a sus hijos y al abuso de drogas. ¿Se volverá loco, raro o drogadicto? ¿Realizará experiencias con drogas que la conduzcan a la muerte?

Los padres que ven la televisión, leen los diarios y escuchan los noticiarios están convencidos, tal vez, de que el abuso de drogas alcanza proporciones epidémicas. No obstante, aunque el abuso de drogas y alcohol constituyen problemas relevantes entre la población adolescente, en muchos casos los temores de los padres no están justificados por la realidad.

Lo cierto es que muchos jóvenes experimentan con drogas o alcohol durante la adolescencia, pero esto es muy diferente a consumir estas sustancias en forma regular. Algunos adolescentes jamás utilizan drogas, y otros las prueban una o dos veces. Algunos consumen una sustancia determinada en forma limitada y regular durante toda la adolescencia, y su conducta es relativamente normal. Es importante destacar que estos adolescentes casi nunca desarrollan problemas serios de drogadicción, pero esto no significa que los padres deban tolerar estas conductas o ignorar la posibilidad de evitarla.

El proyecto de la mayoría de los adolescentes en relación a las experiencias con drogas y alcohol consiste en formar parte del grupo de sus compañeros. También tratan de emular la conducta de los adultos experimentando la sensación física de

175

estar bajo la influencia de alguna sustancia. Como muchos adolescentes se creen invencibles, consideran que esta conducta entraña unos riesgos mínimos. Sólo es una forma más de aprender cosas del mundo por cuenta propia, a pesar de la vehemente desaprobación de los padres.

Es comprensible que los padres se preocupen en gran medida por este asunto, debido a que todo su entorno les indica que el abuso de drogas podría tener lugar en su familia. Se alarman especialmente cuando se descubre que el hijo adolescente de unos amigos es adicto a las drogas. "¡Parecía un chico tan bueno! ¿Cómo le ocurrió eso?" El proyecto de los padres en relación a las drogas consiste en asegurarse de que los jóvenes no hagan cosas que podrían arruinar completamente sus vidas.

Esto conduce a muchos padres a recurrir a los métodos inspirados en los del FBI. Efectúan registros de rutina en la habitación y en el auto de sus hijos y observan los ojos y la nariz de éstos con sumo interés. Cualquier inspiración audible se convierte en un indicio de consumo de drogas. Por último, si la investigación no revela suficientes pruebas circunstanciales, pueden llevar a cabo un asalto a la habitación de sus hijos, a los que encuentran durmiendo apaciblemente. Toda esta conducta se basa en el temor de los padres y en su incapacidad para hablar abiertamente sobre el tema de las drogas con sus hijos adolescentes.

En esta sección resulta imposible abarcar en forma extensa el complejo problema del abuso de drogas por parte de los adolescentes. Si usted ha tenido hasta este momento una buena comunicación con su hijo, quizá pueda traer a colación el tema de las drogas en forma ocasional. No obstante, tal vez a todos los adolescentes les resulte difícil conversar con sus padres sobre esta cuestión. Trataré de aconsejarlos respecto a algunas formas de comunicarse con sus hijos y ejercer influencia sobre la opinión que ellos tienen con respecto al abuso de drogas. Además, les sugeriré algunas normas que pueden utilizar si descubren que su hijo o su hija consume drogas o alcohol.

Primer paso

En su condición de padre, o de madre, ¿cuál es el modelo de conducta que usted exhibe en relación al consumo de píldoras (con receta o sin ella), alcohol o drogas? Algunos padres ven poca relación entre su consumo de estas sustancias y el abuso de drogas, pero existe una fuerte conexión entre ambas cosas. ¿Está usted dispuesto a aceptar que su conducta y la de sus amigos ejerce una poderosa influencia en la opinión y la conducta de su hijo en relación al abuso de drogas?

Si el chico observa que usted bebe regularmente o que consume drogas en fiestas o reuniones familiares, su interés en experimentar con estas sustancias estará totalmente justificado. Esto también hace que sus advertencias respecto al abuso de drogas le suenen a hipocresía. Aun en el caso de que usted sea un bebedor moderado pero regular, su hijo puede sentirse autorizado a cuestionar la coherencia entre lo que usted hace y lo que dice.

Segundo paso

Si el muchacho le cuestiona su conducta, no le diga, "¡El hecho de que yo beba no tiene nada que ver con esto!". Evite el impulso de decirle, "¡Yo no bebo ni consumo drogas como lo haces tú!". Estas observaciones destruirán su credibilidad. Además, usted perderá su capacidad de influir en su hijo si lo sermonea sobre los peligros de las drogas en forma emocional o irracional.

Cuando su hijo le cuestione su conducta, espero que usted le diga, "Tienes razón. Supongo que es difícil que yo pueda convencerte de que evites las drogas y el alcohol cuando yo también bebo". Si sólo bebe en reuniones sociales y en forma limitada, puede decirle, "Me gusta beber un poco en las fiestas, de modo que no puedo criticarte porque desees hacerlo tú también. Pero espero que seas consciente de lo grave que puede ser consumir drogas y beber. Yo dejaría de beber del todo si pensara que esto pudiera convencerte de que no bebieras ni tomaras drogas".

Quizás algunos de ustedes se indignen, pensando que les pido demasiado. ¡Cierre el libro! ¡Este individuo está loco! ¿Por qué debería usted dejar de beber vino sólo porque el grupo con el que anda su hijo desea experimentar con drogas? Yo sólo le propongo esta estrategia en el caso de que su hijo, o su hija, parezca tener un problema grave de abuso de drogas, y el apoyo y el ejemplo de sus padres pudiera ser útil para mejorar la situación.

Los padres que se niegan a considerar este tipo de estrategia aunque sus hijos tengan un problema grave deberían evaluar seriamente sus propios modelos de conducta en relación al alcohol o a las drogas. Probablemente su actitud indique que ellos tienen un problema grave respecto al consumo de los mismos.

Tercer paso

Tómese el tiempo necesario para familiarizarse con los síntomas del abuso de drogas. Existen determinados cambios en la conducta que pueden indicar el posible consumo de las mismas. Estos cambios incluyen la necesidad de dormir la mayor parte del día, el descenso de las notas escolares durante varios semestres, y un letargo o una hiperactividad general. Si un adolescente extrovertido se vuelve retraído y se muestra muy reacio a comunicarse, esto puede ser un indicio de abuso de drogas.

Recuerde que éstos son sólo *posibles* indicios de abuso de drogas, y que, por cierto, esta lista de síntomas no es completa. Es preciso que usted considere seriamente su responsabilidad de estar más informado sobre el tema. Escriba a organizaciones como el Instituto Nacional de Lucha contra la Droga y solicite información. En la sección Lecturas Recomendadas, al final de este libro, sugiero a los padres que lean libros sobre el tema.

Cuarto paso

¡No espere que ocurra algo! Comuníquese con el centro de salud mental de su comunidad para averiguar dónde se ofrecen conferencias o debates sobre el tema del abuso de drogas. Muchos hospitales brindan también este servicio.

Cuando sepa dónde se dan estas conferencias, sugiérale a su hijo que sería una buena idea que ambos estuvieran más informados sobre el tema de las drogas. Dígalo en una forma positiva, que le dé a entender al joven que se trata de un asunto importante, y que usted no lo está acusando de nada. Aunque en la escuela a la que concurre su hijo exista un programa sobre la toma de conciencia respecto a las drogas, el interés de los padres es importante porque posibilita las conversaciones en familia sobre el abuso de drogas.

Quinto paso

Aunque no hayan asistido juntos a ninguna conferencia, dígale a su chico, "Sé que la mayoría de los adolescentes prueba las drogas en algún momento. Hasta cuando yo era adolescente, muchos jóvenes las probaban una o dos veces". Si usted ha experimentado con drogas, puede decirle, "He probado drogas varias veces, pero al cabo de un tiempo descubrí que no era eso lo que yo deseaba hacer. Pienso que quizá tú también las has probado. Si me equivoco y nunca lo has hecho, ¡magnífico! Lo más importante que quiero que sepas es que te considero un chico sensato, y que espero que lo seas también en relación a las drogas".

Si su hijo no responde nada, dígale, "Sólo te lo digo porque te quiero y deseo asegurarme de que reflexiones sobre esta cuestión". Si el joven nunca ha consumido drogas, quizá podría responderle, "¡Vaya, no confías en mí!". Dígale sólo que usted sabe que este asunto no es fácil de tratar, para ninguno de los dos, pero que no tiene ningún motivo para no confiar en él".

Sexto paso

Si usted observa que su hijo no es un chico sensato en este aspecto y ha estado consumiendo drogas o alcohol con cierta regularidad, debería decirle, "He tratado de ayudarte a comprender mi opinión sobre el consumo de cualquier droga. Al parecer, tu situación es mucho más grave que la de consumir drogas una vez o unas pocas veces".

Si el muchacho niega la gravedad de la situación o discute con usted tratando de minimizar el problema, dígale, "No importa lo que digas; buscaremos ayuda profesional como familia. Esto realmente me preocupa. No puedo dejar que sigas haciendo algo que podría perjudicarte tanto, por lo mucho que te quiero. Digas lo que digas, acudiremos a un profesional".

Siga siendo comprensivo, pero extremadamente firme. No permita que el joven minimice el peligro de la situación. Para las situaciones muy graves, vea la sección Recursos, al final de este libro.

Séptimo paso

La aplicación de consecuencias dará buenos resultados si su hijo no tiene un problema serio, pero si existen hábitos de consumo de drogas, las consecuencias no son un recurso apropiado porque no se orientan directamente al problema, y podrían incluso ocultarlo, haciendo que el joven las consumiese clandestinamente.

Si usted recurre a las consecuencias, elija aquellas que limitan los contactos sociales de su hijo con sus compañeros, quienes probablemente también consuman drogas. Si usted no posee esta información, recuerde que debe utilizar alguna consecuencia que sea importante para el chico, como por ejemplo, prohibirle hacer llamadas telefónicas durante un determinado período, salir los fines de semana durante algunas semanas, etcétera.

Si su hijo acepta estos castigos, ello significa que está dispuesto a que se le impongan limitaciones. Aunque tal vez se quejen de que ellos mismos quieren hacerse cargo de la situación, muchos adolescentes saben que usted tiene razón cuando limita su conducta en relación a las drogas. Aunque pocas veces lo admiten, se sienten aliviados cuando usted los ayuda a controlarse.

El tabaco

Los padres se sienten lógicamente aterrorizados ante el abuso de drogas y alcohol, pero el tabaco no parece provocarles una ansiedad similar. Aunque se trata de una cuestión sanitaria sumamente grave, la preocupación de los padres por el hecho de que sus hijos fumen tiende a variar en base a su propia relación con el tabaco.

Los padres que fuman no pueden convencer realmente a sus hijos de que el tabaquismo es peligroso, así como los adultos que beben tampoco tienen éxito cuando intentan disuadir a sus hijos de que lo hagan. Cuando los hijos son más pequeños, quizás escuchen los consejos de los padres sin tener en cuenta los hábitos personales de éstos, pero los adolescentes no aceptarán esta falta de coherencia.

Las opiniones de los adolescentes tienden a presentar una clara polarización. O bien se oponen tenazmente al tabaco o bien fuman e ignoran la gran cantidad de pruebas que revela que el tabaquismo es peligroso. No resulta fácil impresionar a los adolescentes con la realidad de unos riesgos para la salud que pueden no concretarse hasta pasados veinte años, porque ellos suelen creer que son inmortales o al menos inmunes a las dolencias y a las enfermedades, incluyendo el cáncer.

Los adolescentes que optan por fumar a pesar de las objeciones de sus padres suelen decidir no fumar en presencia de éstos; esconden los cigarrillos y esperan que su hábito jamás sea descubierto.

Aunque la mayoría de los padres preferiría que sus hijos adolescentes no fumaran, esta cuestión no suele enfocarse en la forma adecuada. Si su muchacho, o su muchacha, insiste en fumar, y a usted le molesta, considere los pasos siguientes.

Primer paso

Es preciso que usted tenga clara su propia conducta y sus sentimientos en relación al tema del tabaco. ¿Teme usted por los riesgos a largo plazo que corre su hijo? ¿Teme que un día se quede dormido mientras fuma y prenda fuego a la casa? ¿Se opone simplemente porque le parece una conducta inaceptable? Su hijo no necesita una conferencia sobre los peligros del tabaquismo ni comentarios ocasionales como, "¿No puedes dejar esa costumbre tan fea?". La mayoría de los jóvenes son conscientes de los riesgos para la salud que entraña el tabaquismo, y hasta es posible que lo consideren un hábito poco atractivo, pero lo ven como algo sofisticado, lo cual es mucho más importante que cualquier otra cosa.

Segundo paso

Recuerde lo que hemos dicho sobre la influencia de los padres en otras cuestiones de drogas: la conducta de los padres debe ser consecuente con sus expectativas respecto a sus hijos. Lo mismo se aplica a la cuestión del tabaco. Usted no puede exigirle a su hijo una conducta que usted se niega a mostrar como ejemplo.

A veces, la información puede ser un medio eficaz para

influir en la actitud de su hijo respecto al tabaquismo, especialmente si usted le sugiere que asistan juntos a una conferencia sobre los efectos de este hábito. Dígale, "Sólo iremos una vez, para estar mejor informados. Sé que quizá pienses que es innecesario ahora, pero me preocupa que jamás consideres lo importante que es no fumar".

Si el muchacho se resiste, dígale, "Me gustaría pedirte otra vez, más adelante, que asistas a una conferencia conmigo. Espero que consideres lo grave que es esta cuestión". ¡Si esto no da resultado, olvídelo!

Tercer paso

Aunque el hábito de fumar constituye un grave peligro para la salud, es sumamente difícil eliminar o controlar totalmente esta conducta porque —a diferencia de lo que ocurre con otras drogas— los síntomas son fáciles de ignorar y no crean problemas legales ni psiquiátricos. Por lo tanto, las actitudes drásticas, como recurrir a severas consecuencias o estar enojado durante mucho tiempo, no darán ningún resultado, aunque le provocarán a usted una terrible jaqueca. Si usted ha intentado en vano dar ejemplo, informar y alentar a su hijo para que deje de fumar, deberá aceptar el hecho de que él se enfrentará al problema cuando esté dispuesto a hacerlo.

Dígale al chico, "Soy consciente de que harás lo que quieras con respecto al tabaco, y yo no puedo hacer nada, aunque pienso que fumar no es saludable. Supongo que deberás decidirlo tú mismo cuando seas mayor. Quizá pienses que me preocupo demasiado, y tal vez estés en lo cierto. Es sólo porque eres muy importante para mí".

Cuarto paso

Si usted se opone firmemente al tabaquismo, puede utilizar las consecuencias para tratar de eliminar esta conducta en su hijo, pero debe aceptar el hecho de que este hábito puede continuar a sus espaldas. No obstante, usted podrá ejercer un determinado control sobre la situación designando lugares y ocasiones en las que se prohíba estrictamente fumar, y recurriendo a las consecuencias si descubre que el joven no respeta esas normas.

En un tono firme pero comprensivo, dígale, "Me opongo firmemente al tabaquismo, debido a que constituye un peligro para la salud. Quizá tú no comprendas mi insistencia y te enojes mucho conmigo, pero insisto en que no debes fumar en absoluto en casa ni en presencia de cualquier miembro de la familia. No habrá excepciones.

"No deseo que fumes en absoluto, de modo que si descubro que lo has estado haciendo, recurriré a las consecuencias. Tu salud me preocupa tanto que seré muy severo en lo que respecta a esta cuestión. Si descubro que has estado fumando, no responderé a ninguna de tus peticiones. Esto incluye los momentos en que necesitas dinero extra, o cuando me pides ayuda para hacer algo especial."

Estos son sólo ejemplos de consecuencias; usted ya debe de saber cuáles son las que dan resultado con su hijo.

La conducta de los adolescentes en grupo

¡Muchos padres consideran que la conducta de los adolescentes cuando van en grupo es poco mejor que la de los animales salvajes! Esta conducta consiste en hacer ruidos estrepitosos, correr alocadamente, perseguirse unos a otros y desplazarse en manadas.

Los adolescentes consideran la relación de grupo como uno de los aspectos más agradables de su adolescencia, y a pesar de lo que los padres puedan creer, tiene algunos aspectos beneficiosos. Durante su adolescencia, muchos jóvenes traban amistades que duran toda la vida.

El aspecto negativo pero normal de la conducta de grupo consiste en que estimula la capacidad de desafiar la autoridad, de hacer cosas arriesgadas, y de sacar lo peor que se lleva dentro. No obstante, la mayor parte del tiempo los adolescentes no hacen otra cosa que divertirse, y procuran mantener sus travesuras en niveles tolerables.

Cuando los adolescentes viajan en grupo a sitios como Palm Springs o Fort Lauderdale durante las vacaciones de verano, su capacidad para la conducta negativa se incrementa porque se sienten libres de la sombra de la autoridad de los adultos.

En realidad, la mayor parte de la conducta negativa tiene lugar cuando están con los amigos o conocidos, y suele limitarse al exhibicionismo, a hacer ruido o a comportarse tontamente. Esto se debe a que suele haber uno o dos jóvenes en cada grupo que son como la conciencia del colectivo. Y muchos grupos de adolescentes pasan mucho tiempo juntos sin causar ningún problema.

No obstante, a pesar de lo tranquilos que puedan sentirse en relación al grupo social de su hijo, la mayoría de los padres se preocupan por el posible descontrol de los jóvenes cuando están juntos. A continuación, se ofrecen algunas sugerencias para reducir la inquietud de los padres en relación a la conducta colectiva de los adolescentes y fomentar la comunicación con ellos.

Primer paso

Trate de valorar a los amigos de su hijo. ¿Cómo son? Si no lo sabe, es preciso que se vuelva más observador. ¿Son impulsivos? ¿Son poco sensatos? ¿Son irresponsables? ¿Comparte su hijo estas características hasta un grado preocupante? Si usted ha respondido a estas preguntas en forma afirmativa, la conducta del grupo puede causar algunos problemas.

Segundo paso

Este es un tema adecuado para tener una conversación sincera con su hijo sobre la visión que tiene el joven de sus amigos y de lo que hace con ellos.

Es preciso que esta conversación se desarrolle sin que usted sermonee a su hijo ni se alargue excesivamente. Comience diciendo, "Me preguntaba qué es lo que ocurre cuando sales en grupo con tus amigos". Quizá su hijo piense, "¿A dónde quiere ir a parar? Me habla de esto con demasiada amabilidad. ¡Esto es una encerrona!"

Dígale, "Te lo pregunto porque me interesa, nada más. No trato de averiguar si tus amigos y tú hacéis cosas incorrectas". Usted debe decir esto en forma sumamente positiva: su objetivo consiste en fomentar la comunicación, y no en abrumar al joven. "¿Resulta difícil controlar a Jim? Jim se porta como un loco cuando viene aquí a casa. Algunos jóvenes casi llegan a meterse en problemas serios. ¿Ocurre eso en tu grupo de amigos?". Una observación prudente: su actitud debe ser espontánea e interesada, no inquisitiva. Si su hijo le responde algo mínimamente preocupante, dígale, "Me alegro de que me lo puedas decir. ¿De modo que crees que hubieras podido meterte en líos?".

En este punto, quizá su hijo no le responda nada, o no esté de acuerdo, o tal vez la conversación continúe en la forma que usted espera. Esto depende en gran medida de su actitud y tono de voz. Sea cual sea su reacción, dígale, "Espero que tú no dejarás de ser sensato cuando estés con el grupo, porque a veces me preocupa lo que podéis hacer tus amigos y tú cuando estáis juntos". Estos diálogos ayudan a muchos adolescentes normales a percibir que sus padres los comprenden y aceptan, y esto los estimula a reflexionar sobre su conducta. Recuerde que siempre debe elogiar a su hijo por hablar sinceramente con usted.

Tercer paso

Si su hijo y su grupo de amigos se han metido en problemas varias veces, utilice el siguiente enfoque. Dígale, "He establecido una nueva norma. Antes de que vuelvas a salir con tus amigos, quiero reunirme con todos ellos en casa para conversar sobre lo que espero de vosotros, no solamente de ti. De lo contrario, no podrás salir con ellos".

Quizás el chico le diga, "¿Estás bromeando? No puedo creer que me hagas eso". Tal vez usted desee exclamar, "¡No me hables así! ¡Soy tu padre!", pero en vez de eso trate de decirle, "Comprendo que esto puede resultarte un poco embarazoso, ¿Qué se te ocurre como alternativa?". De esta forma, usted negocia con él para encontrar una solución aceptable para ambos.

Probablemente, su hijo sugiera, "Prometo no volver a meterme en líos, y hablaré con mis amigos". Su actitud debe ser la de aceptar esta propuesta, con una condición: "Probaremos esto, pero si se produce otro incidente, deberás hacerlo a mi modo. Espero que tu método funcione".

Cuarto paso

Si se produce otro incidente, utilice el siguiente enfoque: Recuerde que no debe decir, "¡Me lo prometiste! Nunca puedo creer nada de lo que me dices!". En lugar de eso, dígale en tono firme, "Deberás decirles a tus amigos que no podrás salir con ellos durante las próximas dos semanas. Y yo tendré que reunirme con todos ellos en casa antes de que puedas volver a salir con ellos".

No sermonee a su hijo ni discuta más sobre el asunto. Dígale, "Es tu responsabilidad hablar con tus amigos y quedar con ellos para que vengan un día a casa. Sé que no es fácil, pero éstas son mis normas".

Quinto paso

Cuando el grupo esté reunido en su casa, dígales, "No sé hasta qué punto están informados vuestros padres, pero yo he querido reunirme con vosotros porque últimamente os habéis metido en problemas. Me gusta el grupo que formáis, y sé que Jim disfruta mucho estando con vosotros, pero si no podéis evitar meteros en líos, ya no podréis verlo con tanta frecuencia. De modo que no le permitiré salir el próximo fin de semana.

"No sé si vuestros padres están informados de lo que ha ocurrido, y por ahora no me preocupa. Esto quedará entre nosotros. Pero si se produce otro incidente, hablaré con los padres de todos vosotros". Si se trata de un problema grave, usted no debería esperar para intervenir. "Espero que no me obliguéis a hacer esto. Preferiría que vosotros mismos os hicieseis cargo del problema. Eso es todo. No os voy a echar un largo sermón. Ya os podéis ir."

Si su hijo sale con jóvenes que no son sus amigos íntimos y usted no puede reunirlos, adapte esta estrategia para utilizarla sólo con él. Este enfoque les da a entender a todos los muchachos que usted es justo, razonable y comprensivo, pero firme.

Las influencias negativas de los compañeros

Cuando los hijos entran en la adolescencia, el poder físico y emocional que los padres ejercen sobre ellos disminuye considerablemente. Muchos padres se sienten molestos a causa de este sentimiento de pérdida del control, y temen la influencia de los compañeros de sus hijos, la cual aparentemente ha sustituido a la que ejercían ellos. En muchos casos, la influencia de los compañeros no implica que los jóvenes cometan desastres, pero puede dar lugar a travesuras tales como colarse en un teatro sin pagar la entrada o comprar cerveza ilegalmente.

Pero los adultos suelen imaginar cosas mucho más graves,

y se sienten asustados. Los padres tienden a abordar esta cuestión de la siguiente forma: "Cindy tiene demasiada influencia sobre ti. Harías cualquier cosa que ella te dijera. ¿Por qué le haces caso? ¡Cuando estás con esas chicas, actúas como si no tuvieras criterio propio! ¿Por qué no buscas amigas que sean buenas como tú?"

Cualquier adolescente normal responderá defendiéndose, "No hago las cosas porque Cindy me lo diga. Tú no lo comprendes". Probablemente, la jovencita piense además, "Qué caradura tiene... ¡Algunas de sus amigas son mucho peores que las mías!".

Todos los adolescentes se enfrentan a las presiones de sus compañeros, y para la mayor parte de ellos esto no tiene efectos negativos. Pero todos los padres se preocupan por la influencia que puede ejercer sobre sus hijos un grupo de amigos que no sea el adecuado. En algún momento, puede parecer que su hija ha elegido o se le ha hecho elegir el mal camino, porque ha faltado a unas clases para ir a la playa, o se ha presentado en una fiesta sin haber sido invitada. Los padres se preguntan si la joven puede resistirse a las presiones de sus amigas sin sentirse rechazada. ¿Comparte la niña los valores de sus padres, o es más importante la opinión de su grupo de amigas?

Aunque la cuestión de las influencias de los compañeros pueda hacerlo sentir sumamente ansioso, recuerde que al mostrar sus sentimientos negativos hacia los amigos de su hija o de su hijo, le da a entender que cree que él puede ser fácilmente influido y que no puede tomar decisiones por cuenta propia. Esto sólo hará que el joven defienda aún más a sus amigos y las opiniones de éstos.

Para poder tomar conciencia del modo en que sus críticas afectan a su hijo, imagínese cómo se sentiría usted si su cónyuge o un pariente le dijera, "Nunca me escuchas cuando te sugiero algo, pero sigues los consejos de cualquier otra persona. ¿Qué es lo que te ocurre?".

En muchas ocasiones, los adolescentes deben enfrentarse a las influencias negativas de sus compañeros, y la mayor parte de las veces usted no se enterará. ¿Cómo puede usted tener una influencia positiva que contrarreste la presión negativa de los amigos, conocidos y personas que representan un modelo de conducta para su hijo?

Piense en la conducta del adolescente en relación a sus amigos. Quizás usted sea lo bastante afortunado como para tener un hijo independiente y capaz de iniciativas, que no parezca demasiado perturbado por las presiones de sus compañeros. En este caso, usted puede mantener con él un diálogo sincero sobre esta cuestión. Si usted piensa que el joven tiende a ser negativamente influido por sus compañeros, necesitará un enfoque diferente.

Primer paso

Si su chico parece ser más bien independiente, podría decirle, "He notado que tus amigos no tienen mucha influencia sobre ti cuando hacen algo que tú no deseas hacer. ¿Estoy en lo cierto? Quiero que sepas que la capacidad de decisión es una cualidad que te ayudará toda tu vida: nadie podrá influirte para que hagas cosas que no te convienen". De este modo, usted refuerza las cualidades positivas del muchacho y tiene una oportunidad para transmitirle sus valores.

Segundo paso

Si usted se ha comportado en forma muy crítica respecto a la influencia que los amigos de su hijo ejercen sobre él, dígale, "No creo haber sido muy claro contigo cuando conversamos sobre la forma en que tus amigos influyen en tus opiniones y en tu conducta. Quizá te haya parecido una crítica, pero realmente me preocupa que no puedas hacer frente a tus amigos si ellos tratan de convencerte de que hagas algo incorrecto. Debo aprender a preguntarte si crees que eres fácilmente influenciable, en lugar de decirte que lo eres.

"Trataré de respetar tu punto de vista sobre esta cuestión.

Me pregunto si te resulta muy difícil oponerte a tus amigos cuando ellos desean hacer algo incorrecto." Al formular la pregunta de este modo, usted le permite al joven hablar con usted sobre esta cuestión en términos de igualdad, en lugar de decirle que él no sabe lo que hace.

Tercer paso

Quizás usted ha observado que el muchacho ha sido negativamente influido por sus amigos, o tal vez alguna persona de su confianza le ha informado de que su hijo ha sido visto comportándose en forma socialmente inaceptable. Tal vez se le exigió que abandonase un estadio de fútbol debido a su conducta alborotadora, o sus amigos y él molestaron o atormentaron a otros jóvenes en una forma cruel.

Dígale a su hijo, "La señora Harvey te ha visto a ti y a tus amigos molestando a ese chico nuevo que ha venido al barrio". No continúe elevando su tono de voz, meneando la cabeza y preguntando con incredulidad, "¿Cómo has podido hacer eso? ¿Cómo has podido ser tan cruel e insensible? ¡No te he educado en esa forma!".

En lugar de eso, dígale, "Realmente me apena que tú y tus amigos, pero tú en especial, tratéis así a otro muchacho.

"Pienso que eres un buen chico y no creo que acostumbres a comportarte de esa manera. Me decepciona que hayan podido influirte para que fueras tan cruel con otra persona. Esto me hace pensar que no has aprendido lo importante que es ser amable con los demás. Sé que eres demasiado bueno para hacer eso, y espero que prometas no volver a hacerlo. Es importante para mí y para tu mamá que sepas cómo debes tratar a las otras personas."

Si su hijo es básicamente un buen muchacho y trata bien a las demás personas, este planteamiento no hará que se sienta juzgado, sino que apelará a lo mejor del joven desde lo mejor de usted.

191

Cuarto paso

Si el muchacho suele ser negativamente influido por sus compañeros, usted debe decirle, "No quisiera hacer esto, pero lo haré porque pienso que la situación es lo bastante grave como para justificarlo. Si no puedes comportarte mejor cuando estás con tus amigos, todos ellos deberán venir a hablar conmigo. Les diré en tu presencia que, si no mejoran su conducta, no te permitiré salir con ellos".

Dígale a su hijo que si los demás jóvenes se niegan a hacer esto, usted no permitirá que él salga con ellos nunca más. Además, si esta conducta persiste, les pedirá a los padres de ellos que se reúnan con usted para conversar sobre la situación. A veces, la presión social leve resulta sumamente eficaz para modificar la conducta de los adolescentes sin tratarlos en forma degradante.

La conducta en la escuela

Los adolescentes están sentenciados a doce años de arduo trabajo en la escuela, años que ellos creen que les serían de mayor provecho si los pasaran tendidos en la playa, asistiendo a fiestas o escuchando música. Por tanto, como la escuela no suele figurar en su lista de preferencias, pueden surgir problemas que requieran la intervención de los padres.

Para la mayoría de los padres, puede resultar una experiencia extraña e incómoda visitar la escuela de sus hijos. Estas visitas remueven los recuerdos de sus propios años de instituto, además de la angustia por encontrarse con los profesores y escuchar las malas noticias, ya que son éstas las que traen a los padres a la escuela. Quizá su hijo fue sorprendido faltando a clase, abandonando la escuela o adoptando una actitud irrespetuosa o perturbadora en la clase. La reacción de los padres suele ser el pánico, el enfado y luego la vergüenza.

Los padres y los adolescentes suelen tener discusiones de

este tipo cuando surgen problemas en la escuela: "¡A ver qué haces! Al ritmo que llevas, aún estarás en el instituto a los veinticinco años. No te envío a la escuela a pasar unas vacaciones, ni a estudiar para delincuente".

Cuando un adolescente tiene dificultades por cosas como copiar en un examen, responderle al profesor en forma irrespetuosa, llegar tarde o abandonar la escuela sin autorización, su proyecto consiste en ocultárselo a sus padres durante el mayor tiempo posible. "Me matarán si se enteran, de modo que falsificaré sus firmas. Si les miento se enojarán; si no lo hago, se pondrán furiosos. Quizá deba irme a vivir a otro planeta, o tal vez podría esconderme bajo las mantas." El objetivo consiste en eludir el problema a toda costa.

El proyecto de los padres consiste en asegurarse de que sus hijos reciban una buena educación y no los hagan sentirse avergonzados, de modo que cuando los llaman de la escuela, sienten pánico, después se enojan y finalmente afrontan el problema. La mayoría de las veces, el problema no es tan grave como ellos temían. Pero es preciso que los adolescentes aprendan que deben dejar de comportarse en forma incorrecta en la escuela. Los siguientes pasos lo ayudarán a resolver este problema.

Primer paso

Procure mantener un contacto regular con los profesores de su hijo, o de su hija, antes de que surjan problemas. Una llamada telefónica o una nota una vez al mes pueden ser excelentes medidas preventivas. Si usted se interesa en forma positiva y sincera, los profesores generalmente responderán a sus preguntas. Comuníqueles a los profesores que está preocupado por el progreso de su hijo, y que agradecería que le informaran si necesitan ayuda o si surgen dificultades.

Segundo paso

Sea consciente del modo en que aborda a un muchacho que se ha metido en problemas. Si realmente desea resolver esas dificultades escolares, trate de comunicarse en la siguiente forma. Dígale, "Haré un gran esfuerzo por no enfadarme contigo. Pero quiero saber cómo puedes resolver este problema, y asegurarme de que no vuelva a ocurrir. Si puedes decirme por qué tienes dificultades en la escuela, te escucharé con gusto. Si se te ocurre alguna forma de arreglar este asunto, estoy dispuesto a tener en cuenta tus ideas y ponerlas a prueba".

Tercer paso

Si su hijo sólo ha tenido dificultades leves en la escuela, usted debería hablar con el profesor y decirle a su hijo que mantendrá un contacto regular con sus profesores durante los próximos tres meses. Procure reunirse con los profesores o hablar con ellos por teléfono unas dos veces al mes. Dígale al chico, "Hago esto porque estoy preocupado por ti. Cuando observe una mejoría, dejaré de vigilarte".

Cuarto paso

Si su hijo tiene regularmente problemas escolares, hable otra vez con los profesores y disponga un sistema para vigilar la conducta del muchacho. Haga que su hijo le traiga una nota semanal, firmada por el profesor, informándole a usted si ha surgido alguna dificultad durante la semana. Continúe haciéndolo durante un semestre. Esto demuestra que usted piensa controlar la situación, aunque no esté presente en la escuela.

Quinto paso

Dígale al joven que si él no resuelve las dificultades que tiene en la escuela, usted recurrirá a una consecuencia cuya gravedad se incrementará cada vez que surja algún problema. Por ejemplo, como la conducta escolar es sumamente importante, la consecuencia debería consistir en algo muy importante para su hijo. Quizás usted tenga que duplicar la consecuencia cada vez que su hijo reincida en su conducta, hasta que él tome conciencia de que usted está muy preocupado por este asunto. Por ejemplo, "Cada semana que te portes mal en la escuela, no podrás salir ni comunicarte con tus amigos durante el fin de semana. Si esto se repite, serán dos fines de semana, y la vez siguiente serán tres". De esta forma, su hijo comprenderá que se trata de algo sumamente grave para usted.

Sexto paso

Si el chico sigue portándose mal en la escuela después de haber aplicado este método, usted debería considerar la posibilidad de recurrir a un asesor. Esto reforzará la idea de que esa conducta debe cesar.

5
Las actitudes y sentimientos

"¿Por qué me haces enfadar tanto?"

Las discusiones

Una de las quejas más frecuentes de los padres se refiere a la irritación que sienten al tratar con sus hijos adolescentes que insisten en mantener discusiones interminables sobre cualquier asunto de poca importancia. Esta forma de combate verbal se incrementa a medida que los jóvenes crecen, porque desarrollan una mayor habilidad verbal y adquieren experiencia en el trato con sus padres. Además, existen muchas más cosas sobre las que desean discutir.

Muchos adolescentes desarrollan una habilidad verbal formidable que los ayuda en la escuela y que les será de suma utilidad más adelante, al estudiar una carrera, pero que también les amarga la vida a sus padres. En otras palabras, el joven habla demasiado y siempre tiene una respuesta preparada. Cuando el niño ha comenzado precozmente a discutir, esta habilidad se confirma al llegar la pubertad. ¡Ahora, el joven es un experto en todo!

Muchos padres discuten interminablemente con sus hijos sobre cuestiones de poca importancia, y por fin, desesperados, gritan, "¡No discutas conmigo! ¡Soy tu padre!". El adolescente se dice, "¿Yo discuto? ¿Y qué crees que haces tú? Se supone que el adulto eres tú". Los adolescentes observadores suelen decir, "¿Y qué me dices de la forma en que tú discutes con papá? ¡Yo no sabía que existiera ninguna otra forma de comunicación!".

Lo que trato de señalar es que los padres deben aprender a

196

observar más cuidadosamente su propia conducta y a desarrollar un mayor autocontrol para no discutir. Puede serles útil recordar que su hijo no está tratando de amargarles la vida. Cuando el joven discute, esto significa, "Quiero salirme con la mía, pero soy demasiado mayor para hacer una rabieta física, de modo que comenzaré con una rabieta verbal. Si no consigo lo que deseo, tendrán que oírme hablar durante horas".

Los padres discuten con sus hijos por diversos motivos, pero sobre todo para transmitirles sus valores. También discuten para hacerles comprender sus normas, expectativas y temores en relación al bienestar de los chicos. Todas estas son motivaciones muy positivas. Lamentablemente, cuando se las expresa en medio de una discusión, sólo suelen conducir a mayores desacuerdos y malentendidos.

Algunos adolescentes expresan observaciones válidas y argumentos razonables, y, en consecuencia, piensan que sus padres deberían tratarlos con mayor respeto debido a que saben de qué están hablando. Lamentablemente, algunos padres parecen tener una norma tácita que consiste en no admitir jamás que el adolescente puede esgrimir un argumento válido. Esto sólo incrementa las discusiones, porque el adolescente se siente incomprendido. Por ejemplo, quizás un adolescente diga, "Creo que ya soy lo bastante mayor para decidir a qué universidad quiero ir". Tal vez sus padres respondan en un tono inquisitivo, "¿Cuánta información has obtenido sobre las universidades a las que podrías ir? No vayas a una simplemente porque van tus amigos". El adolescente siente entonces que no se le considera una persona sensata.

Antes de intentar resolver el problema de las discusiones interminables, observemos una típica discusión entre padres e hijos adolescentes:

"¿Cómo que no puedo ir a la fiesta de Erick? ¡Todos mis amigos irán! ¡Mi hermano mayor podía ir a todas las fiestas cuando estaba en segundo año!"

"Eso no es verdad, y ya te he dicho que no puedes ir. No discutamos más."

"Nunca me dejas hacer nada, y siempre dices que me equivoco. ¡Eres injusto!"

"No estoy diciendo que te equivocas, pero no puedes ir. Te permito hacer muchas cosas, pero a ti nunca te basta. Siempre quieres más."

"Aún no entiendo por qué no puedo ir."

"¡Si no te callas, me dará un ataque! ¡No quiero oír una palabra más! ¿Está claro?"

"Pero..."

Si este diálogo le resulta dolorosamente familiar y usted está cansado de discutir, de rendirse o de ganar la discusión pero sintiéndose enojado, considere los siguientes pasos para abordar las discusiones de forma diferente.

Primer paso

Quizás usted piense, "¿Qué debo hacer? ¿Callarme y escuchar sus andanadas?". Para poder cambiar sus modelos de discusión, usted debe considerar en primer lugar con qué frecuencia discute con su hijo. Si lo hace con cierta regularidad, quizás usted tenga una gran responsabilidad en el problema. Tal vez usted piense que sólo intenta exponer su opinión, pero sus esfuerzos no hacen más que empeorar las cosas.

Pregúntese por qué sigue discutiendo con su hijo. En parte, la respuesta es que usted cree que él debería escucharlo porque usted es su padre, o su madre. ¡Probablemente, usted también discute porque está enfadado y aún no se ha dado cuenta de que discutir no sirve para nada!

Segundo paso

Si usted se enfada mucho cuando discute con su hijo, es preciso que observe bien su propia conducta. ¿Se toma realmente un tiempo para escuchar lo que dice su hijo, o simplemente reacciona ante el primer signo de resistencia o de rebeldía?

Dígale al joven en un momento de serenidad, "Realmente me gustaría ver si podemos dejar de discutir tanto. Trataré de escuchar tus argumentos, y espero que tú trates de no discutir tanto. Hablaremos del resultado de nuestros esfuerzos dentro de un par de semanas".

Si éste no es un problema crónico, el sólo hecho de mantener esta conversación puede resultar útil, debido a que crea un enfoque positivo de la situación.

Tercer paso

Si su hijo no reacciona a sus propuestas o sigue discutiendo interminablemente, considere el siguiente enfoque: en cualquier discusión, no exponga su opinión más de *dos veces*. Después, si el chico sigue discutiendo, dígale, "Parece que nada de lo que yo pueda decir sirve para entendernos. Por lo tanto, ya no discutiré más sobre este tema". (¡Y, realmente, deje de hacerlo!)

A menos que el muchacho diga algo que haga que usted reconsidere su posición, dígale en tono firme y empático, "Parece que sólo te sentirás mejor si yo estoy de acuerdo contigo, pero a veces, simplemente, no lo estoy".

Cuarto paso

Si su hijo no deja de discutir con usted aunque usted se muestre explícito y comprensivo, el paso siguiente es éste: Exponga su opinión y retírese, aunque su hijo siga discutiendo. ¡Muchas veces, esto hace que él modifique su conducta, porque no tiene sentido discutir solo! Si usted, simplemente, se niega a responder, su chico dejará de discutir. Algunos padres dicen, "Este hombre no conoce a mi hijo. Esto jamás dará resultado".

En casos muy graves, esto puede ser cierto, de modo que este es el paso siguiente:

Quinto paso

Dígale al joven, "He estado tratando de no discutir contigo, pero parece que tú no puedes dejar de hacerlo, de modo que éstas son mis normas: Te advertiré una vez que dejes de discutir. Si no lo haces, recurriré a las consecuencias. Estas se incrementarán cada vez que discutas conmigo, hasta que aprendas a dejar de hacerlo. A menos que puedas aprender a controlarte, no podrás disponer de gran parte de tu tiempo libre. Espero que lo pienses".

Recuerde que las consecuencias son más eficaces cuando son significativas para el adolescente.

Sexto paso

Usted puede mejorar la situación observando cualquier cambio positivo que se produzca. Trate de reconocer y de alentar cualquier esfuerzo que haga su hijo para controlar las discusiones. Usted puede decirle, "He notado que estás tratando de dejar de discutir, y estoy muy contento. Sé que no es fácil, y por lo tanto deseo darte las gracias". Quizás el muchacho piense que usted delira cuando le diga esto, pero no permita que esto lo distraiga del nuevo enfoque.

Además, valore cualquier observación adecuada de su hijo diciéndole, "Aunque debes hacer lo que yo te diga, has hecho algunas observaciones correctas, como cuando has dicho que no siempre escucho lo que dices y que a veces soy injusto. Pensaré en estas cuestiones y conversaremos más adelante". Esto deja en claro que, aunque las discusiones deben cesar, usted está realmente dispuesto a escuchar y a considerar el punto de vista del joven.

El malhumor

Usted tuvo una vez en su hogar a un joven alegre y amable. Tenía una personalidad extravertida, y parecía quererlo a usted sinceramente. Usted podía contar con que él se mostrara jubiloso y entusiasta ante las actividades familiares, y, aparentemente, ante la vida en general.

Luego, un día, alrededor de los trece años, se produjo, al parecer, un transplante de personalidad. Aquella personita risueña fue sustituida de pronto por un ser huraño que parecía vivir siempre en las profundidades invernales: malhumorado, tenebroso y lúgubre. ¡Había aparecido la melancolía del adolescente!

Los síntomas de melancolía en los adolescentes incluyen el sonreír en raras ocasiones, el mostrarse enojados cuando los padres intentan comunicarse con ellos, las expresiones de aburrimiento y una firme negativa a demostrar alegría, ¡en ninguna circunstancia! Las respuestas se formulan en un tono de voz apenas audible, o se gritan a pleno pulmón. Luego, sin previo aviso, la adorable jovencita o el alegre muchacho reaparecen, debido, probablemente, a que alguien les ha sonreído en la escuela. Pero no eche las campanas al vuelo, porque la melancolía puede volver tan rápidamente como se cambia de ropa Superman en una cabina telefónica.

Quizá los padres se pregunten si su hijo es maníaco depresivo. No se trata de esto. Es sólo una parte del esfuerzo normal del adolescente por comprender la vida. Probablemente, su hijo esté tan intrigado como usted por este malhumor. Por molesto e innecesario que sea este estado de ánimo, se trata ciertamente de una etapa del desarrollo que pasará, y aquel jovencito amable que quiere a sus padres volverá a aparecer.

Los padres deben procurar no reaccionar en forma desmedida ante esta melancolía normal en el adolescente. A veces le dicen, enfadados, "¿Qué es lo que anda mal?"

"¡Nada!"

"¡Has estado de mal humor durante dos semanas, y ya es hora de que te animes!"

Su hijo se siente criticado y reacciona defendiéndose, "¡No estoy de mal humor! ¡Déjame en paz! ¡Tú no me comprendes!".

Los padres de sentimientos normales se sienten ofendidos por el joven ingrato, y le dicen, "Si piensas que volveré a hacer algo por ti con esa actitud que tienes, estás muy equivocado". Cuando los padres no son buenos observadores, no hacen más que empeorar la situación, y la melancolía persiste.

Los adolescentes, por otra parte, no comprenden todos sus confusos sentimientos, porque no son lo bastante adultos ni tienen la suficiente experiencia como para analizar lo que los preocupa. Los adolescentes suelen enfadarse o preocuparse por los problemas que tienen con sus novias o novios, el instituto, la presión de sus compañeros, las expectativas de sus padres, y el futuro. También pueden sentir un intenso dolor o placer en relación a sus fantasías románticas, y esto da lugar a grandes oscilaciones en su estado de ánimo.

Estos son sentimientos complicados que originan diversos estados de ánimo. Su hijo no es un chico raro, sólo está aturdido por un torrente de emociones y preocupaciones nuevas, y debe de preguntarse por qué nadie le dijo nunca que hacerse mayor era algo tan difícil y desconcertante. Si los jóvenes tuvieran capacidad de introspección, usted los oiría decir, "Mamá, papá, por favor tratad de comprender que no soy realmente un mocoso insoportable. Sólo estoy confuso, y necesito estar de mal humor hasta que sea mayor y aprenda a controlar estos sentimientos".

El proyecto de los padres generalmente consiste en alentar, halagar o amenazar a sus hijos para hacerlos salir de la melancolía, porque sienten que esta conducta es inapropiada y molesta. La melancolía hace sentir incómodos y preocupados a muchos padres, tanto es así que se preocupan en exceso y piensan que su hijo sufre de depresión.

Los padres necesitan desarrollar una gran empatía en relación a este conflicto, y no tomar el malhumor de sus hijos como una ofensa personal. Recuerde que este torbellino emocional forma parte del proceso del crecimiento.

En este punto, debo advertirles que existe una diferencia entre los adolescentes que se muestran melancólicos periódicamente y aquellos que raras veces están contentos. Si su hijo, o su hija, presenta continuamente un estado de ánimo melancólico, esto ciertamente puede ser un indicio de que necesita ayuda profesional. Pero la gran mayoría de los padres debe enfrentarse a la melancolía normal, y sólo quiere ayudar a sus hijos. Por tanto, expongo a continuación algunas sugerencias para ayudarles a atravesar este período.

Primer paso

Usted debe esforzarse por aceptar que la explicación más plausible para la melancolía de su hijo es que este estado de ánimo representa un intento de controlar determinados sentimientos sin saber cómo hacerlo. Observe su propia reacción. Deje de reaccionar ante la melancolía del joven como si fuera una ofensa personal, y trate de recordar que, muy probablemente, no tiene nada que ver con usted.

Segundo paso

Dígale a su hijo, "He estado pensando en cómo me siento cuando estás de mal humor o pareces deprimido, y me doy cuenta de que debo ser más comprensivo contigo cuando no te sientes bien. Yo también estoy de mal humor a veces, y sé que no es agradable. Trataré de no acusarte más por estar de mal humor, porque sé que esto te molesta". Esta actitud realmente ayuda al adolescente a sentirse comprendido en lugar de criticado y juzgado.

Tercer paso

Si usted nunca se ha comportado en forma negativa o crítica hacia el muchacho, deje el segundo paso y comience diciéndole, "Realmente desearía poder ayudarte cuando pareces no sentirte muy contento. Veo que te resulta difícil hablar de esto ahora, pero espero que alguna vez conversemos cuando te sientas triste porque eso podría aliviarte, y yo te quiero mucho".

Si su hijo reacciona en forma positiva y usted observa que esta conversación lo ha ayudado, dígale, "Realmente me hace sentir bien poder ayudarte con las cosas que te preocupan. Espero que no te moleste que me acerque a ti cuando te sientas mal, y que podamos volver a conversar".

Cuarto paso

Si el joven no le responde o se comporta en forma negativa hacia usted, dígale, "Me apena no poder ayudarte cuando pareces no sentirte bien. Espero que algún día puedas recurrir a mí cuando te sientas triste. Realmente pienso que es difícil controlar uno mismo los sentimientos todo el tiempo. Si sientes que debes hacerlo de ese modo, lo comprenderé, pero espero que descubras lo mucho que puede ayudarte hablar de lo que sientes cuando estás triste".

Quinto paso

Usted sólo debe recurrir a las consecuencias en relación a esta cuestión si su hijo se comporta en forma extremadamente negativa hacia usted. Quisiera destacar una vez más que, en general, esto no es algo deliberado sino una evidencia más del conflicto de los jóvenes con sus sentimientos. La tarea del padre en relación a esto consiste en mostrar una gran comprensión.

Espero que los ejemplos de esta sección le muestren lo cuidadoso que debe ser con el muchacho en relación a estos complejos estados de ánimo que él experimenta.

La actitud hacia los padres: el tono de voz, las miradas fulminantes, las críticas y el sarcasmo

Cuando los niños son pequeños, hacen muecas, hablan en forma sarcástica o dicen tonterías a los adultos para comunicarles que están enojados con ellos o molestos por alguna cosa. Al llegar a la adolescencia, expresan su descontento mediante un tono de voz desagradable, miradas fulminantes o comentarios sarcásticos. Estas manifestaciones llegan a ser tan hirientes y refinadas que uno juraría que los jóvenes han asistido al seminario "Las miradas fijas a los padres", o "El arte del sarcasmo".

Los padres suelen interpretar esta conducta como una falta de respeto, y reaccionan de diversas maneras. Algunos la ignoran, a menos que hayan tenido un mal día, o que una observación especialmente acertada dé en el blanco. Entonces, replican con advertencias como, "Será mejor que dejes ese tono de voz cuando me hables. No eres demasiado mayor para recibir un bofetón", con lo cual el joven se modera durante un tiempo.

Otros padres, más filosóficos y tolerantes, aceptan sencillamente que esta conducta forma parte del desarrollo de los adolescentes, y esperan con ansia que desaparezca, o que el joven deje el hogar para ir a la universidad.

En algunas familias, este tipo de diálogos es normal para todos, y no sólo para los adolescentes. Los padres dan el ejemplo, utilizando la crítica, el sarcasmo o las miradas de odio como formas de comunicación, y los hijos los imitan. En estas situaciones, la conducta no suele desaparecer cuando el joven llega a la madurez, sino que pasa a formar parte de su comportamiento adulto.

Un tema recurrente en este libro es la necesidad de los

adolescentes de establecer una diferencia entre su identidad y la de sus padres. Un modo de hacerlo es expresar ideas y valores que quizá no son compartidos por sus padres. Los jóvenes suelen comunicar a sus padres la diferencia entre sus valores y los de ellos manifestando enojos ante las actitudes de los padres. Todos esos comentarios que pueden hacer que los padres se sientan como dinosaurios apuntan en realidad a definir la identidad separada de los jóvenes.

Pero como el proceso de separación es básicamente inconsciente, los chicos y las chicas pocas veces tienen en cuenta que su tono de voz y sus observaciones se han vuelto ofensivos.

El sarcasmo, las miradas fulminantes y los comentarios críticos también son maneras en los que los adolescentes pueden expresar sin peligro su agresividad y su enojo. Por ejemplo, si un adolescente está dolido por algo que han hecho o dicho sus padres, una mirada fulminante es una forma de vengarse de ellos sin meterse en problemas graves.

Los adolescentes utilizan estas mismas técnicas con sus compañeros. Expresan sus sentimientos competitivos mediante la mofa, las burlas y las observaciones hirientes, motivando a menudo el aplauso de los amigos que los observan. Parte de esta conducta es transferida a la relación entre los jóvenes y los adultos, quienes suelen ofenderse en lugar de reírse.

Si esta conducta hace de complejos problemas familiares, o si el adolescente se siente muy perturbado, el siguiente enfoque podría resultar útil para controlar esta conducta, pero no para eliminarla. Los pasos que sugiero a continuación serán de gran ayuda con la mayoría de los adolescentes.

Primer paso

Observe si ha estado ignorando esta conducta durante demasiado tiempo, permitiendo que se volviera excesiva, o si ha estado reaccionando en forma desmedida cuando lo más adecuado hubiese sido ignorarla. Ambas reacciones sólo agra-

206

van la situación, otorgándole a su hijo, o a su hija, un cierto grado de poder sobre usted. ¡Es preciso que esto cambie!

Segundo paso

Comience diciendo, en un momento tranquilo, "Me pregunto si has notado que sueles mirarme y hablarme con mucha irritación. No menciono esto para criticarte, pero quisiera darte un ejemplo por si no sabes a qué me refiero. Sé que a veces yo también reacciono mal y ambos nos enojamos, de modo que quisiera que nos esforzáramos por cambiar esto".

Tercer paso

Dígale a su hijo, "Habría debido encontrar hace mucho tiempo una forma más adecuada de comunicarte que debes observar la forma en que te diriges a mí. A partir de ahora, cada vez que me dirijas una mirada fulminante o utilices un tono de voz negativo, te lo recordaré. Pero trataré de hacerlo en una forma positiva".

La próxima vez que el chico le dirija una mirada fulminante, dígale, "Esta es una de las ocasiones en que me miras y me hablas enfadado. ¿Podrías tratar de hablarme de otro modo? Me gustaría mucho que lo hicieras". Algunos de ustedes gruñirán escépticos, "Mi hijo se pone insoportable ¿y él pretende que yo le diga eso?". Sí, porque es la única forma en que usted descubrirá si el joven está dispuesto a cambiar de actitud.

Si su hijo reacciona en forma positiva, no olvide decirle lo mucho que contribuye su cambio de actitud a mejorar la situación, y que usted aprecia sus esfuerzos.

Cuarto paso

Si el muchacho no reacciona en forma positiva, y persiste en comportarse negativamente, dígale, "He tratado de decirte de buena manera que debes esforzarte por cambiar tu expresión y tu tono de voz. Si no te esfuerzas más, pienso ignorar todo lo que digas y todo lo que me pidas cuando utilices ese tono. Si deseas que te escuche, deberás prestar atención a tu tono de voz". Estas estrategias suelen moderar los estallidos ocasionales. Si esto no ayuda a mejorar la situación, continúe con el paso siguiente.

Quinto paso

Proceda con este plan de acción sólo si existe una conducta negativa persistente. Si no se ha producido ningún cambio positivo, dígale a su hijo, "Tu actitud sigue molestándome, y es preciso que la modifiques. No quiero enfadarme contigo a causa de esto, y tú tampoco querrás que me enfade. Por lo tanto, quiero que pienses en una forma de controlar esta conducta. Si no lo haces, deberé recurrir a las consecuencias. Preferiría no hacerlo, pero lo haré si no eres capaz de controlarte".

Recuerde utilizar consecuencias sistemáticas y significativas para su hijo, e incremente la severidad de las mismas si la conducta negativa persiste.

La vergüenza por los padres

Como los padres suelen considerar a sus hijos prolongaciones de sí mismos, vigilan estrechamente la conducta de los niños, sobre todo en público. Los padres desean que sus hijos los hagan quedar bien, lo que constituye una pequeña recompensa para todos sus esfuerzos. Por lo tanto, es frecuente oír que los padres tratan de corregir cualquier cosa que pueda resultar vergonzosa para ellos. "No te comportes de ese modo. ¡Me avergüenzas!" "¿Por qué llevas esa vestimenta tan horrible? Los colores no pegan." "No te rías tan alto."

Pues bien, alrededor de los trece o catorce años, los adolescentes empiezan a preocuparse mucho por su imagen, y consideran a sus padres como una extensión de esa imagen. Por lo tanto, los papeles se invierten. Los padres preocupados se convierten en objeto de la preocupación del adolescente, el cual trata de refinar a su padre o a su madre para convertirlo en personas más presentables. Este proceso consiste en una serie de comentarios sobre la vestimenta, el comportamiento y cualquier otra excentricidad que el joven considere motivo de bochorno. "Estás muy rara con ese conjunto, mamá." "No me abraces delante de mis amigos. Me avergüenzas. Ya no soy un niño." "Mamá, no saludes a la señora Schwartz. Se dará cuenta de que su hijo me gusta."

La respuesta de la madre suele ser, "No seas ridícula. ¿Cómo podría ella saberlo? Y deja de decirme cómo debo vestirme. Me he vestido yo sola durante cuarenta años, sin tu ayuda". Estas protestas nada significan para la muchacha, que probablemente ya está pensando en otros comentarios, como por ejemplo, "¿Es necesario que te rías tan alto? Actúas como una adolescente. Y otra cosa, ¿podrías esperarnos en el coche cuando nos vienes a buscar?".

El proyecto del adolescente consiste en ser aceptado, en tener siempre buen aspecto, y en no parecer nunca tonto ni verse relacionado con algo que no encaje en sus valores. Sin proponérselo, los padres pueden convertirse en un importante motivo de vergüenza e incomodidad para los adolescentes, que reaccionan rechazando el aspecto de sus padres, sus actitudes o sus valores. Esta es otra de las formas en que se separan de ellos y establecen su identidad individual.

Los adolescentes comienzan a observar y a valorar el modo en que se conducen sus padres comparándolos con otros adultos. Por ejemplo, quizá los jóvenes observen que los padres de alguno de sus amigos son más deportistas, cuidan más la línea, y se comportan como si fueran más jóvenes. Probablemente, su hijo llegue un día a su hogar y diga, "Oye, los padres de Anthony son fantásticos. Van a hacer jogging dos veces por semana, y juegan al tenis. ¿Por qué vosotros no cuidáis más la línea?" Tal vez usted intente ignorar esos comentarios, pero pensando que, si tiene que soportar otra alusión a los saludables padres de Anthony, necesitará estar en cama una semana.

Por otra parte, quizás usted se sienta herido y criticado ante este tipo de comentarios pero, en general, su hijo no tiene intención de ser cruel. Estas comparaciones y valoraciones ayudan a los adolescentes a comprender quiénes son sus padres, y también a aclarar sus propios intereses y aversiones. No obstante, algunos adolescentes critican a sus padres porque se les ha permitido hacerlo desde una edad temprana. Estos jóvenes necesitan que sus padres recurran a las consecuencias para modificar su conducta.

A medida que su hijo se hace adulto, su necesidad de criticar disminuye, debido a que el joven comienza a sentirse más cómodo consigo mismo y a comprender quiénes son realmente sus padres. Si los padres reaccionan ante esta conducta en forma negativa, su duración podrá prolongarse considerablemente.

Comprender el significado de las comparaciones y de las críticas quizá le impida tomar estos comentarios en forma demasiado personal. Aunque tal vez sus sentimientos resulten heridos de vez en cuando, trate de recordar que ésta es una de las formas principales en que los adolescentes desarrollan su propia identidad.

Primer paso

Recuerde que su hijo se avergüenza con facilidad. Piense si el muchacho reacciona en esta forma de vez en cuando, o si ha desarrollado el hábito de criticarlo a usted. Si esto sólo ocurre en forma ocasional, no le diga nada; se le pasará. Si sucede a menudo, usted debería comenzar con el siguiente enfoque:

Segundo paso

Dígale, "No creo que seas consciente de que algunas de las observaciones que me diriges suenan muy críticas. Por ejemplo, me dices, '¡Oye, mamá, ese vestido es demasiado juvenil para ti! Estás ridícula'".

Si su hijo responde, "¿Y qué? ¡Tú me hablas del mismo modo!", o simplemente parece molesto, usted debería decirle, "Sé que no te gusta escuchar estas cosas, pero la próxima vez que ocurra, te lo señalaré. Necesito que trates de dejar de dirigirte a mí en un tono tan enojado y autoritario".

Tercer paso

Dígale al chico, "Sé que algunas cosas que hago te molestan o te avergüenzan. Trataré de ser sensible a tus sentimientos, pero tú debes tratar de ser más comprensivo respecto a las cosas que te molestan de mí".

"Si puedes aprender a señalarme las cosas que te avergüenzan en un tono amable, tendré en cuenta tus comentarios. Trataré de ser más consciente de tus sentimientos, sobre todo si tus preocupaciones están relacionadas con tus amigos, porque sé que te avergüenzas con facilidad en su presencia. Pero no siempre estaré de acuerdo con tus observaciones, y en esos casos, te lo diré lo más amablemente posible."

Cuarto paso

Si su hijo continúa con sus críticas y manifiesta desaprobación con respecto a usted, debe decirle en tono firme, "He tratado de decirte amablemente que debes dejar de hacer comentarios críticos. ¡A partir de ahora, si no te esfuerzas más, me veré obligado a decírtelo de una manera que no te agradará! Espero que no dejes que las cosas lleguen hasta ese punto". Comuníquele al chico que usted tiene motivos para estar enojado.

Si esto no da resultado, recurra a alguna consecuencia, como por ejemplo, "La próxima vez que me hables en ese tono, no te permitiré salir con tu novia". Recuerde que debe utilizar consecuencias que sean significativas para su hijo, e incrementar su severidad hasta que la conducta negativa disminuya.

Los temores y preocupaciones

Los adolescentes se enfrentan hoy en día a nuevos temores y dificultades, además de las preocupaciones típicas que todos hemos experimentado durante el crecimiento. Además de las preocupaciones corrientes, como tener éxito en la escuela, hacer amigos, resolver los problemas familiares y planear el futuro, los chicos y chicas son muy conscientes de la existencia del SIDA y de otras enfermedades de transmisión sexual. Experimentan una creciente preocupación con respecto a los crímenes violentos, los accidentes y la amenaza de guerra nuclear. Esto representa una carga muy pesada para cualquier persona.

Los adolescentes son bombardeados con información relativa a estas cuestiones a través de la televisión, la radio y los medios gráficos. Algunas veces, sólo pueden soportar esta avalancha negativa mediante la negación del problema. También pueden hacerlo creyéndose inmunes a estos peligros. Su grandioso sentimiento de poder les permite creer que nada podrá afectarlos y que vivirán eternamente.

Aunque los padres tal vez se enojen o sonrían ante la irrealidad de estos sentimientos, el deseo de negar las preocupaciones y los temores no es sólo un impulso adolescente. Si nos paramos a pensarlo, los adultos suelen reaccionar en la misma forma, negando sentimientos y situaciones que son demasiado abrumadoras para ser afrontadas. Los adultos convierten en una rutina la negación de sus problemas serios con el alcohol, de sus dificultades matrimoniales, o de las situaciones difíciles con sus parientes políticos o con sus hijos.

Algunos adolescentes son tan convincentes en su negación que sus padres llegan a creer que nada les importa. Esta actitud aparentemente despreocupada crea ansiedad en los padres, que piensan que sus hijos deberían adquirir una determinada conciencia y preocupación por los aspectos problemáticos del crecimiento. En consecuencia, sermonean a sus hijos sobre los peligros del mundo: drogas, delincuencia, violencia y desempleo. Estos sermones no suelen tener efecto alguno, ya que el adolescente se pregunta con impaciencia cuántas veces lo obligarán a escuchar ese "cuento de miedo sobre el mundo exterior". El padre está tratando de descubrir si su hijo se preocupa lo bastante como para ser sensato y prudente, pero esto no hace otra cosa que reforzar la negación que hace el muchacho.

A pesar de la imagen despreocupada que quizá muestre su hijo, o su hija, es importante recordar que todos los adolescentes tienen muchos sentimientos que no expresan. No es posible ni es realista suponer que cualquier padre o madre puede afrontar todos estos problemas. Pero pueden hacer saber a sus hijos que son conscientes de estas cuestiones y que se preocupan por sus sentimientos.

La madurez solucionará algunos de estos asuntos, pero un padre comprensivo debe estar siempre dispuesto a escuchar al adolescente. Uno de los sentimientos más reconfortantes que puede tener un joven o una joven es la certeza de que podrá recurrir a sus padre para conversar con ellos cuando tenga necesidad de hacerlo. Los padres pueden enseñarles a sus chicos que ellos no siempre serán capaces de resolver todos los problemas que se les presenten en la vida, pero que podrán sentirse comprendidos.

Primer paso

Piense que a los adultos suele resultarles difícil hablar de sus temores y preocupaciones. ¿Cuántas veces un amigo evidentemente disgustado le ha dicho que no tenía ningún problema? Si usted recuerda que los adultos tienen dificultades con esta cuestión, esto lo ayudará a comprender que a su hijo le resulte aún más difícil, a menos que los miembros de la familia hayan aprendido a conversar sobre sus sentimientos y sus temores.

Segundo paso

En un momento tranquilo, hay determinadas cosas que usted puede decir para ayudar a su hijo a controlar esos temores y a sentirse comprendido. Dígale, "Estaba pensando en lo difícil que me resultaba, cuando tenía tu edad, controlar la preocupación por mi futuro y el temor por las cosas que sucedían en el mundo. ¿Tú también sientes estas cosas?".

Si su hijo responde afirmativamente, usted puede comenzar a mantener con él algunos diálogos que pueden ayudar a aliviar algunas ansiedades normales. Los padres deben saber que para los adolescentes el simple hecho de sentirse comprendidos suele ser más importante que hallar soluciones a sus problemas.

Tercer paso

Si el joven parece intrigado, o no responde, usted puede decirle, "bueno, es que eso me interesa, y quiero que sepas que, aunque tú no desees conversar, yo siempre estoy interesado en hacerlo". Haga un esfuerzo por no reaccionar negativamente ante una falta de respuesta por parte de su hijo.

Cuarto paso

Periódicamente, será útil volver a dirigirse al muchacho diciéndole, "Sólo quería saber si has estado pensando en algo que te preocupe o te asuste". En estos momentos tan difíciles, el simple hecho de que usted se muestre continuamente interesado es muy significativo para su hijo. Aunque él piense que usted es extraño por hablar de estas cosas, su preocupación será valorada.

La infelicidad

La infelicidad es una emoción humana normal que todos experimentamos durante nuestra vida, pero su duración suele ser relativamente breve, y luego recuperamos nuestro equilibrio emocional. Los niños pequeños pueden ser sumamente infelices durante unos momentos y, a continuación recuperan su alegre personalidad de siempre. Los adultos suelen ocultar su infelicidad porque deben desenvolverse en un entorno personal y social en el que estos sentimientos no suelen ser expresados.

Los adolescentes aún no están sujetos a las restricciones sociales de los adultos. Tienden a rumiar su tristeza, presentando un rostro sombrío a los demás, y raramente sonríen a pesar de los esfuerzos de los padres para alegrarlos. En realidad disfrutan de estar solos escuchando una música triste que sólo aumenta su infelicidad. Dar rienda suelta a los sentimientos de infelicidad y hacer el papel de "pobrecito de mí" son actitudes que forman parte del proceso adolescente de aprender a sobrellevar la vida.

En los adolescentes, la melancolía es diferente a la infelicidad. La melancolía suele ser una actitud que forma parte de una de las etapas del desarrollo, etapa que se da durante la adolescencia. Pero la infelicidad suele tener por causa una situación personal que ha causado dificultades o decepción al adolescente. El aprender a afrontar los problemas que tienen con sus novias o novios, las cuestiones que surgen en la escuela o los problemas familiares puede dar lugar a períodos de infelicidad.

El proyecto del adolescente respecto de la infelicidad consiste en conversar con sus mejores amigos, pero sólo cuando siente deseos de hacerlo. Si los padres intentan interrogarlo, suelen encontrarse con una negativa, una resistencia o un muro de silencio.

Recuerde que los adolescentes no siempre están seguros de lo que sienten. Están confusos respecto al significado y la adecuación de sus sentimientos, de modo que conversar con ellos puede parecer imposible. Si sus padres siempre los han ayudado a hablar de los sentimientos y ellos mismos les han dado ejemplo de esta conducta, quizá les resulte relativamente sencillo a ellos y a sus padres conversar sobre los sentimientos, incluyendo la infelicidad.

El proyecto de los padres en relación a la infelicidad de los adolescentes consiste en preocuparse mucho, transmitiendo a menudo al adolescente la idea de que le ocurre algo serio. También aquí es importante que los padres acepten la normalidad de estos sentimientos y su importancia en el desarrollo del adolescente. Los jóvenes deben aprender a controlar los sentimientos de infelicidad, a comprenderlos y a saber que los superarán. Usted puede ayudar a su hijo a adquirir esta importante capacidad utilizando los siguientes pasos.

Primer paso

Piense si ha sido usted observador respecto a los períodos de infelicidad de su chico, o de su chica. ¿Qué actitud ha adoptado? ¿Es usted comprensivo y amable o se muestra enojado y crítico?

Segundo paso

Quizás usted haya reaccionado en forma crítica ante la infelicidad de su hija, haciendo comentarios como, "¿Por qué estás tan triste? ¡No te sirve de nada estar tan disgustada por tu novio, y francamente, ese chico no vale la pena! Concéntrate en tus estudios y no tendrás tiempo para estar tan disgustada".

Si usted ha reaccionado en esta forma, dígale, "Sé que a veces no sé qué decirte cuando estás triste. Me siento frustrado cuando te veo triste y no puedo ayudarte, y entonces me enfado. Creo que esto no es justo. Debo aprender a ser más comprensivo cuando tú te sientas así. Realmente trataré de ser más tolerante, y espero que algunas veces puedas conversar conmigo cuando te sientas triste. Si no deseas hacerlo, lo comprenderé".

Tercer paso

Dígale a su hijo, "Lo que observo es que tú siempre superas tu tristeza, así que debes de haber hallado alguna forma de sobreponerte a estos sentimientos, aunque no hables conmigo de lo que te preocupa. Me alegra que puedas hacerlo. Debo aceptar que algunas veces deberás luchar con tus sentimientos, y yo no debería preocuparme tanto porque eres lo bastante fuerte como para controlarlos. Trataré de no preocuparme tanto". En esta forma, usted estimula al adolescente a valerse de sus propios recursos, y expresa su confianza en la capacidad del joven para conducir su vida.

Cuarto paso

Todos los adolescentes experimentan sentimientos de infelicidad, pero el hecho de que éstos se prolonguen o sean demasiado intensos no es normal y puede ser un indicio de depresión. Si la tristeza se hace persistente y no es sólo un sentimiento esporádico, lo más adecuado es consultar a un profesional. En una sección posterior de este libro, sugiero algunas estrategias que lo ayudarán a conversar con su hijo sobre la posibilidad de recurrir a un profesional.

La responsabilidad de los errores

Uno de los conflictos más importantes entre los adolescentes y sus padres nace del choque entre los consejos parentales y la necesidad de los adolescentes de ser autónomos e independientes. A fuerza de luchar con el mundo durante años, los padres han descubierto, efectivamente, la mejor manera de hacer algunas cosas, pero los adolescentes rara vez admiten esto y suelen rechazar los consejos de sus padres. Los padres también pueden darse cuenta de que su hijo ha cometido un error, pero la mayoría de los adolescentes preferiría morir a reconocerlo.

Los padres suelen exasperarse cuando sus hijos adolescentes no están dispuestos a admitir sus errores, o a asumir la responsabilidad de los mismos. Mantienen interminables diálogos con ellos, a fin de lograr que admitan haber asumido una actitud incorrecta o emitido un juicio inadecuado, o incluso haber sido injustos. Se agotan tratando de hacer que sus hijos sean conscientes de la conducta o las actitudes que adoptan. Generalmente, sólo consiguen que sus hijos escuchen a disgusto las opiniones de sus padres.

Cuanto más evidente es la cuestión, mayor es el esfuerzo que realizan los padres, y mayor es también la frustración que experimentan. Esto da lugar a algunas conductas divertidas pero sumamente inadecuadas por parte de los padres. Algunos padres vuelven a recurrir a los métodos del FBI para lograr imponer su criterio, acechando a sus hijos para sorprenderlos en alguna actitud inapropiada. Suponen que, una vez tengan pruebas de su culpabilidad, podrán demostrar que ellos están en lo cierto. Los padres del estilo FBI acusan a sus hijos en tono triunfal, "¿Lo ves? Ahora mismo lo estás haciendo: ¡estás molestando a tu hermana!".

Otros padres hablan demasiado de estas cuestiones, y se ven atrapados en diálogos interminables e improductivos. "¿Qué significa que no has tenido tiempo para hacer tus quehaceres domésticos? ¿Cómo puedes mentirme en esa forma?" Al joven le encantaría decir, "¡Es fácil!", pero no se atreve a hacerlo. Por lo tanto, los padres reciben como respuesta un hosco silencio, y terminan en un punto muerto.

Los padres deben comprender que uno de los aspectos más difíciles del proceso de maduración consiste en admitir que uno ha cometido un error, o en asumir la responsabilidad de una conducta inapropiada. Pero, si nos paramos a pensarlo, ¿a cuántos adultos conoce usted que puedan decir con facilidad, "Lo siento. Tú tienes razón, y yo estaba equivocado"? ¿Con cuánta facilidad son capaces su esposa, su jefe o su suegra de decir, "Me equivoqué. Habría debido hacerlo como tú dijiste"? Estas frases no salen con facilidad de la boca de los adultos, de modo que, ¿por qué deberíamos esperar más de los adolescentes?

Para muchos de nosotros, admitir que hemos cometido un error constituye uno de los esfuerzos más formidables a cualquier edad, pues lleva aparejado un sentimiento de humillación o de vergüenza. Cuando admitimos que nos hemos equivocado, nos sentimos como si admitiéramos nuestra incompetencia, y tememos perder el respeto de las demás personas. Este es el motivo por el cual esta difícil tarea de asumir responsabilidades pocas veces constituye un modelo en la conducta de los adultos para que los adolescentes puedan aprenderla.

El proyecto del adolescente respecto a la negación de sus errores consiste en preservar la sensación de que es un adulto, mientras lucha contra la evidencia de ser aún un niño pequeño en muchos aspectos. Cuando los adolescentes cometen errores, toman conciencia de que no son tan capaces como quisieran ser, y de que aun tienen cosas que aprender. Admitir esto ante sus padres les resulta sumamente difícil debido a que representa una amenaza de volver a ocupar la categoría de niños pequeños, lo cual choca con su necesidad de autonomía.

Como todos nosotros, los adolescentes luchan por aceptar el hecho de que resulta doloroso hacer algo mal, no tener éxito, fracasar. Esto contradice su grandioso sentimiento de omnipotencia, y les crea un conflicto. Y todo esto se agrava cuando los padres tratan de obligarles a admitir sus errores.

El proyecto de los padres consiste en lograr que el adolescente admita su responsabilidad, de modo que sostienen discusiones implacables para imponer su criterio, aun a riesgo de que éstas resulten mortales para todos. En medio de su frustración, olvidan que, aunque en alguna ocasión excepcional consigan su objetivo, y su hijo diga, "Está bien, he metido la pata", este triunfo no modificará realmente la conducta del muchacho, y sus intentos agresivos generalmente incrementarán la resistencia. Tal vez su hijo llegue a la siguiente conclusión, "Tú jamás admites que yo tengo razón, de modo que, ¿por qué debería yo admitir que tú la tienes?"

Los padres deben tomar conciencia de que no pueden lograr que su hijo admita nada a través de una discusión. La insistencia sólo crea una lucha de voluntades, y el joven puede resistir tanto como pueda resistir usted. Al oponerse a los argumentos de sus padres, los adolescentes se vuelven más rígidos y menos capaces de considerar la opinión de aquellos sobre cualquier tema, por cuestión de principio.

Los padres deben desarrollar una mayor empatía respecto a la lucha que sostiene su hijo por asumir la responsabilidad de sus actos, y deben dejar de empeñarse en convencer al joven de que está equivocado.

Primer paso

Antes de discutir este asunto con su hijo, observe su propia conducta. ¿Con cuánta frecuencia admite usted sus errores ante otras personas? (¡Decir, "Dios qué idiota he sido" en la intimidad de la ducha no cuenta!) ¿Admite usted alguna vez ante su hijo que se ha equivocado? ¿Está pidiéndole a su chico que haga algo sumamente difícil que usted jamás ha hecho?

Si usted sólo excepcionalmente admite sus propios errores, debe comenzar diciéndole al joven, "Mira, yo no soy capaz de hacer esto mejor que tú. Me resulta difícil admitir que me he equivocado. Yo también debo esforzarme por hacerlo". Esta actitud hará que su hijo reaccione en forma menos defensiva.

Segundo paso

Dígale al muchacho, "Sé que muchas veces trato de obligarte a reconocer que has hecho algo mal, o que habría sido mejor hacerlo a mi manera. Pero observo que me comporto en una forma tan irritante que tú no deseas escuchar nada de lo que yo pueda decirte. Quizás esto haga que reacciones en una forma más defensiva. Sé que tal vez yo tengo tanta responsabilidad en este problema como tú. A partir de ahora, me esforzaré más por permitirte tener tus propias opiniones, aun en el caso de que sean diferentes a las mías".

Esto es algo adecuado para decirle, aunque usted no crea que su propia actitud sea un factor importante del problema, porque hace que el adolescente vea que los demás también pueden equivocarse.

Tercer paso

En un momento tranquilo, dígale al muchacho, "Sé que es muy difícil para cualquier persona, incluso para los adultos, admitir que uno se ha equivocado o que habría podido encontrar un modo mejor de hacer alguna cosa. Sé que también es difícil para mí, y creo que lo es para ti. ¿Piensas que podrías tratar de no reaccionar en forma tan defensiva cuando yo cuestiono tus opiniones o tus decisiones? ¿Quizá podrías admitir alguna vez que no has actuado en forma responsable? Creo que te sentirás mejor si descubres que reconocer un error no significa que valgas menos como persona. Yo no creo que sea así".

Cuarto paso

Si el adolescente no está dispuesto a modificar este patrón de conducta y a asumir la responsabilidad de sus actitudes incorrectas, no discuta con él, porque esto no mejorará las cosas. Acepte el hecho de que el joven no está preparado para afrontar esta cuestión. Pero eso no significa que el chico vaya a ser un criminal o un estafador sólo porque no es capaz de admitir sus errores. Lo que ocurre es, simplemente, que esta etapa del desarrollo se está alargando un poco. Necesitamos seguridad, madurez y confianza para aceptar nuestros aspectos menos agradables y seguir creyendo que somos buenas personas, merecedoras de amor y respeto.

Dígale a su hijo, "No discutiré más ni trataré de convencerte de que estás equivocado. Espero que algún día aprendas a ser capaz de admitir tus errores. Es una cualidad muy importante, para cuando seas mayor. Tú eres un chico fenomenal, y la gente te respetará por tu disposición a admitir tus errores y a ser responsable". Esto evidencia que usted sigue valorando esta cualidad y que cree que el joven llegará a poseerla algún día.

6
La conducta sexual

"¡No crezcas, por favor!"

Su hijo adolescente y las cuestiones sexuales

Aún después de la llamada revolución sexual, muchos padres descubren que se sienten muy incómodos ante la perspectiva de que sus hijos se conviertan en personas sexualmente conscientes y activas. Las actitudes liberales no alcanzan a calmar la ansiedad que surge cuando los padres se dan cuenta de que la sexualidad adolescente ya no puede ser ignorada. Por ello, en la intimidad de sus dormitorios, sostienen diálogos como éste:

> "Creo que ya es hora de que se lo digas."
> "¿Que le diga qué?"
> "¡Ya sabes! ¡Lo del sexo!"
> "¿Por qué yo?"
> "Porque tú eres el padre".
> "Bueno, ¿y qué es lo que él sabe?".
> "Probablemente, más que nosotros."
> "¿Entonces, para qué voy a hablar con él? Además, ¿no aprenden todo eso en la escuela o en la tele?"
> "Sí, pero, ¿no crees que debemos enseñarle algo?"
> "¿El qué?"

Como pueden ver, este tema genera considerable ansiedad y ambivalencia en muchos padres. Cuando llega el momento de hablar de sexualidad con sus hijos adolescentes, los padres caen en un estado de angustia. "No puedo soportar la idea de que mi hijo se interese por estas cosas. ¡Me hace sentir tan viejo! ¿Por qué han tenido que crecer? No estoy preparado para esto. ¡Nunca aprendí a hablar sobre mi propia sexualidad! ¿Cómo voy a hablar sobre la suya? Sólo deseo decirle, '¡No lo hagas!'."

Los adolescentes suelen percibir la ansiedad de sus padres. "Están muy raros. Deben de estar preparándose para hablarme sobre el sexo. ¡Va a ser horrible!"

Cuando el padre, por fin, hace acopio de valor y le dice, "Quiero hablar contigo sobre un asunto", el adolescente ya está preparado. "¿He hecho algo malo?" "No, no", protesta el padre. "Se trata del sexo." El joven ya tiene preparada una respuesta ingeniosa. "¿Qué quieres saber?" El padre reconoce de mala gana su derrota y renuncia a seguir adelante.

En otras épocas, los padres eludían completamente esta cuestión, y sus hijos aprendían todo lo referente a la sexualidad a través de sus experiencias y de los relatos de sus compañeros. No era la forma más adecuada de hacerlo, pero era la más corriente, porque hasta los padres más preocupados por el tema se sentían incómodos al referirse a él.

La mayoría de los padres no se enteraron de las cuestiones sexuales por sus propios padres. Si se hablaba sobre sexo, se hacía de un modo formal y bastante torpe, de una sola vez, en vez de tomarlo como un tema natural de discusión durante la niñez de los hijos.

Por tanto, para la mayoría de los padres siempre ha sido difícil hablar de sexo con sus chicos. Actualmente, en la era del SIDA, el tema es mucho más temible y genera gran ansiedad y confusión en los padres y en los adolescentes. Pero los padres ya no pueden permitir que su incomodidad les impida conversar sobre el sexo con sus hijos, ya que la ignorancia respecto a las prácticas sexuales puede implicar un riesgo para su vida.

A partir de la época actual, los padres deben esforzarse por informarse ellos mismos e informar a sus hijos sobre las bellezas y los peligros de sexo. Ya no se cuestiona el hecho de que los padres deben hablar con sus hijos sobre sexualidad y anticoncepción, lo cual significa que la labor de los padres se ha vuelto aún más compleja.

Los valores de los padres con respecto al sexo suelen ser muy diferentes de los de sus hijos, y muchos adultos se vuelven aún más conservadores en sus opiniones cuando se trata de la sexualidad de sus hijos. Aunque los problemas sanitarios actuales fomentan, en general, una conducta sexual más conservadora, siempre existirán conflictos entre la necesidad de los adolescentes de explorar su sexualidad y la resistencia de los padres a aceptar este hecho como inevitable.

Es imposible tratar en esta sección todas las cuestiones relativas a las enfermedades de transmisión sexual, el embarazo y los anticonceptivos, pero analizaremos diversas estrategias de comunicación con su hijo para suscitar diálogos positivos sobre éstas y otras cuestiones sexuales.

Primeros diálogos sobre sexualidad

Ya hemos mencionado lo difícil que resulta para los padres hablar de sexualidad con sus hijos adolescentes. Establecer un diálogo puede requerir varios intentos, y quizás usted siempre se sienta algo incómodo. Teniendo en cuenta esto, hagamos un esfuerzo sincero para adoptar estos nuevos enfoques.

Primer paso

Para poder hablar con confianza y comodidad con su hijo o su hija sobre las cuestiones sexuales, es muy importante que usted adquiera un mayor conocimiento de la sexualidad adolescente, y, sobre todo, de las enfermedades de transmisión sexual. Usted debe estar bien informado si desea ser convincente. Sírvase consultar la sección Lecturas Recomendadas, donde se mencionan libros que lo ayudarán a aprender más sobre estas cuestiones tan importantes.

Segundo paso

Usted puede comenzar a establecer un diálogo sobre las cuestiones sexuales de la siguiente manera: Dígale a su hijo, "Creo que ya es hora de que aprendamos a hablar con más confianza sobre temas como la sexualidad. Esto no significa que debas decirme todo lo que haces o piensas en este terreno. Pero tal vez yo podría ayudarte si tienes preguntas o sentimientos que te preocupan. Lamento que esto sea tan embarazoso para mí, y no sé cuál es la mejor manera de que conversemos sobre el tema. Pero intentémoslo, para que nos resulte más cómodo hablar de él".

"Cuando yo era joven, jamás hablábamos de sexo en mi familia." Si usted hablaba de sexualidad en su familia y sin embargo se siente incómodo, puede decirle, "Aunque mis padres eran realmente abiertos para hablar de sexo, es diferente cuando se trata de los propios hijos, y realmente es más difícil de lo que yo pensaba". Esto ayuda al chico a sentir que el problema está en usted, y crea menos resistencia hacia el tema.

Tercer paso

Dígale a su hijo, "Sé que es más fácil para ti hablar de sexo con tus amigos, y no te critico por eso. Recuerdo que a mí me pasaba lo mismo. Pero no me gustaría que sólo aprendieses lo relativo al sexo a través de tus amigos. Quizá podamos asistir a algunas conferencias juntos, u obtener información y compartirla. Espero que no creas que ésta es una idea tonta, pero si te hace sentir demasiado incómodo, lo aceptaré. Necesito aprender más sobre las cuestiones sexuales que te afectan a ti. Además, pienso que algunas de mis experiencias y de mis ideas sobre el sexo pueden ser de mucha utilidad para ti". Obviamente, sólo debe decirle esto si es cierto.

Cuarto paso

Si desea que el diálogo con su hijo dé buenos resultados, debe aprender a ser más tolerante en relación a los valores del joven con respecto al sexo, aun en el caso de que sean diferentes a los suyos. Por ejemplo, algunos adolescentes piensan que es correcto mantener relaciones sexuales con alguien a quien quieren de verdad, pero la mayoría de los padres no opinan lo mismo.

Si usted se enfrenta a esta particular diferencia de valores, puede decirle en un tono no crítico, "Yo no opino lo mismo, pero no te juzgo. Espero que podamos conversar sobre nuestras diferentes opiniones al respecto. Seré sincero contigo. Me gustaría tener un mayor control sobre este asunto, como cuando eras un niño pequeño y yo podía decirte, 'No lo hagas, o te enviaré a tu habitación'. Pero todo lo que puedo hacer es decirte que una relación sexual es una cosa más complicada de lo que parece. No estoy seguro de que quieras escuchar esto, pero espero que aprendas que el sexo requiere una madurez mucho mayor de la que poseen la mayoría de los adolescentes. No puedo hacerte cambiar de opinión al respecto, pero espero que sigamos conversando".

Hablando en esta forma, usted crea la posibilidad de una comunicación continuada, que es la única manera de poder influir a su hijo en un futuro. Dígale, "Me precupa más este asunto debido al riesgo del embarazo y de las enfermedades de transmisión sexual. Espero y deseo que estés informado sobre estas cosas, y que te quieras lo suficiente como para tener cuidado".

Este tipo de diálogo debería continuar sólo si el adolescente parece estar dispuesto a escuchar. Si usted se encuentra con una gran resistencia, quizá debería avanzar más lentamente y proseguir la conversación cuando se presente una oportunidad.

Quinto paso

El compartir su propia experiencia del aprendizaje de la sexualidad puede ayudarlo a crear un sentimiento de comprensión entre su hijo y usted. Dígale, "Estaba pensando en las cosas que aprendí sobre el sexo cuando era joven". Comparta con él algunas de las cosas útiles que usted aprendió, o explíquele que no aprendió muchas cosas de sus padres. Converse sobre el modo en que estas experiencias afectaron su actitud hacia su propia sexualidad al llegar a la edad adulta. Por ejemplo "Mis padres me hablaron sobre el sexo en una forma muy práctica, y yo quisiera compartir contigo las cosas que me resultaron útiles". Si su hijo le dice que ya sabe esas cosas, simplemente dígale, "Me alegro".

Si sus padres no le enseñaron mucho sobre las cuestiones sexuales, dígale, "Realmente, yo no tuve mucha ayuda de mis padres en relación a estas cuestiones. Tuve que aprenderlo solo, y no siempre fue ésa la mejor manera, de modo que a veces me siento confundido. Quizá pueda decirte algunas de las cosas que yo no sabía y ver si ello te sirve de algo. Si ya sabes lo que te estoy diciendo, simplemente dímelo y lo dejaremos". Este enfoque alienta al chico a comprenderlo mejor a usted, y le permite hacer cualquier pregunta.

Sexto paso

Usted debe saber que, aunque sus conocimientos sobre el sexo son importantes, lo más importante para su hijo es la actitud que usted adopte en relación a esta cuestión. Si el muchacho percibe que puede hablar con usted, y que usted admitirá que no lo sabe todo, podrán estar más cómodos juntos y él respetará su sinceridad.

Dígale a su hija, "Espero que sepas que siempre trataré de comprender tu punto de vista, cualquiera que sea el tema que surja con relación al sexo, y lo haré aunque no esté de acuerdo contigo. Te digo esto porque te quiero y deseo ayudarte a resolver cualquier problema que pudiera presentarse. Ya que hablamos de esto, quiero que sepas que si alguna vez tuvieras un problema serio, como un embarazo, yo desearía comprenderte y ayudarte. Lo más triste que puedo imaginar es una adolescente que no pudiera decirle a sus padres que tiene un problema así y que tuviera que resolverlo sin ayuda."

Los padres deben aprender que lo más importante que pueden hacer en este terreno es crear una atmósfera de comprensión y de información. Afronte el hecho de que usted tiene un control muy limitado sobre la conducta sexual de sus hijos adolescentes, pero sepa que puede tener una gran influencia ayudándolos a pensar y a comprender las cuestiones sexuales y sus sentimientos en relación al sexo. El control real proviene del diálogo sincero entre usted y su hijo.

Los adolescentes enamorados

El desarrollo de las aptitudes sociales es una preocupación relevante para algunos padres, incluso cuando sus hijos son pequeños. Muchos padres estimulan a sus hijos a ser sociables y a salir con amigos a una edad muy temprana, como en el caso de las interminables rondas de fiestas de cumpleaños y salidas a casa de amigos de las que disfrutan algunos niños. Los padres temen que sus hijos adolescentes se priven de importantes experiencias si no tienen actividades sociales. Sus preocupaciones en relación al desarrollo social de su hijo incluyen el temor de que se vuelva loco por el sexo opuesto a una edad demasiado temprana o, por el contrario, de que jamás desarrolle un interés por el sexo opuesto.

Por tanto, cuando los adolescentes comienzan a tener amigos de ambos sexos, los padres piensan que sus hijos son sociables, como debe ser. Esta sensación de alivio suele perdurar hasta que su hijo —de trece, catorce o quince años— empieza a comportarse en forma extraña, y adopta una actitud ausente y soñadora. Los padres saben que no se trata de drogas, porque esta conducta sólo tiene lugar después de una conversación del muchacho con una determinada jovencita. Los padres han de escuchar interminables monólogos en los cuales un determinado muchacho o jovencita son descritos en términos apasionados: ¡signos claros de que el adolescente está enamorado!

Los padres piensan que es gracioso que los niños pequeños se enamoren, pero caen en el pánico ante el menor indicio del florecimiento de un amor adolescente. Mantienen largas conversaciones con sus cónyuges y amigos, durante las cuales traman intrigas para separar a los enamorados, incluyendo la búsqueda de un empleo más conveniente para el padre del novio en otra ciudad; tal vez, en Moscú. O hacen desfilar a muchos jóvenes atractivos por la casa, esperando que la inconstancia de la muchachita les saque del apuro. Todo este pánico viene del temor de los adultos a que su hijo esté iniciando una relación duradera con una persona inadecuada.

¿Hasta qué punto inadecuada? Escuchemos algunos de los comentarios que suelo oír cuando los padres expresan su opinión sobre el objeto de la adoración de sus hijos. "Mi hija dice que está enamorada del más maravilloso de los muchachos, que en realidad parece un cruce entre un zombie y un motorista. Ese individuo entra en mi casa con la cabeza baja, gruñe un saludo y es incapaz de decir más de cinco palabras. Luego, mi hija dice, ¿No es maravilloso? ¡Me dan ganas de vomitar! ¿En qué nos equivocamos?"

Los padres suelen sentirse sumamente incómodos con respecto al nivel de devoción que los adolescentes manifiestan cuando están enamorados. "Me vuelvo loco observando a estos jóvenes. Uno pensaría que sus cuerpos están pegados con cola. Su novio es incapaz de decirme a mí cuatro palabras, pero hablan por teléfono durante horas. ¡Por mi teléfono! ¡Si este muchacho alguna vez pasara a formar parte de mi familia, yo no podría volver a mirar a la cara a mi madre!"

Si esto le parece exagerado, debería hablar con algunos de los padres que me consultan a raíz de esta cuestión. He oído a algunos de ellos proponer los planes más absurdos para hacer que sus hijos adolescentes viesen en una forma más "realista" a la persona que amaban. (Esto significaba verla en la misma forma que sus padres, y romper con ella). Una madre preguntó a su hija si alguna vez había notado cómo la miraban los demás muchachos y la forma en que éstos parecían interesados en salir con ella. Otra madre sugirió lo siguiente, "Oh, ¿no te gustaría salir con Bob Thompson? Parece muy buen muchacho". La niña le replicó, "¿Por qué no sales tú con él, si piensas que es tan maravilloso?"

En otras palabras, usted no puede disuadir a los jóvenes de sus sentimientos y actitudes, pero puede consolarse sabiendo que "enamorarse", aunque se trate de una persona inapropiada, es otra de las etapas que los adolescentes deben atravesar en su desarrollo.

Otra fuente de ansiedad para los padres es la conducta sexual que inevitablemente se desarrolla a medida que aumenta el compromiso entre los adolescentes. Algunos padres controlan su ansiedad desaprobando activamente el contacto físico. Cuando observan a sus hijos adolescentes en posiciones sexualmente sugestivas —abrazándose, besándose, o sentándose muy juntos—, ¡los fulminan con una mirada-rayo láser! Se trata de una mirada gélida que amenaza con perforarles la cabeza si se atreven a acercarse más. Cuando los adolescentes son sorprendidos en una situación como ésta, hacen lo que ellos denominan el movimiento "rápido-salta-enderézate", y parecen decir con la mirada, "¡No hacíamos nada!"

En un intento de descubrir hasta dónde llega la gravedad de la situación, algunos padres recurren a técnicas de espionaje o de investigación privada. Buscan pruebas en las cartas de sus hijos, en las llamadas telefónicas, o escuchando a través de las paredes de su habitación. El proyecto de los padres consiste en impedir que sus hijos se tomen demasiado en serio los asuntos amorosos. Desean desesperadamente controlar algo que no pueden controlar, y esto les irrita mucho.

El proyecto del adolescente consiste en experimentar y explorar este sentimiento amoroso con sus complejos altibajos. Recuerde que los muchachos y muchachas aprenden muchas cosas sobre las relaciones cuando viven estas experiencias.

231

Cuando los padres aprenden a hablar en forma adecuada sobre el amor, pueden ser sumamente útiles a sus hijos ayudándolos a entender estas complicadas emociones. Así pues, ¡inténtelo!

Primer paso

Comience por observar su propia actitud y la forma en que reacciona cuando su hijo o su hija se enamora. Uno de los problemas principales para la muchacha o el muchacho es evitar sentirse tontos o cometer un error demasiado evidente, especialmente en la elección de una novia o un novio. Si su actitud es abiertamente negativa, lo más probable es que su hijo o su hija se aferre aún con más fuerza al objeto de sus afectos, debido a que conservar la relación y hacer que funcione aunque sea inadecuada será una forma de demostrarle a usted que está equivocado.

Segundo paso

Dígale a su hijo en un tono que exprese apoyo, "Observo que James te gusta mucho. Eso debe de ser maravilloso". Si usted ha expresado sentimientos negativos respecto de la relación que mantiene su hijo, dígale, "Lamento no haberme mostrado más entusiasta respecto a tu relación con Jody. Quiero que sepas que, para un padre, el hecho de que su hijo crezca tan de prisa resulta difícil. No es fácil ver que te enamoras por primera vez. Lo que haces no es incorrecto en modo alguno. Es sólo algo a lo que nos llevará algún tiempo habituarnos.

"Recuerdo que tuve algunos sentimientos similares cuando era más joven. Algunas veces, pueden ser maravillosos, y otras realmente dolorosos. Supongo que deseo protegerte porque no quiero que sufras. Pero sé que tienes derecho a vivir esta experiencia, y a vivirla a tu manera. Trataré de no decir cosas con respecto a tu novia (novio) que puedan hacerte sentir incómodo".

Tercer paso

Dígale al joven, "Sé que tus sentimientos por Jody (James) son intensos. No quiero decir que no estés enamorado ni que tu relación no sea importante. Pero requiere algún tiempo aprender lo que es el amor. Los sentimientos son maravillosos y al mismo tiempo desconcertantes, de modo que algunas veces puedes sentirte confuso. Sólo te digo esto porque, si en algún momento te sientes confuso respecto a tus sentimientos, quizá podamos conversar sobre eso. Realmente, me gustaría ayudarte si lo necesitas. Si no deseas conversar conmigo, también lo aceptaré. A mí me habría venido bien hablar con alguien cuando tenía tu edad. Te digo esto simplemente porque te quiero mucho".

Si su hijo tiene una relación amorosa que le causa dolor e infelicidad, y no parece ser capaz de terminarla, usted debería considerar la posibilidad de que él hablara con un profesional. Remítase a la sección que trata sobre la forma de preparar a su hijo adolescente para aceptar la ayuda de un profesional.

Mientras reflexiona sobre los temas tratados en esta sección, trate de imaginar lo que habría sentido si sus padres le hubieran demostrado esta comprensión cuando usted era un adolescente. Si su hijo le pregunta, "¿Por qué te comportas en esta forma? Jamás me hablas así". Usted debería responderle, "Bueno, tengo muchas cosas que aprender, y estoy tratando de ser mucho más comprensivo respecto a_las cosas que son importantes para ti. Quiero que sepas que me siento mucho mejor hablándote en esta forma que haciéndolo como lo hacía antes".

Los adolescentes descubiertos en situaciones amorosas

Cuando los padres encuentran a sus hijos adolescentes en situaciones amorosas, abrazándose y besándose apasionadamente, experimentan sorpresa, resentimiento e incomodidad.

Hasta el padre más liberal piensa de vez en cuando, "¡Si oigo una vez más a un psicólogo decir que la exploración sexual es una etapa normal del desarrollo de los adolescentes, me dará un ataque! Me gustaría ver a alguno de esos profesionales sabihondos comportarse serenamente delante de unos críos que se aferran el uno al otro como si sus vidas dependieran de ello".

Lo que muchos padres desean es decir algo impactante y autoritario que sofoque las llamas del amor adolescente. Algo así como, "¡Si os vuelvo a encontrar así, yo mismo os enviaré al planeta del Sexo Prohibido, y no os volveréis a ver durante siglos!". Esta amenaza probablemente no enfríe la pasión de su hijo, pero quizá lo ayude a usted a creer que ejerce el control durante un momento. ¡No obstante, un momento de control no significa nada ante el poder de todas esas hormonas!

En esta situación, el objetivo consiste en comunicarle al adolescente que usted comprende la normalidad de su conducta y que está dispuesto a ser razonable, pero que no obstante espera que ellos demuestren que pueden controlarse más que en el pasado. Recuerde que usted sólo ejerce un control limitado sobre esta situación. Usted no desea que el joven piense que la sexualidad debe ocultarse, pero él debe aprender cuándo, cómo y dónde resulta apropiado expresar estos sentimientos.

Primer paso

Ocasionalmente, tal vez usted encuentre a su hijo en una situación amorosa con su novia. No me refiero a un beso o a un abrazo momentáneos, lo cual es normal y saludable. Me refiero a estar abrazados en una cama o en un sofá, lo cual crea la posibilidad de un compromiso sexual mucho mayor.

Si usted ha seguido los procedimientos sugeridos previamente para iniciar un diálogo sobre el sexo, ya ha creado un ambiente de mayor confianza para tratar esta cuestión. Cuando usted se enfrenta a una conducta pasional que lo hace sentir incómodo, quizá pueda afrontar la situación en una forma que exprese comprensión respecto a la conducta del muchacho y que al mismo tiempo establezca las normas adecuadas.

Segundo paso

Cuando usted encuentre al chico acariciándose apasionadamente con su novia en el sofá o en una cama, trate de decir, en un tono firme y ligero, "Sé que os gustáis, pero no me siento cómodo cuando no demostráis tener el necesario autocontrol delante de la familia. Soy consciente de que os sentís atraídos sexualmente pero espero que seáis sensatos respecto a esta atracción. No voy a sermonear sobre este asunto, y tampoco quiero avergonzaros. Pero es preciso que comprendáis que expresar vuestros intensos sentimientos sexuales tendidos en el sofá o en la cama es inaceptable. Comprendo que vuestros sentimientos son normales, pero no os permitiré expresaros en esta forma aquí".

Si usted es capaz de reaccionar con sencillez y aceptación a la conducta sexual, ésta no se convertirá en una cuestión relevante, y su hijo percibirá su punto de vista en una forma positiva. Sobre todo, su actitud de apertura en relación a la sexualidad no sólo convierte esta cuestión en algo normal y demuestra que usted acepta a su hijo como un ser sexual, sino que además establece que usted tiene determinadas expectativas en relación a la forma en que el joven debe expresar estos sentimientos.

Una vez que haya afrontado esta conducta, probablemente no se vea obligado a ocuparse de ella una y otra vez. Los adolescentes prefieren evitar la vergüenza que ello implicaría, y por tanto se vuelven más cuidadosos y moderados en presencia de la familia.

Tercer paso

Si el muchacho persiste en expresar su sexualidad sin inhibiciones, éste es el paso siguiente. En un tono que transmita firmeza pero no enojo, dígale, "Observo que, a pesar de lo que te dije, tu novia y tú no deseáis controlar vuestros sentimientos sexuales como os pedí que hicierais. Sé lo fuertes que pueden ser estos sentimientos, pero tú debes mostrar un mayor control y respetar las normas de nuestro hogar. Si se te ocurre alguna manera de que esto no vuelva a ocurrir en esta casa, no te diré nada más. Pero si no erez capaz de resolver este problema, limitaré el tiempo que tu novia podrá pasar aquí y hablaré con ella. Haré esto únicamente si no cumples con mis expectativas".

Como tal vez usted haya notado, se hace hincapié en el autocontrol, sin emitir juicio. Las expectativas han quedado claras, sin que los jóvenes se sientan culpables. La culpa raras veces controla la expresión de los sentimientos sexuales.

Los anticonceptivos de su hijo adolescente

Cuando los padres descubren, o sospechan siquiera, que sus hijos adolescentes poseen anticonceptivos, quizá tiemblen y se pregunten por qué han tenido que crecer sus niños. ¡Hasta los padres responsables e instruidos sienten cierto temor al encontrar preservativos en un cajón que anteriormente contenía una magnífica colección de postales de béisbol! Muchos padres me han dicho, "Sé que la seguridad en el sexo es una cuestión importante, pero de todos modos, odio los anuncios de preservativos que aparecen en la televisión, porque no me gusta pensar en la ansiedad que me provoca la sexualidad de mi hijo adolescente".

Estos sentimientos son comprensibles, ya que el hallazgo de anticonceptivos confirma la realidad de que su hijo, o su hija, está considerando la posibilidad de tener, o quizá ya ha tenido, una relación sexual. Trate de no decir lo primero que se le ocurra, como por ejemplo, "¿Dónde has conseguido esto?" o "¡Lo mataré! ¿Y si quedaras encinta?".

Existen otras muchas observaciones que se utilizan para asustar a los adolescentes y meterles algo de sensatez en la cabeza. Entre las clásicas, se encuentran las siguientes, "¿Acaso él te va a mantener?" "¿Qué pasaría si tuvieras un bebé?" "¿Qué pasaría con la escuela?" "¿Estás preparado para mantenerla si la dejas encinta?" "¿Y las enfermedades sexuales?". Los padres dicen todas estas cosas movidos por el pánico y la preocupación que sienten, pero estos comentarios sólo sirven para obligar a los adolescentes a ocultar sus sentimientos y valores.

Si usted no se ha enfrentado aun a esta situación, espero que la siguiente sección le resulte útil y lo ayude a expresar sus sentimientos en una forma que pueda ejercer una influencia positiva sobre su hijo.

¡Recuerde que esto es lo único que puede hacer! Usted no puede encerrar a su chico bajo llave, ni a su niña, hasta que se conviertan en adultos, aunque esta idea se le haya pasado por la cabeza. Algunos de ustedes tal vez piensen que, si es posible hacer que los hijos dejen de beber alcohol, también se puede evitar que tengan relaciones sexuales. ¡Tal vez lo que hace falta es una legislación adecuada y severa, y un ejército para vigilar su cumplimiento!

Tal es el grado de inquietud que experimentan algunos padres ante la idea de que sus hijos son sexualmente activos. Veamos si nos es posible comprender y aceptar la sexualidad adolescente como una parte normal del desarrollo, y al mismo tiempo elaborar estrategias para ejercer una influencia positiva en la conducta de los jóvenes y en su sentido de la responsabilidad.

Primer paso

Dígale al joven, o a la joven, en un tono firme y amistoso, "Necesito hablarte sobre algo que me preocupa. He encontrado tus preservativos (o diafragma o píldoras anticonceptivas)". Quizá su hijo piense que usted ha violado su intimidad. "No podrías haberlos encontrado sin revolver mis cajones. ¿Es que no puedo tener intimidad?"

Dígale, "Te pido disculpas por haber mirado en tus cajones. No has hecho nada malo. No estoy enojado contigo, pero estoy preocupado por saber si eres prudente en el aspecto sexual. Comprendo que tal vez sólo deseas tenerlos en caso de que pudieras tener una relación. Espero y deseo que seas prudente. Quisiera saber lo que piensas de la anticoncepción, y deseo que sepas lo que pienso yo. Prometo que no te echaré un sermón sobre moral".

La mayoría de los adolescentes no posee una explicación clara para su conducta, de modo que no espere que su hijo la tenga. Algunas veces, cuando compran anticonceptivos, están reconociendo sus deseos sexuales y emocionales, y han decidido utilizar alguna protección. Otros adolescentes simplemente fantasean que deben estar preparados para cuando se produzca el encuentro sexual que imaginan.

Sin duda, la reacción que usted muestre ante esta situación dependerá de sus ideas, pero en mi opinión, usted debería decirle a su hijo, "Siempre te querré y me preocuparé por ti, hagas lo que hagas. Pero debo decirte que preferiría que esperaras a ser más adulto y a tener una mayor experiencia de la vida. Entonces serías capaz de tomar decisiones más adecuadas respecto a cuándo y con quién deseas tener una relación sexual. Piénsalo, y, si deseas conversar más sobre este tema, realmente me gustaría poder ayudarte". (Los padres y madres más conservadores quizá prefieran decir, "cuando te cases", y continuar el diálogo desde esta perspectiva.) Sé que esto puede parecer reiterativo, pero nunca se destacará bastante la importancia de este tipo de comunicación en la posibilidad de ejercer una influencia positiva en los adolescentes. Comunicarle a su hijo lo comprensivo que usted está dispuesto a ser genera un enorme sentimiento de seguridad respecto de la relación entre ambos. Aunque tal vez el adolescente no lo diga en voz alta, una de las reacciones probables es la siguiente, "¡Si podemos hablar sobre esto, podemos hablar sobre cualquier cosa!". Esta sensación de aceptación por parte de los padres fomenta el respeto por sus ideas y la disposición a escucharlos.

7
Otros problemas

"¡Pensaba que habíamos acabado!"

Las asignaciones y el dinero

El dinero y su utilización: ¡por fin un tema que interesa tanto a los adultos como a los adolescentes! La cuestión de las asignaciones y los gastos de los adolescentes no suele generar excesiva ansiedad en los padres, pero, como muchos otros temas, puede parecer un problema sumamente relevante para los jóvenes. Los adolescentes de hoy tienen tantas oportunidades sociales y motivos personales para gastar dinero que es muy probable que para poder financiarlos se requieran los servicios permanentes de un contable.

Los padres suelen ser considerados como la delegación más cercana del Tesoro Nacional o, mejor aún, como un cajero automático. Algunos adolescentes piensan que lo único que tienen que hacer es formular una petición, y la suma de dinero se les entregará instantáneamente. ¡Entre tanto, usted verá cómo sus ahorros para las vacaciones y para la jubilación son dilapidados en todas las tiendas de ropa de la ciudad! Los adolescentes suelen quejarse de no tener nunca suficiente dinero, mientras usted trata de explicarles su situación económica, ilustrándola con gráficos e informes bancarios. ¡Estos sí que son proyectos diferentes!

Los padres suelen perder el tiempo diciéndole a sus hijos lo mucho que han tenido que trabajar para poder tener todo lo que poseen. "¡Vosotros no sabéis lo fácil que lo tenéis!" Como los adolescentes olvidan este relato en menos de dos segundos, consideremos el tema de la asignación semanal y de cómo se la puede utilizar para enseñarle al joven, o a la muchacha, a ser responsable.

Algunos padres ignoran completamente el tema de las asignaciones y les dan dinero a sus hijos cada vez que surge una necesidad, pero luego suelen quejarse del modo en que ellos lo utilizan. Otros padres, que poseen una sólida situación financiera, simplemente no se preocupan por el dinero y se lo dan a sus hijos a manos llenas, sin ninguna consideración repecto de lo que los muchachos puedan aprender sobre el uso del dinero. Fijar un asignación es una forma de enseñarle a su hijo el valor del dinero, lo cual le resultará esencial cuando se convierta en un adulto y viva en la forma independiente.

Primer paso

Si usted tiene posibilidades de hacerlo, pídale a su hijo que le diga cuál le parecería una asignación adecuada. A menos que las expectativas del joven sean demasiado irreales en relación a su situación económica, es preferible permitirle asumir la responsabilidad de sugerir una cantidad justa para su asignación.

Segundo paso

Una vez acordado el importe de la asignación, dígale al chico, "Recuerda que éste es tu dinero, y que puedes utilizarlo en lo que desees, pero si lo gastas todo en un solo día, deberás hallar un modo de arreglártelas sin dinero hasta la semana próxima". Esto ayudará al joven a aprender a ser responsable de un presupuesto y a afrontar diversas situaciones financieras.

Tercer paso

Si la asignación incluye dinero para gastos tales como almuerzo, transportes y necesidades personales, esto debe ser aclarado en forma muy específica. Por ejemplo, usted puede decirle a su hijo, "Tu asignación incluye dinero para el almuerzo de cada día. Si lo gastas en otras cosas y el viernes ya no tienes dinero, deberás almorzar en casa o pensar en alguna otra solución". Si el viernes usted lo oye quejarse de que es usted un tacaño, no sienta que lo está privando de cosas ni se dé por vencido.

Es preciso que él aprenda la importancia de la administración del dinero.

Cuarto paso

Usted puede ayudar a su hijo a tener más opciones y a aprender lo que significa ganarse su dinero haciéndole la siguiente proposición, "Si necesitas más dinero para tus gastos, y me comunicas que deseas ganártelo, podemos negociar que hagas algunos quehaceres domésticos que te reporten algo de dinero extra. Si no deseas hacerlo, eres libre, pero entonces deberás limitarte a tu asignación. No creo que deba darte dinero extra si no haces algo a cambio". Asegúrese de que estos quehaceres domésticos requieran un esfuerzo, para que el muchacho aprenda que el dinero no se gana con facilidad. Dígale, "No lo hago para ser severo contigo, pero realmente es importante que aprendas a controlar tus gastos, o que asumas la responsabilidad de ganar más dinero".

Si usted no puede permitirse darle a su hijo dinero extra, aun a cambio de que haga algunos quehaceres domésticos, debe explicarle que la asignación está basada en los ingresos de la familia, y que usted no tiene posibilidades de darle más dinero. Si su hijo necesita más, podría buscarse un empleo, pero usted no le diga que debe hacerlo.

Quinto paso

Si el joven parece tener dificultades para planificar sus gastos, y constantemente le pide que lo saque de apuros, usted debe poner algunos límites a esta situación. Dígale a su hijo, en un tono tranquilo, "Al parecer, gastas todo tu dinero en discos y en ropa, y luego acudes a mí para quejarte de que no tienes suficiente. Si estoy equivocado, y tú puedes explicarme cuál es tu dificultad, me complacerá ayudarte a resolver este problema. No quiero que tengas dificultades para administrar tu dinero cuando seas mayor, de modo que quisiera ayudarte a resolverlo ahora". Si el chico no está dispuesto a recibir su ayuda, usted deberá aceptar que aprenda esta lección más adelante.

En vez de quejarse a su hijo porque él gasta mucho dinero y seguir proporcionándoselo cada vez que se lo pide, limite la cantidad de la asignación y de los gastos del joven utilizando un enfoque sumamente claro. En esta forma, usted le enseñará a aceptar la realidad de que los padres no pueden ocuparse siempre en forma mágica de todos los problemas, ya sean monetarios o de cualquier otra índole.

El trabajo

Esta cuestión está estrechamente vinculada a la de la asignación, ya que se relaciona con la necesidad de su hijo de ganar dinero y aprender sobre la vida y las responsabilidades económicas. Generalmente, los adolescentes deciden buscar un trabajo porque desean un auto nuevo, un viaje, ropa nueva o estudiar en la universidad. Alguna vez, los chicos sorprenden a sus padres decidiendo ponerse a trabajar sólo para ser más independientes y para aliviarlos de sus cargas económicas. (¡Estos adolescentes constituyen excepciones, pero también existen fuera de las páginas de los libros!)

Muchos adolescentes no piensan seriamente en la posibilidad de trabajar, porque consideran que no tienen ninguna necesidad de hacerlo. Mamá y papá son generosos, y existen muchas cosas más interesantes que hacer que trabajar. Piensan que tienen por delante toda una vida de trabajo, y se niegan a renunciar a los ratos de ocio de los que muchos disfrutan. Además, están legítimamente comprometidos con sus tareas escolares y con actividades extraescolares, lo cual hace que el trabajo se convierta en una idea poco práctica. No obstante, la mayoría de los adolescentes pueden madurar y crecer emocionalmente trabajando los fines de semana, durante las vacaciones, o durante un período limitado de horas, después de la escuela.

Primer paso

Piense cuál es su actitud hacia el hecho de que su hijo trabaje. Considere en forma realista si ella, o él, es lo bastante capaz y organizado para poder hacerse cargo de un trabajo, además de dedicarse a sus otras responsabilidades. Si usted piensa que es una idea razonable, negocie.

Segundo paso

Si el joven quiere trabajar, dígale que usted respeta su deseo, y que es consciente de que es una idea responsable y madura. Pregúntele cómo tiene pensado trabajar y dedicarse al mismo tiempo al resto de sus responsabilidades. Ayúdelo a asegurarse de que la planificación ha sido cuidadosa, sin que esto suene como si usted estuviera poniendo en duda el buen criterio del joven. Si la idea le parece razonable, considere la posibilidad de darle su aprobación, estableciendo algunas normas básicas.

Dígale, "Parece que has reflexionado adecuadamente sobre la situación, de modo que te permitiré trabajar durante un semestre. Si sigues teniendo buenas notas y puedes hacerte cargo del resto de tus responsabilidades, podrás conservar tu trabajo. Si surgen problemas, deberás dejar algunas actividades, y esto tal vez incluya el trabajo".

Tercer paso

Si su hijo no ha reflexionado adecuadamente sobre el tema pero desea hacer la experiencia de trabajar, no le diga, "¡No sabes lo que haces!". Negocie un plan que resulte aceptable para usted, y con el cual su hijo esté de acuerdo. Por ejemplo, "Puedes probar a hacerlo durante un semestre. Si tus notas siguen siendo altas, y puedes atender al resto de tus responsabilidades, podrás conservar tu trabajo. Si el trabajo te causa problemas y descuidas el resto de las cosas importantes de tu vida, deberás decidir cuál de tus actividades abandonarás. No estoy diciendo que no seas capaz de ocuparte de todo. Pero es preciso que veamos cómo marchan las cosas".

Cuarto paso

Si su chico no ha demostrado ser demasiado responsable en la escuela y en otras tareas, pero no obstante desea trabajar, no lo desaliente enseguida diciéndole, "¿Cómo diablos podrías atender a un trabajo cuando no puedes siquiera arreglártelas para hacer tus tareas escolares y los pocos quehaceres domésticos que debes hacer?".

Considere la posibilidad de decirle, en un tono que exprese un interés, "¿Qué te hace pensar que podrías ocuparte de un trabajo?". Quizá su hijo le responda que trabajar es diferente a ir a la escuela, porque es algo que él desea realmente hacer. Este es el momento de negociar: "Es preciso que te esfuerces más en la escuela, de modo que, ¿qué acuerdo podríamos establecer si te permitimos trabajar?". Si el joven responde, "Me esforzaré por mantener altas mis notas, y haré lo que me pidáis que haga en casa", usted puede decidir que se evalúe otra vez la situación dentro de un mes. Si él no le responde algo

245

similar a esto, sugiérale que, al menos, deberá aprobar las asignaturas o hacer un esfuerzo considerable que se vea en las evaluaciones.

Dígale "Te permitiremos trabajar siempre que seas responsable". Usted debe ser justo en este punto. Si existe algún progreso en las notas y en la cooperación en el hogar, dígale a su hijo que usted aceptará que él conserve su trabajo, pero que le exigirá que siga progresando y esforzándose constantemente.

Recuerde que algunos adolescentes comienzan a aprender a ser responsables cuando trabajan, porque el trabajo favorece su autoestima. Por lo tanto, usted puede utilizar este enfoque para alentar al joven a realizar progresos en alguno de los aspectos que le preocupan.

Quinto paso

Si su hijo fracasa en el esfuerzo por realizar un trabajo y ocuparse de otras responsabilidades, dígale, "Lamento que esto no te haya salido bien, pero no podrás trabajar el semestre próximo. Si quieres intentarlo otra vez, te daré otra oportunidad, siempre que seas responsable en la escuela y en casa. No quiero que te desanimes". Por supuesto, este enfoque no resulta realista si el chico se ve obligado a trabajar por motivos económicos. En este caso, no es posible vincular el trabajo con el rendimiento escolar de su hijo.

Las notas

Los padres suelen volver locos a sus hijos adolescentes preguntándoles por sus notas, controlándolas y preocupándose por ellas, debido a que las malas notas resultan mucho más decepcionantes para los padres que para los jóvenes. Muchos adolescentes tienen una tendencia tan grande a vivir en el presente —o incluso en el momento— que les resulta imposible distinguir la relación que existe entre estudiar química hoy y tener éxito en el futuro.

Otros jóvenes actúan como si las notas no les preocuparan, pero en realidad les importan, y esta actitud sólo aumenta la exasperación de los padres. Algunos padres experimentan una gran ansiedad porque piensan que las notas constituyen un indicador del futuro de su hijo.

Esta cuestión da lugar a discusiones acaloradas que sólo agrandan el abismo entre los desconcertados estudiantes y sus furiosos padres. "¡A ver si suben esas notas! Jamás podrás ingresar en una buena universidad con ese boletín de notas. No estás estudiando de acuerdo con tu capacidad. Quizá si no perdieras tanto tiempo hablando por teléfono volverías a estar en el cuadro de honor."

Los adolescentes suelen responder en forma no verbal a estas observaciones, lanzando miradas de perplejidad o suspiros, o poniendo los ojos en blanco. Mientras tanto, piensan, "Si no me dejan en paz, dejaré que me suspendan, y punto. Actúan como si fuera el fin del mundo si no mantengo un promedio de 8. Además, ¿qué importancia tiene la química?".

Tal vez le sea útil saber que muchos adolescentes que tienen dificultades en el instituto trabajan muy bien en la universidad, porque han madurado un poco. Por tanto, no todo está perdido para los adolescentes que tienen dificultades con las notas y los estudios en la enseñanza secundaria.

Los padres suelen reaccionar en forma emocional ante las notas de sus hijos. Si sospechan o descubren que su hijo obtiene malas notas, probablemente digan, en un momento de irritación, "¡Será mejor que suban esas notas si quieres tener un auto! Exijo por lo menos un 8 en todas las asignaturas". Si su hijo siempre ha tenido que esforzarse mucho para obtener notas aceptables resulta poco realista manifestar tales expectativas.

Si un adolescente ha obtenido siempre buenas notas, y de pronto éstas empeoran, los padres suelen decir, "¿Cómo has podido permitir que ocurra esto? ¡Será mejor que no te vuelva a pasar! ¡Cómo me has decepcionado!". Las observaciones de este tipo raras veces mejoran las notas, pero sí impiden que usted pueda influir en forma positiva en la actitud del muchacho en relación a la escuela y al futuro.

Comprendo que muchos padres tal vez se pregunten si les estoy sugiriendo que se conviertan en tranquilos espectadores del fracaso de sus hijos. ¡En absoluto! No creo que ustedes deban permanecer pasivos ante el fracaso de sus hijos, pero es preciso que sean realistas con respecto a la influencia que pueden llegar a tener sobre sus notas. Los padres deben saber que las notas no siempre predicen el futuro. Muchos jóvenes que tienen notas mediocres llegan a ser personas de éxito cuando se convierten en adultos. Espero que la sección siguiente los ayude a dominar esta conflictiva cuestión.

Primer paso

Como padre observador, pregúntese con cuánta frecuencia conversa con el profesor de su hijo, si realmente le preocupan sus notas. ¿Se comunica con él en forma regular, o sólo cuando surge algún problema? ¿Habla con su hijo de las notas en un tono de voz irritado? ¿Es usted uno de esos padres que siempre le dicen a su hijo que podría obtener mejores notas, sin averiguar si el joven cree que está haciendo todo lo posible?

Segundo paso

En vez de concentrarse específicamente en determinadas notas, fíjese en los esfuerzos que realiza su hijo y en el grado de responsabilidad que manifiesta en relación a la escuela. Decirle al muchacho cuáles son las notas que debe obtener le somete a una presión innecesaria, y quizás él sea incapaz de alcanzar las expectativas concretas que usted le exige, aunque realice un tremendo esfuerzo.

Muchos adolescentes no son lo bastante maduros para predecir con exactitud los resultados que obtendrán en la escuela. Por ejemplo, muchos adolescentes dicen, al comienzo del semestre, que obtendrán un 8 en todas las asignaturas, durante todo el curso. Sus padres los alientan. Los jóvenes se envanecen, debido a que han tenido un buen comienzo, y no toman conciencia de que deberán esforzarse y derrochar adrenalina para mantener ese nivel. Los padres suelen ser tan poco realistas como sus hijos, y quizá se sientan temporalmente satisfechos por estas predicciones de éxito.

Tercer paso

Si su chico es un buen estudiante pero no ha logrado buenos resultados durante un semestre, y no obstante, usted confía en su capacidad de recuperarse, trate de decirle lo siguiente, en un tono interesado y positivo: "Siempre sacabas muy buenas notas. ¿Qué crees que ha ocurrido este semestre?". Si él no puede hallar una respuesta clara, dígale, "Supongo que te resulta difícil darte cuenta del motivo de tu fracaso de este semestre".

Si él da una explicación adecuada, dígale, "Veo que comprendes cuál ha sido tu dificultad durante este semestre. Sé que eres muy capaz, y que no permitirás que esto continúe".

Otro comentario que puede resultar de utilidad es el siguiente, "Comprendo que te sientas mal a causa del descenso de tus notas, pero eres tan capaz que lograrás volver a elevarlas".

Algunos padres quizá piensen, "¡Este individuo debe de estar bromeando! ¡Si mi hijo permite que esto vuelva a pasar, lo encerraré en su habitación hasta que sus notas mejoren!". Lo que intento transmitirles es que la mayoría de los jóvenes que suelen obtener buenas notas se recuperan después de un mal semestre, debido a que no les agrada obtener malas notas. Es preciso que usted aprenda a confiar en ellos. ¡Si su hijo recibe este tipo de comprensión, ello le resultará más motivador que los mil sermones que usted pueda haber preparado!

Cuarto paso

Si su hijo se ha esforzado en la escuela y no obstante ha tenido un mal semestre, algunos de los comentarios antes sugeridos pueden resultar de utilidad, pero deberían ser expresados del modo siguiente (nos referimos al tipo de adolescente a quien sus padres suelen reprender constantemente a causa de sus notas): usted debería decirle, "Trataré de no reaccionar en forma negativa respecto a las notas que has obtenido este semestre. En vez de hacer eso, quisiera que pudiéramos hallar una solución. Creo que es preciso que hablemos con tus profesores, no como castigo sino como un modo de intentar mejorar la situación. Elaboraremos una estrategia hasta que tus notas mejoren".

Quinto paso

Al comenzar un nuevo semestre, o en cualquier momento del año, cuando surja el problema de las notas, pida a todos los profesores de su hijo que, a través de él, le comuniquen a usted por escrito si el joven va sacando aprobados. Si sus notas son insuficientes, insista en que su hijo aumente sus horas de estudio hasta que aquellas mejoren.

Si su hijo no trae los informes de sus profesores, no acepte excusas. Impóngale una consecuencia hasta que se ocupe de hacerlo. Hable usted mismo con los profesores para demostrar su preocupación. Dígale al joven, "Preferiría no tener que pasar por todo esto, pero tus notas son muy importantes. Si sacas aprobados, no tendremos que hacerlo más".

Sexto paso

Si su hijo suele obtener notas sumamente bajas, será preciso hacer una valoración especial para descubrir si existe algún problema que no sea su esfuerzo ni su actitud. Podría existir una incapacidad para aprender que usted no había percibido, o tal vez los malos resultados puedan deberse a un problema emocional. Las malas notas persistentes pueden indicar que la solución no es tan simple como hacer que su hijo se esfuerce más.

La vestimenta de los adolescentes

El tipo de vestimenta que los adolescentes inventan o adoptan continúa desconcertando a los padres a través de las generaciones. Los adolescentes salen de su hogar engalanados con ropas de colores chillones, que no van bien unos con otros, y llevando bolsos y zapatos que no serían aceptados por el Ejército de Salvación ni por un ropavejero. Su vestimenta desafía todas las convenciones del buen gusto, y hasta roza la indecencia.

Los padres se preguntan si esta vestimenta pobretona es un modo sutil de presionarlos para lograr una asignación más generosa. ¿Qué pensarán los vecinos? ¿O acaso ese "disfraz" representa el anuncio de que su hijo ha abandonado sus proyectos de estudiar, y piensa dedicarse al teatro? Aquello que le parece bonito a un adolescente resulta ridículo o hasta bochornoso para sus padres, quienes reaccionan con comentarios como, "¡No saldrás vestido así! ¡Llevas la misma ropa desde hace tres semanas! ¿Dónde está aquel hermoso vestido que te compré?".

Durante las últimas décadas, los padres han debido tolerar la visión de sus hijos vestidos con ropa de cuero; la vestimenta "hippie"; las prendas vaqueras para todas las ocasiones, incluyendo los pantalones agujereados; y luego, nuevamente el cuero, en el estilo de vestimenta "punk". Cada una de estas modas les causaba más consternación que la anterior. ¿Por qué quieren ponerse tan feos?

El proyecto del adolescente, cuando se pone frente al espejo, consiste en ser diferente, y hasta único, pero similar a todos los demás adolescentes; quiere ser notado pero no pasar vergüenza. La ropa representa un elemento esencial en la identidad del adolescente, porque es una forma de ser diferente de sus padres y de sentirse aceptado y cómodo dentro de su grupo de amigos.

El proyecto de los padres consiste en meterles en la cabeza a sus hijos que las personas que se tiñen el cabello de verde raras veces consiguen empleos importantes. Rezan por que su hijo varón abandone su pendiente y sus vaqueros roñosos, pero la mofa y la crítica raras veces son técnicas efectivas para modificar las tendencias en la vestimenta. Por lo tanto, ¿qué pueden hacer los padres?

Primer paso

Trate de recordar que esos mismos adolescentes vestidos en forma atroz que usted ve por todas partes probablemente se vistan como todos los demás adultos, incluso como sus padres, una vez que hayan madurado. Es una cuestión de desarrollo. El proyecto de los adolescentes consiste en que, cuando tengan que hacerse mayores, aceptarán los valores del mundo de los adultos, incluyendo la vestimenta apropiada. ¡Pero por ahora, nada de nada!

Segundo paso

La próxima vez que se descubra a sí mismo observando la vestimenta de su hijo, o de su hija, eche una mirada a su propia conducta. ¿Dirige usted miradas negativas a sus hijos, o hace comentarios críticos en relación a su atuendo? Esto sólo servirá para garantizar el éxito de su atavío. ¡Si mamá y papá lo encuentran horroroso, debe de ser fantástico!

Si usted se descubre a sí mismo haciendo eso, es preciso que le diga a su hijo, "Te pido disculpas por los comentarios que he hecho sobre la forma en que te vistes. Como de costumbre, tiendo a olvidar lo que ocurría cuando yo tenía tu edad, y lo importante que era para mí mi ropa. Trataré de ser más tolerante en cuanto al modo en que decides vestirte".

Tercer paso

Dígale a su hijo, "Espero que me comprendas si alguna vez te pido que te vistas en forma diferente. Quizá te sugiera que lo hagas en algunas ocasiones que son importantes para mí, pero no será muy a menudo".

Esta actitud ayuda al muchacho a sentirse aceptado y a ser más receptivo a las peticiones que usted le haga.

Las conversaciones con los adolescentes

Los padres suelen esperar con impaciencia el momento en que podrán mantener conversaciones realmente interesantes con un hijo que por fin será lo bastante maduro para abordar temas de adultos. Usted podrá dejar de conversar acerca de los Boy Scouts y los incidentes del estadio de fútbol, y discutir sobre política. Los padres llegan incluso a fantasear que sus hijos se interesarán por ellos como personas. Salvo unas pocas excepciones, esto es pura fantasía.

En realidad, muchos padres descubren que mantener una conversación con su hijo les resulta casi imposible. ¡Los adolescentes que un día conversaron con sus padres con interés y entusiasmo limitan de pronto sus respuestas a unos gruñidos guturales similares a los producidos por un cerdo! El mismo muchacho que mantiene animadas conversaciones con sus amigos y se pasa horas hablando por teléfono parece saber expresarse sólo mediante monosílabos al dirigirse a las personas mayores de treinta años. Los diálogos típicos son similares al siguiente:

"¿Cómo te va en la escuela?"
"Bien."

"¿Quieres cenar?"

"No."

"¿Cómo está tu novia?"

"Bien."

"¿Qué has hecho con tus amigos?"

"Nada."

Algunos padres aprenden a comunicarse en forma sintética, aprovechando el lapso de atención, notoriamente breve, que los adolescentes dedican a cualquier cosa que no sea alguna de sus obsesiones del momento. Los padres que insisten en conversar con sus muchachos o en convertir dos o tres frases en un diálogo suelen encontrarse con una mirada vidriosa. La mandíbula relajada y la expresión ausente indican el aburrimiento que padece el joven ¡Quizás usted tenga cautivo su cuerpo, pero su mente ha huido muy lejos!

Otros padres cometen el error fatal de tratar de sonsacar una conversación a sus hijos "hablando en su idioma": utilizando la jerga y las expresiones de moda, haciendo un gran esfuerzo por ser aceptados y comprendidos. ¡Craso error! Esto, generalmente, los hará acreedores a una mirada desaprobadora o a un reproche verbal. "Mamá, ¿qué dices? ¡Nadie habla de esa forma!." Otra maravillosa conversación abortada.

La situación no es desesperada. No es necesario que usted espere que su hijo tenga veintiún años para mantener una conversación interesante con él. Pero es preciso que modifique la forma en que se acerca a él para conversar, comenzando por evitar las preguntas del tipo de: "¿Qué has hecho hoy en la escuela?" "¿Cómo van las cosas?" "¿Quieres decirme algo?". Estas preguntas sólo le reportarán lo que se merece: las famosas respuestas monosilábicas.

Los padres deben aprender a entrar en el mundo del adolescente, pero no a través de la utilización de la jerga, la imitación o la intrusión, sino enterándose de las cosas que son importantes para los jóvenes. Esto puede conducir a muchas conversaciones interesantes y significativas.

254

Primer paso

Escúchese a usted mismo cuando habla con su hijo.

¿Le hace siempre las mismas preguntas generales que no demuestran un interés real en la vida del joven? "¿Cómo te ha ido en la escuela?" es un clásico dentro de esta categoría. Las preguntas significativas son lo suficientemente personales y detalladas como para exigir una respuesta más compleja que un simple "Sí", o un "No".

También es preciso que usted observe si suele iniciar las conversaciones con su chico con el único propósito de discutir sobre un problema determinado. Los adolescentes descubren rápidamente este patrón, y conciben sospechas al iniciarse la conversación: "Ella sólo está tratando de atraparme, de modo que cuanto menos le diga, mejor".

Trate de observar con cuánta frecuencia se dirige a su hijo sólo para tener una conversación amistosa y agradable.

Segundo paso

Para poder percibir con mayor claridad lo que siente el muchacho, es preciso que usted se convierta en un buen observador. Esto significa que debe escuchar atentamente todo lo que su hijo le dice a usted y a los amigos, en vez de escuchar prestando atención únicamente a los posibles problemas.

¿Qué es lo que los preocupa? ¿Qué intereses comparten con sus amigos? ¿Cuáles son los problemas que tienen en la escuela? ¿Qué cuestiones sociales son temas recurrentes en sus conversaciones? ¿Puede usted nombrar a los grupos musicales favoritos de su hijo? ¿Por qué les gustan tanto determinadas películas? Estas son sólo algunas preguntas para guiarlo en la observación del mundo de su hijo, con el fin de que puedan tener conversaciones más relevantes.

Tercer paso

¿Con cuánta claridad comprende usted los sentimientos del joven? ¿Qué cosas lo hieren o lo deprimen? ¿Cuáles le provocan alegría o angustia? Tomar conciencia de estos sentimientos puede conducir a mantener algunas conversaciones significativas, ya que usted podría aprender a decir cosas como, "He observado que tu amigo Jamie no te ha llamado por teléfono últimamente". Si su hijo responde "Sí", usted puede decirle, "Sé que erais buenos amigos. ¿Te duele que no te haya llamado? Me gustaría saber qué ha ocurrido, ya que fuisteis muy amigos durante un tiempo...".

Al hacer esto, usted demostrará una preocupación y un interés real por la vida de su hijo.

Cuarto paso

El paso siguiente resulta difícil para cualquier persona que viva al ritmo frenético que se ha convertido en norma para la mayoría de nosotros. Para los padres que trabajan, los que tienen varios hijos, o simplemente para los adultos que deben sobrellevar sus propias vidas tan complejas, el solo hecho de mantener bajo control los aspectos prácticos de la vida familiar se convierte en un verdadero desafío. Cada día nos enfrentamos a situaciones nuevas que exigen nuestra atención.

No obstante, a pesar de todo esto, es preciso que usted aprenda a demostrar un constante interés por su hijo adolescente, recordando las cuestiones que tienen interés o importancia para él. Por ejemplo, usted podría decirle, "Recuerdo que estabas entusiasmado con la idea de asistir a ese concierto. ¿Resultó ser tan bueno como esperabas? ¿Cómo era la orquesta?". Hacer estas preguntas detalladas y personales es muy distinto a decir, "¿Cómo estuvo el concierto?", o a no decir absolutamente nada.

Cuando los padres les demuestran a los adolescentes que recuerdan cuáles son las cosas que a ellos les interesan, y les hacen preguntas relevantes, les dan a entender realmente que los consideran individuos y que se interesan por sus vidas.

Quinto paso

Quizá su hijo piense que es extraño que usted demuestre semejante interés personal, de modo que debe estar preparado para una gran variedad de reacciones. ¡Algunas de ellas hasta pueden ser positivas! No obstante, si el chico no reacciona en forma positiva, iniciando una conversación detallada, no se ponga a la defensiva ni se dé por vencido.

Dígale, "La forma en que te estoy hablando quizá te resulte extraña, pero quisiera que tuviéramos conversaciones más agradables. No creo que siempre te demuestre el interés que realmente siento por las cosas que suceden en tu vida. Eres muy importante para mí, de modo que espero que puedas acostumbrarte a que te haga preguntas. Si esto te molesta, dímelo. No quiero ser entrometido, si tú no deseas conversar conmigo". Esto muestra su respeto por el derecho de su hijo a la privacidad. Trate de no tomarlo como algo personal si no obtiene una respuesta positiva.

Sexto paso

Si usted es sincero consigo mismo, tal vez piense que no puede fingir interés por las cosas que hacen los adolescentes pues ello le parece una pérdida de tiempo, comparado con las preocupaciones de los adultos. No pretendo que usted hable de este modo con su hijo todo el tiempo, pero aunque sólo haga este esfuerzo de vez en cuando podrá construir una relación más positiva e íntima entre ustedes.

Los momentos especiales con su hijo adolescente

La mayoría de los padres considera los momentos especiales como algo que deben dedicar a los hijos pequeños, pero este puede ser un objetivo sumamente valioso para lograr con su hijo adolescente. Algunos de ustedes pensarán. "¡No puede estar hablando en serio! ¡Los momentos especiales consisten en una discusión a gritos, de diez minutos de duración, una vez a la semana! ¡Mi hijo quiere estar conmigo con tanta frecuencia como la lluvia en el desierto del Sahara! El único momento en que los jóvenes se acercan a mí es cuando necesitan dinero o que los lleve a algún sitio en el coche. ¡Diablos, sufro más rechazos por parte de mis hijos en un mes que los que tuve que soportar durante todos los años en que invitaba a salir a las muchachas! ¿Momentos especiales? ¡No, gracias!"

Al parecer, me veré obligado a esforzarme por convencerlo de la importancia de compartir algunos momentos especiales con su chico o con su hija.

Cuando los hijos son pequeños, es muy importante para ellos pasar regularmente un tiempo con sus padres, durante el cual puedan jugar a algún juego de mesa, leer cuentos o hacer maquetas. Los hijos desean realmente pasar algunos ratos con mamá y papá sin que nadie ni nada los interrumpa, pero a medida que crecen, ya no solicitan hacerlo, ni parecen necesitarlo tanto, de modo tal que esto queda olvidado. Sin duda, pueden sobrevivir sin esto, pero estos momentos significativos pueden ser muy valiosos y reconfortantes para un adolescente que vive un conflicto por la pérdida de su infancia, y sus efectos pueden perdurar durante toda la vida.

Como muchos adolescentes son muy activos, y la vida adulta pocas veces incluye momentos de ocio, resulta fácil dejar que la vida transcurra sin pasar algunos momentos ininterrumpidos en compañía de su hijo.

Una de las formas de desarrollar una relación más positiva, o de profundizar la que mantiene con su hijo, es sugerirle que, una vez al mes, realicen juntos alguna actividad. Se trataría de una actividad entre ustedes dos únicamente, diferente de las cosas que hace toda la familia. En esta ocasión, ambos podrán dedicarse el uno al otro toda su atención. No habrá llamados telefónicos, ni celos de los hermanos, ni quehaceres domésticos que puedan estropear la diversión. La idea es simplemente divertirse como probablemente lo hacían cuando su hijo era pequeño.

Si usted nunca ha compartido unos momentos especiales con su hijo, ésta sería una ocasión magnífica para comenzar a hacerlo, porque puede sentar las bases de una relación más adulta. Los momentos especiales le brindarán una oportunidad para mantenerse en contacto con el adulto en el que su hijo se está convirtiendo, y para vivir algunos momentos significativos juntos, antes de que el tiempo sea consumido por la universidad, el trabajo, las relaciones y la carrera.

Primer paso

Fije una hora una vez al mes, o con mayor frecuencia, para realizar alguna actividad de la que ambos puedan disfrutar. Si desea que este esfuerzo tenga éxito, utilice un criterio adecuado para elegir esa actividad. No sugiera algo que usted no pueda soportar sólo para que su hijo coopere. Quizá la cosa resulte muy agradable para el joven, pero usted deseará no haberlo sugerido nunca y probablemente jamás vuelva a repertirlo.

Asimismo, hacer algo adulto, es decir, algo que a usted le agrade, también puede resultar nefasto para el experimento. Concéntrese en aquellas actividades de las que ambos disfrutan, como salir a cenar, a ver una película, a un acontecimiento deportivo o a un acto cultural.

Si hay más de un hijo en la familia, los padres pueden salir con ellos por turnos. Recuerde que ésta es una actividad de tiempo libre con el fin de disfrutar de la compañía mutua. No utilice estos momentos para hablar de los problemas de su hijo, como por ejemplo, las notas, a menos que él comience a hablar del tema.

Segundo paso

Aunque el muchacho no responda bien a su sugerencia, trate de no tomárselo como un rechazo personal. Algunos adolescentes reaccionan en forma muy positiva, y otros casi con indiferencia. Quizá su hijo tenga sentimientos ambivalentes respecto a concederle un espacio en su apretada agenda, o tal vez se pregunte si le resultará incómodo tratar de conversar con usted. Probablemente hasta sospeche sobre cuáles son sus intenciones reales. ¿No será sólo una forma de tener una ocasión para sermonearlo?

Dígale, "Realmente, ambos somos personas ocupadas, pero me gustaría que pasásemos algún rato juntos. Me gustaría mucho que pudiéramos hacer algo especial juntos, una vez al mes. Podría ser divertido, de modo que, por favor, piénsalo. Si aún no estás seguro de ello, no te preocupes. Podemos volver a conversar. No me daré por vencido fácilmente, porque realmente deseo pasar unos momentos contigo".

Recuerde que, aunque su hijo reaccione con frialdad, su interés probablemente le resultará halagador, y quizás él pueda aprender a disfrutar de la relación con usted a través de unas actividades sencillas y regulares.

Tercer paso

Si el joven rechaza la idea, dígale, "Espero que algún día pienses que es una buena idea, y entonces podamos intentarlo. Pero aunque nunca desees hacerlo, yo comprenderé y lo aceptaré. Eres mi hijo, de todos modos, y te quiero mucho, aunque no pasemos mucho tiempo juntos".

Esto expresa que usted puede aceptar que su hijo tiene derecho a no pasar momentos con usted, y que no obstante lo sigue queriendo. Sé que puede resultarle doloroso, pero mantendrá un sentimiento de comprensión entre ustedes. No saque como conclusión que su hijo es un mocoso egoísta. Esto sólo significa que está creciendo.

Los adolescentes y su música

"¡Baja el volumen de esa música! Aunque tus tímpanos no te interesen, yo quiero preservar los míos. ¿Cómo puedes escuchar esa porquería? Si te aprendieses las lecciones con tanto interés como esas letras insípidas, siempre sacarías un 10." Los padres enojados quizá piensen que la música de rock contiene mensajes subliminales que enloquecen a los adolescentes y contribuyen a su decadencia moral. Al observar a los adolescentes cuando son presa de su música favorita suele resultar difícil distinguir si están sufriendo un ataque y necesitan una ambulancia, o si han desarrollado una terrible erupción de la cabeza a los pies; ya que, transportados por las letras de las canciones y por los decibelios, están en un mundo propio, el cual, desgraciadamente, no posee aislamiento acústico.

Los auriculares podrían solucionar muchos problemas de la guerra de los tocadiscos, pero los adolescentes prefieren la música que sale de sus habitaciones como una explosión, cae como una cascada por las escaleras hasta el jardín delantero, y luego retumba por todo el vecindario. Su justificación es simple: suena mejor así.

Muchos adolescentes hacen de su vida una coreografía con el sonido de su música favorita. Parecen necesitar la música para arrancarse de la cama por las mañanas, y se duermen al son de una batería que hace que sus padres corran en busca de una aspirina o de un analgésico más potente. Esta dependencia del acompañamiento musical se extiende a las ocasiones en que viajan en auto, ¡el auto de usted! Los adolescentes adoran la sensación de viajar en un coche que se estremece con la percusión de una melodía popular. Los padres, desesperados, ansían tener tapones para los oídos y asientos eyectables, y desean que unos vándalos les roben el equipo de sonido del coche y pongan fin a su esclavitud.

Los adolescentes han descubierto además que la música portátil es una forma ingeniosa de aterrorizar a la gente en general. Llevando radios del tamaño de equipos de aire acondicionado, dejan a las personas agazapadas en los portales, con las manos apretadas contra los oídos.

Escuchar su estruendosa, implacable e ininteligible música es uno de los métodos más seguros para hacer que los padres se sientan separados de sus hijos. Más de un padre atormentado ha sugerido la deportación masiva obligatoria de todos los jóvenes de trece años, ¡con repatriación a los veintiuno! Por lo tanto, ¿qué se puede hacer? Lamentablemente, no se puede hacer nada respecto a los demás adolescentes que contaminan las ondas aéreas, pero usted puede ejercer cierto control sobre la conducta musical de su propio hijo.

Primer paso

Piense en lo que a usted le agrada escuchar. Quizás usted sea un adicto a la música clásica, o insista en escuchar todos los informes financieros desde las seis de la mañana hasta las nueve de la noche. Tal vez el silencio sea el sonido que más le agrada. Trate de tomar conciencia de que para cada persona existe un estilo y un volumen de sonido que resulta más agradable. El suyo es probablemente diferente al de su hijo, y él también debe comprenderlo a usted.

Dígale a su hijo, "Comprendo que tu música es importante para ti, pero tenemos un gusto musical muy diferente. Estoy tratando de que comprendas que para mí es imposible apreciar tu música en la forma que tú lo haces. Trataré de dejar de gritarte que bajes el volumen de la música, pero es preciso que lleguemos a un acuerdo sobre la frecuencia y el volumen con que podrás escucharla".

Segundo paso

Comience a negociar con su hijo diciéndole, "Me gustaría que me dijeras en qué forma podríamos llegar a un acuerdo razonable sobre tu música, en esta casa. Comprendo que esto puede resultarte molesto, pero es preciso que pienses en alguna forma en que el hecho de que escuches tu música nos resulte más aceptable".

Quizás a su hijo se le ocurra alguna idea razonable, como utilizar auriculares cuando el resto de la familia esté en casa. Si existen quejas de los vecinos respecto al ruido cuando usted no está en casa, los auriculares deberán ser utilizados siempre.

Si la solución que el joven propone le parece viable, dígale que pondrá a prueba la idea durante un mes. Si esto le hace posible resolver el problema del ruido en forma continuada, podrá adoptar esta solución permanentemente.

Tercer paso

Si el muchacho no cumple su parte del acuerdo, dígale, "Nuestro acuerdo respecto a la música no está dando resultado. De modo que, a partir de ahora, deberemos ponernos de acuerdo respecto a las siguientes normas sobre la música en casa. Si tu música nos molesta, te diré una vez que bajes el volumen o que la quites. Si no me haces caso, entraré en tu habitación y permaneceré allí hasta que bajes el volumen. Preferiría no hacerlo, pero lo haré si la música sigue siendo un problema".

Cuarto paso

Si su hijo continúa ignorando las normas respecto a la música, o permite que ésta interfiera continuamente con sus tareas escolares o con la vida familiar, éste es el paso siguiente. Dígale, "A partir de ahora, si tu música te impide hacer tus tareas escolares, o los quehaceres domésticos, no te permitiré escucharla durante todo el resto del día. Si con eso no basta para mejorar la situación, te prohibiré escuchar tu música durante períodos cada vez más prolongados".

Recuerde que debe incrementar la severidad de la consecuencia hasta poner fin a esta conducta indeseable.

Si el joven escucha música con frecuencia pero es responsable, permítale escuchar música siempre y cuando esto no interfiera con la vida familiar. Esta cuestión no debería convertirse en un problema relevante entre usted y su hijo. Trate de pensarlo de este modo: ¡Si lo más grave que hace su hijo es escuchar música a un volumen demasiado alto o con demasiada frecuencia, usted puede considerarse dichoso!

Las dilaciones

¿Por qué les resulta biológicamente imposible a los adolescentes hacer cualquier cosa con tiempo suficiente? ¿Acaso alguien ha establecido una ley que diga que deben esperar hasta el último momento, y luego caer en el pánico e involucrar a sus padres en su trauma?

¿Son las dilaciones una plaga de los adolescentes, y existe alguna cura?

Los padres se sienten desconcertados y molestos cuando sus hijos pueden obtener notas altas pero esperan hasta el último momento para rellenar la solicitud de ingreso en la universidad. "A propósito, papá, ¿podrías prepararme un informe financiero completo de los últimos tres años para mañana a la mañana?" El astuto adolescente suele esconderse tras una puerta o un mueble robusto para hacer este tipo de petición.

Los padres recitan una letanía de amenazas y preguntas, con la esperanza de vencer al monstruo de la dilación. "Será mejor que comiences de una vez a escribir este trabajo." "¿Has recogido la solicitud para ese empleo?" "¿Has comprado ese repuesto para tu auto?" "¿Lo has hecho?" "¿Lo has hecho?" "¿Lo has hecho?" El vocabulario de los padres parece limitarse a estas tres palabras, en sus esfuerzos por obligar a sus hijos a madurar.

La reacción del adolescente es, "¡Déjame en paz! "¡Basta de molestarme!" "¡Te he dicho que lo haría!" y "¡Dios mío, qué pesada eres!". Cuando todas sus protestas fracasan en el intento de provocar alguna actividad, los padres anuncian en un tono de satisfacción, "Ya te dije que te pasaría esto. ¿Me escucharás la próxima vez? ¡Nunca aprenderás!".

Los padres se enfurecen porque su hijo es capaz de realizar planes complejos para sus salidas especiales, tomando en cuenta hasta el último detalle, pero parece un inútil cuando se le pregunta si ha finalizado sus quehaceres domésticos. Una madre describió recientemente sus peores fantasías en relación a su hijo adolescente, propenso a las dilaciones: "Siento que me veré obligada a perseguirlo constantemente, aun después de que se case, para asegurarme de que paga las facturas a tiempo". Este es un ejemplo de lo enloquecedor que puede resultar este asunto para los padres.

Los padres preocupados temen que su hijo jamás aprenda a ser responsable y a hacerse cargo de su vida. El proyecto del adolescente consiste en aprender lentamente todo lo que se refiere a la responsabilidad, deseando ser aún un niño pequeño y al mismo tiempo ansioso por ser adulto. El que comete las dilaciones es el niño pequeño que hay en todo adolescente.

Aunque las dilaciones forman parte del desarrollo normal, eso no significa que usted no pueda ayudar a su hijo a adquirir un mayor control de esta desesperante conducta.

Primer paso

Observe su propia conducta cuando lucha con las dilaciones de su hijo o de su hija adolescente. ¿La reprende usted, observa si realiza algún progreso, la reprende otra vez, y finalmente la amenaza? ¿O asume el papel de salvador? ¿Su hija suele dejar pendiente una tarea hasta último momento y luego le pide ayuda, sabiendo que usted no puede decir que no? ¡Entonces, usted permanece despierto hasta las dos de la madrugada escribiendo un trabajo sobre la guerra civil, y ella se duerme a medianoche!

Si éste es su patrón de comportamiento, usted debe aceptar

que tiene una gran responsabilidad en el problema. Le ha enseñado a su hija adolescente que, aunque ella cometa frecuentes dilaciones, usted oficiará como equipo de salvamento. Por lo tanto, ¿qué motivación tiene ella para cambiar su conducta?

Segundo paso

Dígale a su hija, "Realmente parece resultarte difícil hacer las cosas con tiempo. En el último momento, eres presa del pánico, y todos nos enojamos. Es preciso que aprendas a organizarte mejor y a terminar las cosas a tiempo. ¿Se te ocurre alguna forma de solucionar este problema?".

Como ocurre con otras cuestiones, si su hija propone alguna solución razonable, acepte ponerla a prueba durante unas semanas, y luego valore los resultados. Si su hija sigue cometiendo dilaciones, prosiga con el paso siguiente.

Tercer paso

Dígale a la muchacha, "No me ocuparé de tus cosas cuando no las empieces a tiempo y te encuentres en apuros. A partir de ahora, deberás aprender a solucionar algunos problemas a tu manera. Si deseas que yo te ayude en algo y esperas hasta el último momento para pedírmelo, no lo haré. Por favor, trata de comprender que no lo hago para ser duro contigo. Es preciso que aprendas a ser más responsable y a planificar las cosas con tiempo".

Cuarto paso

Dígale a su hija, "No te reprenderé nunca más para que hagas las cosas con tiempo. Esto sólo sirve para que ambos nos enojemos. Como aún sigues con tus dilaciones, a partir de ahora deberás hacer las cosas cuando yo te lo pida, o dentro de un plazo razonable". Por ejemplo, si determinadas tareas escolares o quehaceres domésticos no están listos para el viernes, su hija no podrá salir con sus amigos.

Establecer específicamente la hora y el día en que usted espera que las tareas estén listas le ofrece a su hija la libertad de organizarlas de acuerdo a sus deseos, y le informa sobre las consecuencias de no actuar en forma responsable. Si la situación no mejora, incremente la severidad de las consecuencias, excluyendo otras actividades sociales, como las llamadas telefónicas y las visitas de los amigos. Dígale a su hija, "Realmente espero que aprendas a cumplir estas normas para que no pierdas todas tus actividades sociales".

Quinto paso

Si su hijo adolescente tiene una dificultad grave respecto a las dilaciones, es posible que ninguno de los esfuerzos que usted realice influya en su respuesta, debido a que a él no le importará que usted le prohíba hacer determinadas cosas. En ese caso, usted deberá utilizar el enfoque apropiado para un niño pequeño. Dígale, "Pienso que es muy importante que aprendas a hacer las cosas en el momento adecuado. Esto será cada vez más importante a medida que te hagas mayor. A partir de ahora, si descubro que no has terminado de hacer algo que deberías haber terminado, haré que interrumpas cualquier cosa que estés haciendo hasta que lo termines. Me aseguraré de que termines las cosas, aunque te enfades".

Por ejemplo, si su hijo no ha comenzado a hacer un informe que ya debería estar listo, haga que interrumpa cualquier otra actividad y dígale que lo único que le permitirá hacer es el informe. Sea buen observador. Asegúrese de que su hijo realmente trabaje, y vigílelo cada quince minutos.

Recuerde que, si desea que su hijo deje de caer en las dilaciones, usted debe demostrarle que no permitirá que nada le distraiga a usted de esta vigilancia. Es muy probable que su hijo se enoje y se enfurezca, pero trate de no reaccionar en forma negativa ante esta respuesta. Dígale que, hasta que usted observe que él mejora su conducta, le parecerá que lo reprende demasiado. Un comentario típico podría ser el siguiente: "Preferiría que tú mismo te ocuparas de las cosas, pero hasta que seas capaz de hacerlas a tiempo, deberás acostumbrarte a que yo te interrumpa en cualquier otra actividad que estés haciendo". En esta forma, le demuestra a su hijo que usted asumirá del todo el control hasta que él mejore su conducta.

Esto puede molestar mucho a su hijo, pero le hará entender claramente que las dilaciones deben cesar. Recuerde decirle, "Cuando me comuniques que estás dispuesto a portarte en forma responsable sin que yo tenga que vigilarte, me complacerá dejar de hacerlo". Elogie hasta las mínimas señales de mejoría.

8
Qué hacer si su hijo adolescente necesita ayuda profesional

"Por favor, no me hagáis ir a un psiquiatra"

Para la mayoría de los adolescentes normales habrá días o hasta semanas en los que su conducta será imposible de soportar, pero ésta generalmente se moderará al poco tiempo, y usted volverá a enfrentarse a los problemas cotidianos que he analizado en este libro. Los jóvenes tienen meses de comportamiento estable, pero continúan necesitando ayuda para resolver los problemas cotidianos.

Algunos padres que lean este libro se preguntarán si su hijo necesita más ayuda de la que esta obra puede ofrecerles, y este pensamiento puede resultar muy angustioso. El solo hecho de considerar la posibilidad de recurrir a un profesional genera preguntas molestas que la mayoría de nosotros preferiría evitar. "¿Le pasa algo irreparable?" "¿Existe algún modo de ayudarlo?" "¿Es culpa mía?" "¿He sido una buena madre?" Muchos padres reaccionan a estas preguntas esperando que el problema desaparezca. Esto, generalmente, no ocurre, y los problemas suelen empeorar cuando todos tratan de ignorarlos. Pero sé que puede resultar muy difícil admitir que la situación es tan grave que requiere la ayuda de un profesional.

Otro de los motivos por los cuales los padres se resisten a recurrir a un profesional es que prevén la oposición de su hijo. Pocos adolescentes reaccionan dando saltos de alegría ante la perspectiva de acudir a un psiquiatra. Muchos piensan que sus padres afirman que están enfermos, que son extraños o locos si necesitan de la ayuda de un profesional. Los padres son sensibles a estos tópicos negativos, y son sumamente reacios a obligar a sus hijos a hacer un tratamiento.

Una vez los padres deciden informarse sobre la posibilidad de obtener ayuda profesional para su hijo adolescente, surgen varias preguntas importantes.

- ¿Cómo sabré que mi hijo necesita ayuda profesional?
- ¿Qué tipo de terapia debería considerar?
- ¿Qué preguntas debería hacerle al terapeuta?
- ¿Cómo debo hablar con mi hijo sobre la posibilidad de recurrir a un profesional?

Analicemos cuidadosamente cada una de estas preguntas, y tratemos de aliviar en alguna medida la ansiedad que surge lógicamente en torno a esta cuestión de suma importancia. En primer lugar, hablemos sobre los síntomas o patrones de conducta que sugieren que su hijo adolescente puede requerir ayuda profesional.

¿Cuándo buscar ayuda?

Como he repetido a través de las páginas de este libro, todos los adolescentes tienen dificultades para madurar y adaptarse a las expectativas de la vida adulta. Todos atraviesan períodos difíciles en los cuales muestran confusión, retraimiento o simplemente mal humor. Aunque estos períodos pueden resultar desagradables tanto para los adolescentes como para sus padres, no constituyen por sí solos un indicio de que se requiera una consulta profesional.

Dos de los signos relevantes de que un problema requiere la intervención de un profesional son la *gravedad* y la *persistencia*. Un problema se considera grave cuando perturba significativamente la capacidad de su hijo para cumplir sus funciones sociales o escolares, o si trastorna la vida familiar en forma relevante. La persistencia significa que el problema está presente y se mantiene durante varios meses seguidos, con poca o ninguna mejoría.

CAMBIOS EN LA CONDUCTA

1. Trastornos alimentarios, en especial pérdida del apetito.
2. Trastornos del sueño, sobre todo insomnio o necesidad de períodos de sueño anormalmente largos.
3. Una visión profundamente negativa de la vida.
4. Infelicidad persistente, y casi constante.
5. Pérdida de interés por cosas que eran importantes como la música, los deportes, los estudios y la vida social.
6. Apartamiento de las actividades sociales durante períodos prolongados.
7. Aislamiento de los demás miembros de la familia, deseo de reclusión, renuencia a hablar.
8. Preocupación excesiva por la vida o el futuro.

CONDUCTA ANTISOCIAL

1. Conducta antisocial, como mentiras o robos persistentes.
2. Grave y frecuente abuso de sustancias tóxicas.
3. Persistente discusión, irritabilidad o cólera.
4. Continuada falta de consideración hacia las normas y peticiones de los padres u otras figuras de autoridad.

La persistencia de cualquiera de estas conductas y actitudes durante un período de tres meses, para luego cesar, y reaparecer durante períodos de tres a seis meses, constituye un signo de que su hijo adolescente sufre un conflicto en relación a determinadas cuestiones relevantes, que debería ser valorado por un profesional.

Hasta el momento, sólo he analizado aquellos síntomas que indican que es preciso pensar en recurrir a un profesional. Pero otro de los motivos para buscar ayuda es descubrir que usted, como padre o madre, está actuando en forma inapropiada. Quizás haya notado que reacciona en forma desmedida con su hijo adolescente ante cuestiones de poca importancia. Si usted está permanentemente enojado, rabioso o irritable, durante períodos de hasta tres meses, y descubre que ésta es una conducta recurrente, debería considerar la posibilidad de acudir a un profesional para profundizar su comprensión de la problemática adolescente y poder cumplir más eficazmente su tarea parental.

Aun en el caso de que usted no reaccione en forma desmedida, si observa que está preocupado por los problemas que surgen en relación a su hijo, si reflexiona durante largos períodos sobre estas cuestiones y luego vuelve a considerarlas una y otra vez, esto puede ser un signo de que existe alguna dificultad para resolver estos problemas. Conversar con un terapeuta puede ayudarlo a identificar el origen de los problemas. En muchos casos, no es necesario que los padres realicen una terapia intensiva, sino que encuentren un terapeuta que haga hincapié sobre todo en las técnicas para la resolución de los problemas.

Estas no son directivas absolutas, sino simplemente formas de comenzar a evaluar su situación, y la posible necesidad de asistencia profesional.

¿Qué tipo de terapia elegir?

Una vez que los padres han decidido que la ayuda profesional resultaría apropiada y beneficiosa para su hijo adolescente, se enfrentan a la tarea de decidir qué tipo de terapia sería la más adecuada. El objetivo de esta sección consiste en ofrecerles algunas orientaciones sobre las diferentes terapias que existen, y analizar las cuestiones más importantes que deben considerarse al tratar con adolescentes.

Las sesiones terapéuticas corresponden a alguna de estas tres modalidades generales: individual, de grupo o familiar, o alguna combinación de las tres. La elección depende de la orientación del terapeuta o del centro al que usted recurra. Algunos terapeutas prefieren trabajar con los adolescentes en sesiones individuales. Probablemente brinden escasa información a los padres, y les sugieran realizar un tratamiento con otro terapeuta.

Otros terapeutas consideran que introducir a un adolescente en un grupo junto a otros adolescentes es la forma más efectiva de abordar su problema. La opinión general suele ser que los problemas de los adolescentes deben abordarse en sesiones de grupo que incluyan a tantos miembros de la familia como sea conveniente. Un terapeuta también puede trabajar únicamente con el adolescente en sesiones individuales, para después introducir sesiones familiares.

Cada enfoque presenta determinadas ventajas y limitaciones que deben ser consideradas cuidadosamente al elegir un terapeuta. Examinemos cada una de ellas con detalle, comenzando por la terapia individual.

La terapia individual

La modalidad de dirigir la terapia de los adolescentes en sesiones individuales supone que los problemas pueden ser resueltos simplemente trabajando con el joven. Esto puede dar a entender que los problemas del adolescente no están relacionados con las actitudes y la conducta de sus padres. Aunque este planteamiento puede resultar efectivo, pienso que su valor es limitado, debido a que algunos adolescentes no están capacitados para resolver sus problemas en forma unilateral, a través del simple hecho de hablar con un terapeuta. La mayoría de los jóvenes necesita la cooperación y la ayuda de sus padres para modificar sus actitudes y sus formas de relacionarse.

Existen unas pocas excepciones a este punto de vista. Si los padres se niegan a cooperar concurriendo a la terapia, las sesiones individuales pueden brindar una experiencia segura, positiva y estimulante a los adolescentes, y pueden constituir el único ámbito en el que ellos se sienten comprendidos. La terapia individual también puede resultar útil para los adolescentes que se llevan bien con sus padres pero que experimentan una angustia o preocupación concreta de la cual se resisten a hablar con sus padres. Hablar con un terapeuta brinda un entorno seguro para analizar opiniones e ideas diferentes de las de los padres. Algunos adolescentes necesitan adquirir cierta desenvoltura en las sesiones individuales antes de sentirse preparados para hablar con sus padres.

La terapia de grupo

La terapia de grupo es un proceso que ofrece a los adolescentes una oportunidad de comparar sus sentimientos, actitudes y valores con los de otros adolescentes, bajo la dirección de un profesional especializado. La terapia de grupo puede ser muy útil a aquellos adolescentes que no tienen muchos amigos y que tienen dificultades para relacionarse con sus compañeros. También puede ser de gran utilidad para muchachos y muchachas que poseen una limitada experiencia social, ya que pueden aprender el modo en que otros adolescentes afrontan problemas similares a los suyos.

Algunas veces, la terapia de grupo es muy eficaz debido a que los adolescentes tienen la oportunidad de tratar con sus compañeros la conducta apropiada en relación a las drogas, el sexo o las relaciones interpersonales. El desafío que representa enfrentarse a otros jóvenes puede tener un efecto mucho mayor que escuchar una docena de sermones de personas adultas. No obstante, la terapia de grupo no es eficaz para resolver la mayoría de los problemas familiares que se producen durante la adolescencia, debido a que sólo se ocupa del joven.

La terapia familiar

En mi opinión, existen diversas razones por las cuales la terapia familiar constituye el método más efectivo para tratar muchos problemas de los adolescentes. El proceso de la terapia familiar ayuda a las familias a identificar los patrones de comunicación inapropiados que les causan dificultades, y aprenden nuevas formas de comunicarse. Este proceso ayuda a los miembros de la familia a escucharse mutuamente en forma más efectiva, para resolver los problemas y a aceptar compromisos en beneficio de todos. Puede enseñar a las personas a comprender y respetar los sentimientos de los demás miembros de la familia.

La terapia familiar puede disminuir la resistencia al tratamiento que manifiestan muchos adolescentes, ya que éstos no deben concurrir solos y no piensan que son los únicos que tienen problemas. Si toda la familia concurre a las sesiones simultáneamente, el mensaje que se transmite es el de que todos son parte del problema, y el de que todos tienen la responsabilidad de ayudar a encontrar una solución. Liberar al adolescente de ese estigma suele reducir su resistencia y aumentar su cooperación.

En segundo lugar, las sesiones familiares ayudan a los terapeutas a formarse una idea más real del problema en su conjunto, ya que, al observar la relación de todos los miembros de la familia, pueden captar el papel que juega cada uno en el conflicto. De este modo, los terapeutas pueden ayudar a los padres a tomar conciencia de su responsabilidad en el problema y sugerir formas de modificar los patrones ineficaces de educación de los hijos. Pueden hacer sugerencias para desarrollar métodos o actitudes más positivos ante las áreas de conflicto.

Por último, otra de las ventajas de la terapia familiar reside en que brinda al terapeuta la posibilidad de servir como modelo de nuevas técnicas para la educación de los hijos, técnicas que pueden reducir sustancialmente los problemas cotidianos que surgen entre padres y adolescentes. Los padres pueden poner a prueba estas técnicas y observar su resultado en el entorno tranquilo del consultorio del terapeuta, antes de utilizarlas en su hogar.

En mi larga experiencia de tratamiento de adolescentes con problemas, he logrado los mejores resultados en aquellos casos en que la terapia familiar ha sido el tratamiento de elección, o forma parte del método terapéutico general.

¿Cómo elegir un terapeuta?

Encontrar un profesional competente en cualquier área puede constituir un desafío, pero la elección de un terapeuta puede ser una ardua labor y requerir un tiempo considerable. Uno de los requisitos esenciales es encontrar un profesional competente que pueda tratar en forma adecuada los problemas de su hijo adolescente. Otro punto importante es que sea una persona con quien usted se sienta cómodo para conversar sobre los conflictos y acontecimientos de su vida privada. Someterse a una terapia no es fácil, y la relación entre el terapeuta y el paciente es un factor esencial para que la terapia dé resultado.

Elegir un terapeuta con quien usted pueda tener una buena relación de trabajo es una tarea particularmente difícil, debido a que las orientaciones para tomar decisiones sensatas no son claras. No obstante, creo que existen algunos procedimientos que pueden ayudarlo a encontrar la mejor ayuda posible para su hijo y usted. Entre ellos, se encuentran las referencias personales, los recursos comunitarios y las entrevistas.

Las referencias personales

Muchas personas deciden pedir referencias personales a sus amigos o a otros profesionales para encontrar un terapeuta adecuado. En este caso, lo más conveniente sería recurrir a alguna persona que haya tenido una buena experiencia terapéutica y pueda recomendar al terapeuta sin reservas. Sin duda, es esencial que usted respete el criterio y la objetividad de la persona que le ofrece esta referencia. Algunas veces, el médico de cabecera puede ser la persona adecuada para brindar un consejo útil en este sentido.

Al solicitar referencias sobre un determinado profesional, formule algunas preguntas sobre el estilo del terapeuta, las características de las sesiones, y a cualquier otro tema que le preocupe. Formular preguntas es parte esencial del proceso de encontrar al terapeuta adecuado.

Los recursos comunitarios

Si no dispone de una referencia personal fiable, debe aprender a utilizar los recursos comunitarios para encontrar un terapeuta adecuado. Una excelente opción puede ser el departamento de psicología de la universidad local. Las instituciones académicas suelen exigir un alto nivel de conducta y ética profesional, y generalmente brindarán referencias sobre personas o instituciones altamente competentes.

¿Qué se debe exigir al terapeuta?

Obtener los datos de un terapeuta recomendado representa sólo el primer paso en la búsqueda de un tratamiento adecuado para su hijo. El siguiente paso importante de este proceso es la primera entrevista con el profesional. Existen varias preguntas que usted debería formular al que puede ser su terapeuta en esta primera entrevista, ya sea telefónica o personal. Aunque quizás usted sienta cierto reparo al indagar sobre la competencia y los métodos de un profesional, éste es un aspecto esencial para la obtención de un tratamiento terapéutico efectivo.

Cualquier terapeuta debería estar dispuesto a responder claramente a las preguntas que usted formule. Si el profesional tiene una actitud positiva para responder a sus preguntas, y usted obtiene respuestas claras y completas, esto es un signo muy alentador.

Comience diciéndole que usted necesita que él responda a algunas preguntas antes de poder tomar una decisión acerca del tratamiento. Formule preguntas del tipo de las siguientes: "¿Le importaría referirme su experiencia en el tratamiento de adolescentes?" "¿Tiene usted experiencia en terapia familiar?" "¿Tiene usted experiencia en la enseñanza de técnicas educativas más eficaces para padres?".

Pienso que es de suma importancia elegir a un terapeuta altamente especializado para trabajar con adolescentes y sus familias. Aun a riesgo de que miles de terapeutas amenacen con lapidarme, en general no aconsejaría a los padres que eligieran a un profesional que no tuviese una sólida experiencia en terapia familiar.

Sé que algunos terapeutas con escasa especialización son capaces de trabajar con adolescentes, pero yo no los recomendaría. Si el terapeuta ha de trabajar básicamente con su hijo, pregúntele cuál es su modo de establecer contacto con los padres o de mantenerlos informados sobre los progresos de su hijo sin violar el secreto profesional.

Un signo alentador para los padres es la actitud no defensiva del terapeuta. Un profesional no debería tratar de convencerlo de que él es el terapeuta adecuado para usted. Palabras interesantes por parte del terapeuta podrían ser las siguientes: "Pienso que, con mi experiencia, podría trabajar con su hijo, pero es del todo comprensible que usted desee pensarlo durante un tiempo o consultar a otro profesional". "Comprendo que usted piensa que necesita un terapeuta flexible, y creo que es una exigencia muy razonable." Estas observaciones revelan una buena disposición a escuchar a los padres y a tener en cuenta sus sentimientos y necesidades.

La conversación sobre la terapia

Muchos adolescentes piensan que ir a ver a un psiquiatra significa admitir que les ocurre algo malo. "¡No estoy loco! ¿Por qué debo hablar con un médico?" Otros se sienten muy incómodos ante la perspectiva de conversar sobre sus problemas con cualquier persona ajena a la familia. "¡No hablaré con un extraño sobre mi vida personal!"

Muchos padres, cuando se enfadan, amenazan a sus hijos con llevarlos a un terapeuta, de modo que esta posibilidad parece un castigo por mala conducta en vez de un intento de ayudarlos. "¡Si no te portas bien, consultaremos a un terapeuta, porque ya estoy harto de ti!" Este tipo de introducción al proceso terapéutico no contribuye en lo más mínimo a infundir entusiasmo en los adolescentes con problemas.

Aunque usted presente la idea de recurrir a un terapeuta en la forma más constructiva posible, es probable que encuentre algunas resistencias. La mayoría de los adolescentes tiene dificultades para aceptar la idea de que necesitan ayuda profesional, tanto ellos como sus padres. Quizá piensen que usted cree que están locos, o les preocupe lo que podrían pensar sus amigos si se enterasen. A muchos adolescentes les avergüenza conversar con un extraño sobre sus problemas.

No obstante, su actitud y el enfoque que usted dé a la situación pueden ejercer una gran influencia sobre la disposición final de su hijo a aceptar la terapia. Sea consciente de su propia actitud y de las ansiedades que le genera la terapia antes de conversar sobre este tema con su hijo. Si usted tiene opiniones negativas respecto a la terapia, quizás el joven lo perciba y se resista aún más a recibir ayuda de un profesional.

Primer paso

En un momento tranquilo, y no durante una pelea ni inmediatamente después, dígale a su hijo, "No sé cuál será tu opinión, pero quisiera sugerir algo que quizá pueda ayudarnos a ambos. Como no tenemos una buena relación, me gustaría que consultáramos a un terapeuta. No te culpo de los problemas que tenemos. Pienso que es un problema familiar, y que todos deberíamos ir. Necesitamos que alguien nos ayude a tener una mejor relación. Todos tenemos algo que aprender. No se trata únicamente de ti. Me enojo demasiado contigo, y tú pareces tenerme rabia. Realmente, deseo que esto cambie".

Si su hijo responde, "No pienso ir", o pregunta, "¿Por qué no podemos hablar de nuestros problemas y tratar de solucionarlos?", usted debe decirle que está decidido. ¡No discuta sobre esto! Dígale, "Me gustaría que tu opinión al respecto fuese diferente, pero debemos ir de todos modos. Ninguno de nosotros está loco. Simplemente necesitamos ayuda. Si yo pensara que podemos solucionar nuestros problemas simplemente hablando de ellos, lo haría con gusto. Pero necesito ayuda para cambiar nuestra relación".

Segundo paso

Dígale a su hijo, "He solicitado una entrevista, pero quiero darte la posibilidad de decidir algo. ¿Preferirías asistir a la primera entrevista tú solo, o con toda la familia? Si no tienes ninguna preferencia, iremos todos juntos". El objetivo de este comentario es brindarle a su hijo adolescente una cierta sensación de control.

Tercer paso

Recuerde que muchos adolescentes continuarán diciendo que ellos no asistirán a la terapia, aunque usted les hable sobre el tema en forma positiva. Si esto ocurre, permita que su hijo exprese su disgusto, y no discuta con él. Esto sólo lo alentará a seguir intentando hacer que usted cambie de idea. No importa lo que le diga su hijo; recuerde que usted debe basar su decisión de iniciar una terapia en lo que piensa de la situación, aunque el chico pueda no estar de acuerdo.

Cuarto paso

Si su hijo le dice, "¡Está bien, iré, pero no abriré la boca!", no le grite, "¡Con lo que nos costará por hora, será mejor que digas algo!". Trate de no decirle, "¡Será mejor que no te comportes en forma grosera, o te castigaré!". En vez de decir eso, dígale, "Comprendo que se trata de algo que no deseas hacer; si no quieres hablar, no hables. Quizá no resulte fácil para ninguno de nosotros. Pero es preciso que asistas, porque todos necesitamos aprender a relacionarnos mejor".

No discuta sobre esta cuestión con su hijo: él sólo está expresando su incomodidad por tener que iniciar una terapia. Un terapeuta hábil sabrá hacerle participar en la conversación, de modo que no se preocupe por eso.

Quinto paso

Sea cual sea la actitud de su hijo después de la sesión terapéutica, no le pregunte si le ha gustado. Esta pregunta contiene implícito el "ya lo dije", y provocará inmediatamente una respuesta negativa. No haga comentarios sobre las bondades de la terapia, ni trate de convencer a su hijo de su eficacia. Acepte la actitud del adolescente, cualquiera que sea, y esfuércese por hacer que la experiencia resulte positiva. La mayoría de los adolescentes acabará por aceptar la idea de la terapia, y tal vez hasta aprendan a utilizarla como un terreno neutral para la resolución de los conflictos.

Conclusión

Los padres deben recordar que, durante los años de la adolescencia, su hijo avanza hacia el dominio de la vida adulta, con todas sus exigencias, responsabilidades, desafíos y decepciones. Por lo tanto, todas las locuras que hace su hijo, o su hija, aparentemente por el puro placer de hacerles perder los estribos, en realidad forman parte del aprendizaje de funcionar en forma independiente y eficaz en el mundo de los adultos.

Tal vez le resulte útil recordar que el proyecto de su hijo adolescente consiste en actuar como un adulto y ser tratado como tal, aunque en realidad no se sienta preparado para ingresar en el mundo adulto. Esta ambivalencia da lugar a una oscilación entre una conducta sumamente madura, como la que implica tener un trabajo, y unas tendencias extremadamente regresivas, como molestar a una hermanita menor hasta hacerla llorar. Durante estos breves retornos a la niñez, quizá su hijo adolescente parezca estar por debajo de su edad cronológica, que usted se convenza de que jamás será lo bastante maduro como para dejar el hogar. Sin duda, se acerca el momento en el que el joven decidirá comportarse de nuevo como un adulto capaz.

Como padres, es preciso que ustedes desarrollen una intensa empatía en relación al tránsito de su hijo adolescente entre la niñez y la edad adulta. Es una época difícil en la que los hijos adquieren conciencia de que deben dejar de ser niños protegidos en el seno de la familia. Tienen que luchar con la inevitable angustia de separación que sobreviene con este acontecimiento. Su hijo suele sentir deseos de decir, "¡No quiero ser adulto todavía! ¿Por qué no os ocupáis vosotros de mis problemas?". Este sentimiento expresa la gran confusión e incertidumbre que generan obligaciones tales como elegir una universidad, solicitar una beca, o buscar empleo. La angustia y la ambivalencia de su hijo aumentan a medida que estas tareas le recuerdan que ya no es un niño.

Requiere gran valor afrontar la pérdida de la niñez, y aceptar las ineludibles responsabilidades de actuar como un adulto en el mundo. Todos los adolescentes se sienten atemorizados ante este desafío, y al mismo tiempo excitados y ansiosos por iniciar su vida adulta. Algunos reaccionarán ante su temor volviéndose muy dependientes, mientras que otros reaccionan en forma excesiva e insisten en arreglárselas solos, sin ninguna ayuda de los adultos. Pero todos los adolescentes necesitan saber que sus padres siempre estarán presentes en alguna forma para poder recurrir a ellos, aunque ya estén inmersos en el mundo adulto. La transición hacia la vida adulta puede ser mucho menos temible cuando los padres se muestran comprensivos y empáticos.

Cuando los adolescentes maduran en un entorno sano y protector, desarrollan la capacidad de confiar en su criterio y en sus emociones en vez de verse abrumados por éstos, y también aprenden a aceptar el desafío de convertirse en adultos.

Si los padres no logran imponer la disciplina en forma afectuosa, firme y eficaz, los adolescentes probablemente no adquieran la capacidad de desarrollar el necesario sentido de la separación que les permita sentirse autónomos, independientes y seguros de sí mismos. Esto da lugar a un comportamiento regresivo, por el que los adolescentes continúan sintiéndose inseguros y tratan a sus padres en forma exigente e infantil, en vez de desarrollar con ellos una relación adulta.

Si los padres son demasiado indulgentes con su hijo y son incapaces de establecer expectativas claras en relación a la independencia, el joven permanecerá fijado a las preocupaciones infantiles y demostrará escasa iniciativa para asumir las tareas y las responsabilidades adecuadas. Los adolescentes que han sido tratados en forma demasiado indulgente tal vez deseen seguir viviendo en casa de sus padres y tener satisfechas todas sus necesidades, pero se resisten a asumir cualquier responsabilidad, tratando esencialmente a sus padres y a otros miembros de la familia como sirvientes. Tendrán dificultades para ponerse a buscar trabajo, y necesitarán que se les recuerde constantemente que deben acabar las tareas importantes.

Es preciso que los adolescentes sean capaces de pensar por su cuenta y de confiar en su propio criterio. Si los padres sofocan la autonomía de su hijo adolescente haciendo demasiadas cosas por él en vez de permitirle aprender a ser responsable en las cuestiones importantes, el joven será incapaz de desarrollar el sentimiento de que posee recursos propios, y tendrá escasa confianza en su capacidad de cuidarse y de valerse por sí solo.

Los adolescentes que fracasan en el dominio de estas capacidades siguen dependiendo de sus padres, pues saben que no pueden depender de sí mismos. Se sienten cada vez más frustrados, deseando funcionar como adultos y careciendo de preparación para el futuro. Estos adolescentes probablemente exijan el derecho a que sus padres confíen en ellos, y se quejen de que no deberían controlar sus gastos, aunque ellos se sigan comportando en forma irresponsable en relación a sus facturas. Aún necesitan de la ayuda de sus padres para crecer, pero no pueden admitirlo debido a que esto los hace sentir dependientes. Este puede ser el resultado de una educación ineficaz.

No obstante, aunque los padres realicen una excelente labor, algunos adolescentes siguen teniendo conflictos en relación a la idea de actuar como adultos. Los adolescentes que deben enfrentarse a este desafío necesitan que sus padres se muestren firmes y protectores. Aunque pueda llevarles más tiempo crecer, finalmente aceptarán la idea de que son capaces de dirigir sus propias vidas.

Los adolescentes desean contemplar la vida con esperanza y optimismo. Aunque usted haya tenido muchas preocupaciones durante la adolescencia de su hijo, es importante que le transmita la confianza en su capacidad de tener una vida con sentido. Piense en todo lo que usted hizo y experimentó cuando era adolescente, y a pesar de ello pudo convertirse en un miembro responsable y productivo de la sociedad. Usted debe confiar en que lo mismo le sucederá a su hijo, por muy problemática que haya sido su adolescencia. Cuando los adolescentes maduran con la certeza de que sus padres creen en ellos, adquieren una confianza en sí mismos que les da una sensación real de orgullo y de esperanza en el futuro.

Tal vez algunos de ustedes piensen que ahora saben más acerca de la disciplina, y quizá las batallas se hayan reducido a simples escaramuzas, pero probablemente usted se pregunte si su hijo se lo agradecerá algún día. ¡Animo! A medida que los adolescentes se acercan a los veinte años, se vuelven menos ambivalentes respecto a sus padres, y hasta empiezan a comprender que éstos les exigieron ciertas cosas y les impusieron unos límites porque les querían. En otras palabras, usted será visto cada vez menos como un ogro y cada vez más como el padre protector y responsable que intenta ser. Sus esfuerzos por ayudar a madurar a su hijo adolescente serán finalmente considerados una prueba del amor intenso y perdurable que siente por él.

Lecturas recomendadas

Bell, Ruth. *Talking with Your Teenager*. Nueva York: Random House, 1984.

Este libro hace hincapié en las aptitudes de comunicación, en la escucha reflexiva sin emitir juicios, en la lectura de las comunicaciones conductuales indirectas y en la conciencia de los padres con respecto a sus expectativas inapropiadas. Fomenta el conocimiento por parte de los padres de las cuestiones especiales biológicas, sociales y emocionales de los años de la adolescencia. Utiliza el sistema de consecuencias para imponer la disciplina.

Dinkmeyer, David y Gary McKay. *The S. T. E. P. Approach to Parenting Teenagers*. (Servicio de Asesoramiento Americano). Nueva York: Random House, 1983.

Este libro se centra en la enseñanza de las capacidades de escucha reflexiva, en la exploración de vías alternativas de acción con los adolescentes, en la comprensión del objetivo subyacente de la conducta y en la determinación del "responsable del problema".

Elkind, David. *All Grown Up and No Place to Go - Teenagers in Crisis*. Reading, Mass.: Addison - Wesley, 1984.

Penetrante visión de las presiones que deben afrontar los adolescentes en una sociedad que espera que ellos enfrenten y sobrelleven situaciones adultas en forma prematura. Se centra en informar a los padres de los peligros del estrés en los adolescentes. Este libro aumenta la conciencia de los problemas por parte de los padres, pero no ofrece consejos prácticos sobre las cuestiones cotidianas.

Ellis, Albert y Robert A. Harper. *A New Guide to Rational Living*. Englewood Cliffs, N. J.: Prentice - Hall, 1975.

Una obra sólida escrita por el fundador del asesoramiento racional, que se ocupa de las formas racionales e irracionales de considerar las cuestiones vitales.

Ginott, Haim. *Between Parent and Teenager*. Nueva York: Macmillan, 1971.

Este libro perdura en las bibliotecas como una obra clásica sobre el enfoque reflexivo de los sentimientos, haciendo hincapié en la comunicación no crítica y en el respeto por las cuestiones especiales de la adolescencia. Brinda información sobre estos temas y ayuda a los padres a esclarecer sus valores, pero ofrece escasos consejos prácticos.

Herbert, Martin. *Living with Teenagers*. Basil Blackwell, 1987.

Un libro que trata sobre el modo de afrontar los problemas serios de los adolescentes, como por ejemplo, el abuso de drogas, el alcoholismo y otros similares.

Johnson, Vernon E. *I'll Quit Tomorrow*. Ed. revisada, Nueva York: Harper & Row, 1980.

Este es el libro básico sobre la naturaleza del alcoholismo y su tratamiento, por uno de los pioneros en este campo.

Mc Coy, Kathleen. *Coping with Teenage Depression*. Nueva York: Penguin, 1985.

Una obra extensa sobre los síntomas depresivos, descritos en forma vívida. Ayuda a los padres a reconocer y a aceptar finalmente el hecho de que aun los adolescentes que parecen tenerlo todo pueden estar seriamente deprimidos. Un recurso valioso.

Nahas, Gabriel G. *Keep Off the Grass*. Oxford: Pergamon Press, 1979.

Este es un tratamiento más bien erudito de la historia de las actitudes hacia la marihuana en los Estados Unidos, incluyendo el desarrollo de investigaciones sólidas que demuestran sus peligros.

Polson, Beth y Miller Newton. *Not My Kid. A Parent's Guide to Kids and Drugs*. Nueva York; Avon, 1985.

Una obra perspicaz y práctica que enseña a los padres a identificar un problema de drogas y qué hacer al respecto.

Shinley, Gould. *Teenagers, the Continued Challenge.* Nueva York: Hawthorn, 1979.

Una obra extensa sobre el desarrollo de los adolescentes y los problemas que surgen durante este período.

York, Phyllis, David, y Ted Wachel. *Toughlove.* Nueva York: Bantam Books, 1983.

Este método promueve un sistema muy activo de confrontación e intervención, en combinación con un sistema de grupos para padres y de apoyo comunitario. Se centra en el problema de ayudar a los adolescentes que ya tienen serias dificultades con las autoridades. Limitado en lo que se refiere a los problemas cotidianos con los adolescentes.

Young, Bettie. *Helping Your Teenager Deal with Stress.* Nueva York: St. Martin's Press, 1986.

Un libro que identifica los problemas que provocan estrés en los adolescentes, e informa sobre cómo afrontar el estrés durante la adolescencia.

Indice analítico

292